镇江文物

王玉国　刘　昆　徐铁城　著

苏州大学出版社

《镇江文化丛书》序

张甫雄

镇江是座历史悠久的江南古城，有文字记载的历史达3 000多年，是吴文化的发祥地。镇江是座山清水秀的园林城市，南山北水，江河交汇，真山真水，山水形胜，自古有“天下第一江山”、“城市山林”的美誉。镇江是座人文荟萃的文化名城，刘裕、沈括、米芾等名人辈出、名闻遐迩，《文心雕龙》、《昭明文选》、《梦溪笔谈》等名作迭现、光耀千秋。镇江是座民间文化的艺术宝库，民间文艺资料库被国内专家称为“中华第一库”，正则绣、竹编、瓷刻等民间工艺品享有盛名，丹徒南乡民歌、丹阳丹剧等地方曲艺特色浓郁。优越的地理位置、独特的山水形胜、悠久的文化传承、深厚的文化积淀，铸就出镇江这座国家级历史文化名城闪亮的城市名片。

文化资源是城市竞争发展的重要资源和不竭动力。今天，我们细数灿烂辉煌的历史文化，品味城市文化的独特魅力，就是要进一步传承、保护和开拓历史文化，推动现代文化的繁荣和发展。为深入挖掘、研究和宣传镇江丰富的历史文化资源，中共镇江市委宣传部组织编写的《镇江文化丛书》正式出版了。“丛书”一套八册，包括史要、山水、诗文、名人、书画、文物、风俗和掌故八个专题，涵盖了镇江文化历史的主要方面，其中有反映镇江文化历史发展轨迹的详实记录，有刻画镇江人文风貌的诗文书画精品，有再现镇江风俗民情演变历程的生动描述，向世人集中展示了镇江的文化特色及深厚底蕴。《镇江文化丛书》的出版，为系统、全面地整理镇江的地域文化开了个好头，是对镇江文化发展的重要贡献。

“丛书”编撰历时三年，参与本套“丛书”编写的各位作者，都是镇江市研究地域文化方面的专家。在编写过程中，他们广泛吸收了近年来镇江市历史文化研究的新成果，增强了“丛书”的权威性和史料性。“丛书”编撰之初，时任中共镇江市委副书记吴树南和市委常委、宣传部长孙燕丽都非常重视，精心审定编撰方案，确定编撰人员，为“丛书”的顺利编撰出版奠定了良好的基础。在此，特向关心“丛书”编撰的各位领导、各位作者和为“丛书”编撰作出贡献的各位朋友表示衷心的感谢。

文化是城市的灵魂，是观照历史、洞见未来的一面镜子。传承、弘扬一个地方的历史文化，培植、宣传一个地方的人文精神，对提升人们的精神理念，提升社会的人文素养，提升经济社会发展的支撑力具有巨大的促进作用。希望通过这套丛书的出版，能进一步带动和推进镇江历史文化的传承和开发，增进广大群众对镇江历史文化的了解和热爱，激发广大群众热爱家乡、建设家乡的热情，积极支持和参与文化镇江的各项建设，为全面达小康、建设新镇江作出更大的贡献。

（作者为中共镇江市委常委、宣传部长）

目 录

上篇：凝固的华章

先民留迹 …… (2)
“丹徒人”古骨化石 …… (2)
断山墩遗址 …… (3)
烟墩山遗址 …… (4)
戴家山遗址 …… (4)
龙脉团山遗址 …… (4)
磨盘墩遗址 …… (5)
枕子山遗址 …… (5)
城头山遗址 …… (6)
古城雄姿 …… (6)
铁瓮城遗址 …… (6)
刘繇城遗址 …… (7)
花山湾古城遗址 …… (8)
吕蒙城旧址 …… (9)
太平天国新城城墙遗址 …… (9)
定波门瓮城遗址 …… (10)
古塔沧桑 …… (10)
昭关石塔 …… (10)
北固山铁塔(甘露寺铁塔) …… (11)
鼎石山僧伽塔 …… (13)
金山慈寿塔 …… (14)

圌山报恩塔 …………………………………………………… (15)
丹阳万善塔 …………………………………………………… (16)
句容崇明寺大圣塔 ……………………………………………… (17)
石刻集萃 …………………………………………………… (18)
焦山碑林 …………………………………………………… (18)
南朝陵墓石刻 ………………………………………………… (25)
延陵季子碑 …………………………………………………… (32)
“天下第一江山”石刻 ………………………………………… (34)
清真寺石刻 …………………………………………………… (34)
节孝祠堂牌坊与碑刻 ………………………………………… (35)
“海不扬波”石刻 ……………………………………………… (36)
赛兆祥牧师传教碑 …………………………………………… (36)
书香流芳 …………………………………………………… (37)
绍宗国学藏书楼 ……………………………………………… (37)
华阳书院 …………………………………………………… (38)
太平书院旧址 ………………………………………………… (39)
郑板桥读书处 ………………………………………………… (39)
原镇江“五三”图书馆 ………………………………………… (41)
镇江图书馆 …………………………………………………… (41)
文心阁 ……………………………………………………… (42)
江防旧事 …………………………………………………… (42)
焦山古炮台遗址 ……………………………………………… (42)
焦山顶快炮台遗址 …………………………………………… (44)
圌山炮台遗址 ………………………………………………… (45)
合山快炮台遗址 ……………………………………………… (47)
高桥炮台遗址 ………………………………………………… (47)
清军水师标统署遗址 ………………………………………… (48)
镇江近代江防工事遗址 ……………………………………… (48)
镇海庵水师衙门旧址 ………………………………………… (48)

殖民地烙印 …………………………………………………………… (49)
原镇江英国领事馆旧址 …………………………………………… (49)
美孚火油公司旧址 ……………………………………………… (52)
亚细亚火油公司旧址 …………………………………………… (52)
德士古火油公司旧址 …………………………………………… (53)
真道堂旧址 ……………………………………………………… (53)
基督医院旧址 …………………………………………………… (54)
崇实女中旧址 …………………………………………………… (54)
丰碑永存 ……………………………………………………………… (56)
前隍村新四军一支队驻地旧址 ………………………………… (56)
韦岗伏击战战场旧址 …………………………………………… (56)
四县联合抗日会议会址 ………………………………………… (59)
新丰车站抗日战斗旧址 ………………………………………… (61)
贺甲战斗旧址暨烈士碑亭 ……………………………………… (61)
中共京(宁)沪线路北特委旧址 ………………………………… (62)
巴斗山战斗烈士纪念碑 ………………………………………… (62)
培根师范旧址 …………………………………………………… (63)
茅山新四军纪念馆展厅暨苏南抗战胜利纪念碑 ……………… (63)
近月轩惨案原址 ………………………………………………… (64)
镇江烈士陵园及烈士纪念塔 …………………………………… (64)
“五卅”演讲厅 …………………………………………………… (65)
“五卅”运动镇江外交后援会旧址 ……………………………… (66)
先哲留踪 ……………………………………………………………… (67)
孙钟故居遗址 …………………………………………………… (67)
刘裕故里 ………………………………………………………… (68)
葛洪故居遗址 …………………………………………………… (70)
文天祥镇江脱险渡江遗址 ……………………………………… (71)
陆秀夫故居遗址 ………………………………………………… (72)
笪重光故居遗址 ………………………………………………… (74)

刘鹗故居遗址 …………………………………………………… (75)
陈庆年故居 ……………………………………………………… (77)
赵伯先故居 ……………………………………………………… (78)
赛珍珠故居 ……………………………………………………… (80)
张鹏故居 ………………………………………………………… (81)
吕凤子故居 ……………………………………………………… (81)
冷遹故居 ………………………………………………………… (82)
严惠宇故居 ……………………………………………………… (84)
陆小波故居 ……………………………………………………… (85)
张云鹏故居 ……………………………………………………… (86)
古墓缅先 ………………………………………………………… (86)
土墩墓 …………………………………………………………… (86)
句容浮山土墩墓群 ……………………………………………… (87)
四脚墩土墩墓群 ………………………………………………… (88)
大港沿江土墩墓群 ……………………………………………… (88)
油库墩土墩墓 …………………………………………………… (88)
刘贾墓 …………………………………………………………… (89)
辛丰金家坟汉墓 ………………………………………………… (89)
孙坚墓 …………………………………………………………… (90)
太史慈墓 ………………………………………………………… (90)
鲁肃墓 …………………………………………………………… (91)
七星堆古墓区 …………………………………………………… (92)
颜真卿墓 ………………………………………………………… (92)
柳永墓 …………………………………………………………… (93)
米芾墓 …………………………………………………………… (94)
苏颂墓 …………………………………………………………… (96)
宗泽墓 …………………………………………………………… (98)
赵氏佳城 ………………………………………………………… (99)
太公墓 …………………………………………………………… (100)

杨一清墓 …………………………………………………… (100)
茅谦墓 ……………………………………………………… (101)
赵伯先墓 …………………………………………………… (102)
柳诒徵墓 …………………………………………………… (103)
马贡芳墓 …………………………………………………… (104)
王宗培烈士墓 ……………………………………………… (104)
丁传靖墓 …………………………………………………… (105)
古街风采 ………………………………………………… (105)
西津渡古街 ………………………………………………… (105)
新河街一条街 ……………………………………………… (107)
伯先路近代建筑群 ………………………………………… (108)
靳家巷 ……………………………………………………… (111)
驸马庄 ……………………………………………………… (111)
古建风范 ………………………………………………… (112)
隆昌寺铜殿、无梁殿 ……………………………………… (112)
招隐寺、读书台、听鹂山房、虎跑泉 ……………………… (113)
绍隆禅寺大殿 ……………………………………………… (115)
唐代铜钟 …………………………………………………… (116)
鹤林寺大殿 ………………………………………………… (116)
杜鹃楼与杜鹃花 …………………………………………… (117)
华阳观 ……………………………………………………… (119)
清真寺 ……………………………………………………… (119)
五柳堂 ……………………………………………………… (120)
火星庙戏台 ………………………………………………… (121)
城隍庙戏台 ………………………………………………… (121)
东岳庙旧址 ………………………………………………… (122)
唐老一正斋药店 …………………………………………… (122)
张家祠堂 …………………………………………………… (124)
解氏宗祠 …………………………………………………… (124)

殷家祠堂及殷氏六房旧宅 …………………………… (125)
张家埭砖雕门楼 …………………………………… (125)
儒里明清古建筑群 ………………………………… (126)
大港镇赵氏住宅 …………………………………… (127)
大港镇东街古民居 ………………………………… (127)
陈氏住宅 …………………………………………… (128)
楠香斋 ……………………………………………… (128)
近、现代建筑撷英 ………………………………… (128)
老气象台旧址 ……………………………………… (128)
育婴堂旧地 ………………………………………… (129)
江苏省镇江潮水位站 ……………………………… (129)
瓦木公所 …………………………………………… (129)
广肇公所 …………………………………………… (130)
福音堂 ……………………………………………… (130)
四益农场育种场暨岗楼 …………………………… (131)
镇江自来水厂 ……………………………………… (131)
私立京江中学旧址 ………………………………… (132)
箴庐 ………………………………………………… (132)
省庐 ………………………………………………… (133)
大康、合作、尚友三处近代别墅群 ………………… (133)
原国民政府江苏省参议会旧址 …………………… (133)
王家花园 …………………………………………… (134)
老存仁堂药店 ……………………………………… (134)
原中国人民银行镇江分行旧址 …………………… (134)
交通银行旧址 ……………………………………… (135)
扬中长江大桥 ……………………………………… (135)
镇江体育馆 ………………………………………… (135)
洞、泉、桥、园 ……………………………………… (136)
莲花洞 ……………………………………………… (136)

华阳洞 …………………………………………………………… (137)
天下第一泉 ……………………………………………………… (138)
紫金泉 …………………………………………………………… (139)
古泮泉 …………………………………………………………… (139)
丁卯桥 …………………………………………………………… (140)
韩桥 ……………………………………………………………… (141)
孩儿桥 …………………………………………………………… (142)
虎踞桥 …………………………………………………………… (142)
梦溪园 …………………………………………………………… (143)
伯先公园 ………………………………………………………… (144)
鼎石山公园 ……………………………………………………… (145)
七峰亭 …………………………………………………………… (145)
中山纪念林塔 …………………………………………………… (146)
芙蓉楼 …………………………………………………………… (147)

下篇：永恒的辉煌

泥火交融呈异彩(陶瓷器文物) ………………………………… (149)
红陶带盖甗 ……………………………………………………… (149)
红陶浅盘三足匜 ………………………………………………… (150)
宽錾带流黑陶杯 ………………………………………………… (150)
红砂陶鬲 ………………………………………………………… (151)
几何印纹硬陶瓮 ………………………………………………… (151)
原始瓷棘刺纹鼎 ………………………………………………… (151)
原始青瓷罐 ……………………………………………………… (152)
原始青瓷圆腹罐 ………………………………………………… (152)
重檐庑殿式双层陶屋 …………………………………………… (153)
釉陶虎子 ………………………………………………………… (153)
釉陶带流瓿 ……………………………………………………… (154)
黑釉瓷小罐 ……………………………………………………… (154)

灰陶五联罐 …………………………………………………………… (154)
上虞窑青瓷扁壶 ……………………………………………………… (155)
青瓷飞鸟百戏堆塑罐 ………………………………………………… (156)
青瓷羽翼纹虎子 ……………………………………………………… (157)
青瓷虎头罐 …………………………………………………………… (157)
青瓷狮形烛台 ………………………………………………………… (158)
青瓷羊头盘口壶 ……………………………………………………… (158)
青瓷龙首把直流尊 …………………………………………………… (159)
青瓷羊形烛台 ………………………………………………………… (159)
青瓷褐斑鸡首壶 ……………………………………………………… (159)
褐釉瓷鸡首壶 ………………………………………………………… (160)
陶牛车 ………………………………………………………………… (160)
陶马 …………………………………………………………………… (160)
青瓷虎子 ……………………………………………………………… (161)
绞胎盘 ………………………………………………………………… (161)
青瓷团花带盖注子 …………………………………………………… (162)
琉璃建筑模型 ………………………………………………………… (162)
琉璃陶肩舆与舆夫 …………………………………………………… (163)
陶四神 ………………………………………………………………… (164)
影青瓷梅瓶 …………………………………………………………… (165)
紫定梅瓶 ……………………………………………………………… (165)
苏州泥塑童戏像 ……………………………………………………… (165)
青花云龙纹瓷罐 ……………………………………………………… (166)
青花高足杯 …………………………………………………………… (167)
青花带盖梅瓶 ………………………………………………………… (167)
青花葫芦瓶 …………………………………………………………… (168)
青花长方形花盆 ……………………………………………………… (168)
陈鸣远紫砂竹根笔筒 ………………………………………………… (168)
黄地素三彩龙纹大盘 ………………………………………………… (169)

斗彩瓜楞瓶 …………………………………………………… (169)
祭红盘 ………………………………………………………… (170)
茶叶末釉绶带葫芦瓶 ………………………………………… (170)
青花双耳瓷扁瓶 ……………………………………………… (171)
吉金铸就吴器魂(青铜器文物) ………………………………… (172)
青铜凤纹尊 …………………………………………………… (172)
青铜鸟盖变形兽纹壶 ………………………………………… (173)
青铜雷纹鼎 …………………………………………………… (173)
青铜鸳鸯形尊 ………………………………………………… (174)
青铜雷纹鬲 …………………………………………………… (174)
青铜提梁卣 …………………………………………………… (175)
青铜双耳簋 …………………………………………………… (175)
青铜方鼎 ……………………………………………………… (175)
青铜乳钉纹簋 ………………………………………………… (176)
青铜乳钉纹甗 ………………………………………………… (176)
青铜双弦纹矮足鼎 …………………………………………… (177)
青铜单弦纹矮足鼎 …………………………………………… (177)
青铜夔纹鼎 …………………………………………………… (177)
青铜乳钉弦纹矮足鼎 ………………………………………… (178)
青铜弦纹盘 …………………………………………………… (178)
青铜带环簋 …………………………………………………… (178)
青铜络纹罍 …………………………………………………… (179)
青铜带流甗 …………………………………………………… (179)
青铜棘刺纹尊 ………………………………………………… (180)
青铜带盖鼎 …………………………………………………… (181)
青铜蟠虺纹双耳三足盘 ……………………………………… (182)
青铜蟠虺纹鉴 ………………………………………………… (182)
青铜人面纹镎于 ……………………………………………… (183)
薄胎刻纹铜盘 ………………………………………………… (183)

薄胎刻纹铜匜 …………………………………………………… (184)
青铜虎子 ………………………………………………………… (184)
青铜句鑃 ………………………………………………………… (185)
银黄共舞人间艳(金银器文物) ……………………………………… (185)
金佛像牌 ………………………………………………………… (185)
金虎饰 …………………………………………………………… (186)
金手镯 …………………………………………………………… (186)
长干寺舍利金棺 ………………………………………………… (187)
长干寺舍利银椁 ………………………………………………… (188)
禅众寺舍利银椁 ………………………………………………… (188)
银鎏金"论语玉烛"龟形酒筹筒 …………………………………… (189)
银涂金论语酒令筹 ……………………………………………… (190)
鎏金双凤纹大银盒 ……………………………………………… (191)
鎏金鱼化龙纹大银盆 …………………………………………… (192)
鎏金压花双凤菱形银盘 ………………………………………… (192)
鎏金莲瓣形银盒 ………………………………………………… (193)
荷叶形银盖 ……………………………………………………… (193)
鎏金鹦鹉纹银盒 ………………………………………………… (193)
银执壶 …………………………………………………………… (194)
提梁银锅 ………………………………………………………… (194)
鎏金婴戏图小银瓶 ……………………………………………… (194)
银鎏金鱼纹小盒 ………………………………………………… (195)
银鎏金蝴蝶纹小盒 ……………………………………………… (195)
鎏金鹦鹉纹银碗 ………………………………………………… (196)
银酒瓮 …………………………………………………………… (196)
墨书计重银铤 …………………………………………………… (197)
舍利小金棺 ……………………………………………………… (197)
银函 ……………………………………………………………… (197)
银释迦牟尼降生像 ……………………………………………… (198)

五曲梅花鎏金银盏 ……………………………………………… (198)
六曲秋葵花鎏金银盏 …………………………………………… (199)
八曲菱花鎏金银盏 ……………………………………………… (199)
十二曲六角栀子花鎏金银盏 …………………………………… (199)
单瓣莲花银盏 …………………………………………………… (200)
重瓣莲花银盏 …………………………………………………… (200)
复瓣莲花银盏 …………………………………………………… (200)
狮子戏球乳钉纹夹层鎏金银盏 ………………………………… (201)
凸花狮子戏球纹鎏金银盏托 …………………………………… (201)
双兽耳乳钉纹夹层鎏金银盏 …………………………………… (202)
凸花变形饕餮纹鎏金银盏托 …………………………………… (202)
“寿比蟠桃”桃形涂金银盏 ……………………………………… (202)
凸花瑞果图鎏金圆银盘 ………………………………………… (203)
梵文银盘 ………………………………………………………… (204)
阿拉伯文银盘 …………………………………………………… (204)
螭纹银盏 ………………………………………………………… (204)
鎏金银塔 ………………………………………………………… (205)
蝴蝶牡丹花金帽顶 ……………………………………………… (205)
雕龙带环金带饰 ………………………………………………… (206)
妙手挥动笔生花(书画类文物) ………………………………… (207)
谢环杏园雅集图手卷 …………………………………………… (207)
文征明隶书立轴 ………………………………………………… (207)
居节山水小景立轴 ……………………………………………… (208)
陈道复金焦图手卷 ……………………………………………… (208)
恽向山水册页 …………………………………………………… (208)
朱耷(八大山人)花鸟手卷 ……………………………………… (209)
郑簠隶书立轴 …………………………………………………… (210)
笪重光山水立轴 ………………………………………………… (210)
张玉书行书堂幅 ………………………………………………… (210)

王石谷山水堂幅 …… (211)
禹之鼎蒹葭书屋图手卷 …… (212)
姚宋山斋清寂图堂幅 …… (213)
高其佩山雉堂幅 …… (213)
华嵒听松图立轴 …… (214)
金农隶书“弟子职”堂幅 …… (214)
高凤翰梅石图立轴 …… (215)
李鱓喜上眉梢图堂幅 …… (215)
郑板桥焦山诗堂幅 …… (216)
郎世宁马横披 …… (217)
王文治行书立轴 …… (217)
张敔花卉手卷 …… (218)
蔡嘉姮娥图立轴 …… (218)
潘恭寿桐圃图立轴 …… (219)
潘思牧临文征明山水立轴 …… (219)
黄鹤荷蟹图中堂 …… (220)
张崟镇江名胜册页 …… (220)
张崟乔松图立轴 …… (222)
顾鹤庆徐氏云川阁十六景手卷 …… (223)
明俭暴书图手卷 …… (224)
周镐京江二十四景册页 …… (225)
鬼斧神工天地惊(杂件类文物) …… (226)
大石犁 …… (226)
带木柄石斧 …… (227)
玉斧 …… (227)
嘉禾六年铜弩机 …… (228)
刘尅砖墓志 …… (228)
隆安二年画像砖 …… (229)
刘岱石墓志铭 …… (231)

李德裕重瘗禅众寺舍利题记石刻 …………………………… (232)
润州甘露寺重瘗舍利塔记石碑 ……………………………… (233)
禹迹图石刻 …………………………………………………… (234)
周瑀太学生牒文 ……………………………………………… (234)
雕漆柄“君玉”团扇 …………………………………………… (235)
矩纹纱交领襌衫 ……………………………………………… (236)
缠枝牡丹花罗合领夹衫 ……………………………………… (237)
咸淳六年印侍郎铁刀 ………………………………………… (238)
管军万户府铜印 ……………………………………………… (238)
宣德铜炉 ……………………………………………………… (239)
汤鹏铁画《溪山烟霭图》……………………………………… (239)
乾隆御题金山图玉插牌 ……………………………………… (240)
太平天国铁炮 ………………………………………………… (241)

后记 ………………………………………………………… (242)

上篇：凝固的华章

镇江是国家历史文化名城，三面环山，一面临江，有坦荡沃野，纵横河川，气候宜人，自然资源丰富，是人类和谐生活的理想之境。据关扼江，形势险要，又为历代江防重镇，兵家必争之地。大运河穿城而过与长江交汇，构成南北水上交通要道，素有"九省通衢"之称。历史悠久，文化积淀丰厚，"丹徒人"古骨化石的发现告诉人们，20万年前这片土地上即有人类活动。西周初期，太伯、仲雍东奔，先在镇江落户，揭开了吴文化史籍的扉页。宜侯夨簋的出现，把镇江文字记载的年代，推向遥远的三千年前。漫漫的历史长河中，在镇江这块土地上劳动、生息的先人们，创造了自己的历史，自己的生活。随着历史的发展，时代的前进，孕育了广大善良淳朴、勤劳勇敢的人民，其中又有几许英雄豪杰，帝王将相，仁人志士。他们或叱咤风云，金戈铁马，驰骋疆场，安邦定国；或雄文累牍，远见卓识，才冠一时，为后世所敬仰；或探秘宇宙，窥测天机，发展科学，提高生产力，推动社会向前迈进。千万年来积淀了丰富的文化遗产，留下了许多见证历史的文物古迹，这些文物古迹是镇江地区的文化瑰宝，也是中华民族文化遗产宝库中的一个组成部分。

镇江的文物古迹，有着鲜明的特点：第一，历史跨度大，内涵丰富。从20万年前的古人骨化石到近现代的历史遗存，形成各个时代的文化序列，环环链接，不留空白，使镇江地方史发展的每个阶段都能得到文物的印证。第二，文物资源丰富，门类齐全。地面文物面广量大，其中国家级文物保护单位已批准的有4处，省级文物保护单位已批的有23处，市(县)级文物保护单位160处。这些文物具有一定的历史价值、艺术价值、科研价值。第三，文物个性鲜明，有着江南吴文化浓郁的韵味。如地面文物中的焦山碑林,南朝陵墓石刻,铁瓮城遗址以及许多古建筑,它们在雄伟中渗透秀逸,古朴中显现雅致,散发出江南山水的灵气和人们对生活的和谐追求。

为了使人们能进一步了解镇江,探寻镇江的历史文化,兹将镇江主要的文物保护单位,以及一些文物景点,作为反映镇江历史文化的一个侧面,采集成册,以飨读者。

先 民 留 迹

"丹徒人"古骨化石

1980 年 5 月, 丹徒县文博干部严飞与镇江博物馆考古人员等,在丹徒县高资公社粮管所新筑的公路边从山间挖取来的黄土堆中,发现两段古人骨化石,一段长 245 毫米,石化程度高,呈青白色,一段长 83 毫米,石化程度较低,呈淡黄色,分属两个不同的个体。上海自然博物馆古人类学专家黄重野、严洪闻讯,特来镇江考察、鉴定,并带回上海测试,确定为人骨化石。长的一段是中新世纪晚期古人留下的遗骸,距今约 20 万年左右;短的一段也有 4 万年左右。上海自然博物馆把这两段骨化石定名为"丹徒人"古骨化石。1980 年 6 月上海《文汇报》首次发布了发现"丹徒人"的消息。遗憾的是古人骨化石原生地已被取土工程搞乱,无法在原地深入研究。1991 年,距高资仅数十公里,同属宁镇山脉地区的南京汤山,也发现了距今数十万年前的古人头骨化石,所以"丹徒人"化石的出现就不是孤例了。这证明宁镇山脉一带是人类早期活动的地区之一。1985 年,《镇江文物精华》赴北京中国历史博物馆展出,这两段古人骨化石,以"丹徒人"的身份作为镇江历史最古老的一件展品,引起了各界人士广泛关注。

"丹徒人"骨化石的发现,说明在中新世纪晚期镇江这块土地上就有古人类活动,他们当属于长江中下游土著荆蛮族始祖的一支。

20万年前,镇江一带的自然条件非常适合古人类生活。那时人类还处于渔猎时代,生活物质来源靠上山打猎,下水捕鱼,以洞穴栖身休憩。当时镇江的大片陆地淹没在茫茫大海中,现在韦岗一带的山岩上仍残留着蚌、螺、鱼等海洋生物的化石。而从南京向东是连绵不断的山峦浮出水面,高资十里长山一带,山势不高,又多洞穴,加上那时的亚热带气候,常年温暖,雨量充沛,所以山上林木茂盛,野兽众多,可上山打猎,又濒临水面,易于下水捕鱼,劳作之余,进洞穴栖身。这种优越的客观环境,满足了古人类基本生活需求。因此,"丹徒人"在这一带生活劳动,繁衍生息,开始为镇江地区积淀起悠久而丰富的历史文化。

断山墩遗址

位于丹徒县丁岗乡东的断山墩遗址,1982 年被公布为江苏省级文物保护单位。

遗址占地面积约 25 000 平方米,东西长 110 米,南北宽 225 米,突出地面约 8 米。1981 年由南京博物院、南京大学、厦门大学、镇江博物馆合作进行正式发掘,1987 年再次发掘。

断山墩遗址,文化层堆积丰富,厚达 4 米左右,多层次叠压,发现先民居住址和墓葬多处,这是一处拥有一定人口、保存比较完好的人类聚落遗址。考古发掘获得文物 500 多件,其中有 60 多种纹饰夹砂红陶、灰陶、硬陶的鼎、鬲、罐、盂等,还有人骨架 9 具,另外发现鹿角、牛牙、象牙、猪牙、石斧、石锛、短剑、小刀、铜簇、石簇以及夯土台基、柱础、火塘等文化遗存。

从断山墩遗址的文化内涵可以看出,当时先民用的陶器有红陶、灰陶、硬陶以及原始青瓷等,器形有鬲、甑、鼎、罐、盆、钵、盂等,硬陶表面拍有几何纹样。石制工具仍在民间盛行,而以条形石锛、长方形的石镰为多,还有石斧、石鉞、石矛、石簇等工具和武器。纺轮、网坠等生产工具已经出现,并为人们所运用,而且有了一些数量不多的小件铜器,如铜锥、铜凿等,铸造铜器的陶艺、石范,也有发现。墓葬习俗选在居住址旁殡葬,尤其是儿童。住址旁发掘到的 9 具人骨架,除 2 具为成人墓葬外,其余 7 具均为儿童墓葬。

烟墩山遗址

烟墩山遗址地处大港开发区烟墩山,江苏省级文物保护单位。

1954年6月,农民聂长保等在耕地时发现青铜器12件,其中最有价值的一件是“宜侯夨簋”,底部有铭文12行,计126字,能辨认的有118字。1956年,经郭沫若、唐兰等著名考古专家考证认定:宜是地名,侯是封号,夨是人名,是当时吴国君主仲雍的曾孙周章,簋是圆口两耳的器具。铭文的大意是:在四月的丁未这天,(康)王率领夨等在宗庙里瞻仰周武王、成王讨伐商纣的壁画,又看了东征的图画。(康)王便在宜地的宗庙里,把原来已封为虞侯的夨,改封为宜侯,并赏赐他酒器、土地和弓、矢等武器。土地有井田、山边田等,数量很多。还有城镇35处。住在宜地的殷朝王人十七姓(族),耕作奴隶六百又十六夫(户),甸人七百。夨为了感谢王恩,纪念他的父亲虞公叔达,做了这件器具,以铭记此事。宜地就是现在丹徒及其附近一带。“宜侯夨簋”铭文既记载了周康王时的大封典,也记录了宜地的历史,它是一部最早的镇江历史文献,证明了镇江初期地名称宜,距今已有3 000年左右。

“宜侯夨簋”原件,藏于北京中国历史博物馆。

戴家山遗址

戴家山遗址在镇江东郊江苏大学内,镇江市级文物保护单位。

遗址占地面积约2 500平方米。1985年进行了试掘,发现了一座灰坑,出土的石器有石铲、石斧、石锛、石刀、砺石与石磨棒等,另外还有数量众多的陶片。

经考证,戴家山遗址属于新石器晚期镇江地区先民的一个群居遗址。

龙脉团山遗址

龙脉团山遗址位于润州区七里甸乡龙脉桥,镇江市级文物保护单位。

遗址长 60 米，宽 60 米，高出地面约 5 米，为椭圆形台地，是一处商、周时期青铜文化遗址。1957 年和 1977 年镇江博物馆组织二次钻探，发现文化层堆积达 4 米多，分两个层次，早期相当于中原商代，晚期属西周至春秋时期，文化遗存丰富，是研究吴国早期文化的重要实物资料。

磨盘墩遗址

磨盘墩遗址位于镇江东郊丹徒镇南罗村北 200 米，镇江市级文物保护单位。

遗址为一台地，高出周围地表 5~7 米，面积近 30 000 平方米。

东部有一阶地，高出地表约 3 米，面积近 2 000 平方米。1991 年进行发掘。遗址为马家浜文化晚期至春秋时期的文化遗存，距今约 6 000 多年。遗址西北 1 公里处有一处名四脚墩的吴文化土墩墓葬群，时代为西周中晚期。1993 年已公布为市级文物保护单位。磨盘墩遗址与四脚墩土墩墓葬群有着紧密联系，前者为先民生活居住区，后者为生活在遗址中的先人们死后安葬之域。

枕子山遗址

枕子山遗址位于镇江市蒋乔镇大华山村东南，是商代中、晚期宁镇地区典型的湖熟文化台形聚落遗址。北距 312 国道约 200 米，东距润扬大桥南接线公路约 15 米，由大枕子山和小枕子山两座台形遗址组成，二者呈东西向并行排列，间距 4~5 米。其中大枕子山占地面积约 3 000 多平方米，高约 5~6 米；小枕子山占地面积约 1 000 多平方米，高约 3~4 米。整个枕子山遗址总面积 5 000 平方米。

2001 年进行考古发掘，出土铜、铁、陶、石和原始瓷等各类文物近 200 件(套)，还有保存基本完好的商、周时期陶窑、石器加工场、灰坑和房址等重要文化遗迹。枕子山遗址对研究商、周时期宁镇地区聚落形态，聚落分布与内部布局，聚落环境与周边环境的关系以及当时宁镇一带居民生产和生活状况等都有重要价值。

城头山遗址

城头山遗址位于句容市大卓乡本湖兴里庙村，镇江市级文物保护单位。

由于地理环境的变迁，遗址已成为句容水库中的小岛。南北长150米，东西宽约200米。经南京博物院、镇江博物馆等考古部门多次试掘，1983年又正式挖掘。上层为湖熟文化，底层为新石器时代文化，出土了大量的陶器、石器等遗物。此处遗址的发现，对研究江南地区五六千年前的文化序列提供了重要依据。

古城雄姿

铁瓮城遗址

铁瓮城，原名京城，遗址位于北固山前峰，距今约1 700多年，江苏省级文物保护单位。

《舆地志》记：铁瓮城“吴大帝孙权所筑，周回六百三十步，开南、西二门，内外皆固以砖壁”。

北固山在镇江市区北侧，三面濒江，一面着陆，形如插入江中的一把倚天长剑，上托苍穹，下探怒涛，三面山峦，层层拱立，绿耸翠叠，形势十分险峻。

公元195年，孙策脱离袁术，带领人马渡江经营江东，在连克建业(南京)、京口(镇江)、曲阿(丹阳)等地后，大军直指吴郡(苏州)、会稽(绍兴)。为了稳定后方基地，令大将孙河率部驻防京口。孙河在北固山前峰开始

三国铁瓮城古城墙遗址

构建规模不大的军事城堡。公元207年,曹操占领荆、襄,刘琮归降,声势大振,率军顺江东下,想一举降服孙权,吞并江东。孙权为了抵御强敌,称霸江东,即把政治中心从平原地区的吴郡(苏州)迁到江防要地镇江,在北固山前峰军事城堡上兴建铁瓮城,名为京城。这个京城,并不是皇帝所居的京城,而是取《尔雅》所说"丘绝高处曰京"之意。《三国志·吴书》及南朝各代史书,多称京口为京城或京。在唐代铁瓮城之名已屡见不鲜,京城所以称为铁瓮城,据唐代孙处玄著《润州图经》说:"古谓之铁瓮城者,以其坚固若金城之类。"宋代程大昌著《演繁露》又云:"雉堞缘冈,弯环回合……圆深之形,正如卓瓮。"可见是由于京城的牢固与它的形状如瓮而称铁瓮城的。唐诗亦多吟咏,如杜牧有"城高铁瓮横强弩,柳暗朱楼多梦云","土山京口峻,铁瓮郡城牢"等诗句。

铁瓮城是镇江市区历史上建的第一座城,是镇江文脉的代表地域,1 700 多年来,历代镇江郡、州、道、府的政治、文化、经济中心,都在铁瓮城及其周围一带,所以铁瓮城为镇江积淀下了丰富的文化遗产,成为镇江地方文化的一处丰富宝藏。

由于历史的尘封,铁瓮城曾湮没多年,近年来经考古工作者认真勘探,已探明部分铁瓮城的城墙、城址,出土大量三国时期的建筑物、陶瓷器、铜器等,不久的将来铁瓮城雄姿将会再现于人们的面前。

清代康熙皇帝玄烨《铁瓮城》诗云:

万里晴江拥舳舻,高城铁瓮接康衢。
遗铭欲探华阳迹,旧宅难寻海岳图。
半面烟岚雄北固,一方形势控东吴。
龙舟漫道巡幸盛,多恐深居政未敷。

刘繇城遗址

刘繇城为土城,距今约 1 700 多年,是丹阳市最早的城,现在的丹阳城区是在刘繇城的基础上经历代修缮延续而逐步发展起来的。

据《至顺镇江志》载："刘繇城，在丹阳县西南二百四十步。汉末，繇自扬州徙治曲阿时所筑。"《丹阳县志》也有同样记载。

刘繇，字正礼，东莱郡牟平县人，19岁时叔父刘韪被强盗劫去作人质，刘繇奋勇前往打败强盗，把叔父抢救回来，因此名声大振，被推为孝廉，后作郎中，任下邑县长，仕途有了发展。皇帝下诏任命他为扬州刺史，那一带是军阀袁术控制的势力范围，他畏惧袁术的权势，不敢去扬州上任，就南渡长江，孙权的舅舅吴景时任丹阳太守，把他接到曲阿安置下来。后来袁术图谋叛逆，刘繇派兵防御。因吴景是袁术授职任用的，所以刘繇反过来把吴景赶走。汉廷又加授刘繇为扬州牧、振武将军。孙策为兴建东吴霸业，南渡长江，打败刘繇，刘繇退往丹徒，逆江而上，想保住豫章，驻军彭泽，被笮融击败，不久病死，时年42岁。以后孙策讨伐江夏，路过豫章时，收殓了刘繇尸骨，归葬丹徒。

《光绪丹徒县志》载："扬州刺史刘繇墓在城北，今沦于江。"

花山湾古城遗址

花山湾古城遗址在镇江市区东北5里的花山湾，镇江市级文物保护单位。

古城遗址宏伟，西与鼓楼冈的铁瓮城遗址相近，南至大学山，长达2 300米，高30米，城墙顶宽8~15米，依山势在冈峦上用土夯压加高筑成。城外还残存一段150米长的护城河，城墙转角处和城门边砌有护城砖，有的砖上刻有"晋陵罗城"、"罗城"等城名，"东郭门"、"南郭门"等门名，以及"十里窑"、"十里碑"等窑名，还出土了东晋陶质大瓮和六朝青瓷器等。

晋陵是东晋时镇江称过的郡名，经考古学家研究，花山湾古城初建于晋大兴初年(318年)左右。《晋书》记："郗鉴、王恭镇北，皆更为营缮，而京口为子城。"晋成帝司马衍咸和三年(328年)，为徐州刺史、后都督扬州八郡军事的郗鉴所筑。时值历阳太守苏峻、寿春镇将祖约谋反，郗鉴提出"宜先立营垒，屯踞要塞，既防其越逸，又断贼粮运，然后静镇京口，清壁以待贼"。后郗鉴还在丹徒筑垒踞城，"遂城京口”。郗鉴所筑之城应当就是此城。晋孝武帝司马曜太元十年(385年),王恭都督徐州、晋陵诸军事,曾两次在京口对花山湾古城进行修治。但《镇江府志》、《丹徒县志》对此城均未作记载,是疏漏,还是其他原因,未解。

吕蒙城旧址

吕蒙城位于丹阳市东50余里,即今吕城镇。城墙遗址无存,相传该城为东吴大将吕蒙所筑。清代袁枚《子不语》卷八记有吕蒙城的传说故事,正史未见。

吕蒙(178—219年),字子明,汝南富陂(安徽阜阳)人。他与周瑜、鲁肃以及陆逊被誉为东吴优秀的军事家。吕蒙出身贫苦,少年时没读过书,靠自学成才。十五六岁从军,作战勇猛,又多心计,但文化水平低,难当大任。经孙权劝学,从此手不释卷,勤奋学习,成为具有文韬武略的一代东吴统帅。当关羽水淹七军,把曹兵杀得大败,声望如日中天时,吕蒙统兵,白衣渡江,夺取了关羽镇守的荆州,结束了孙权、刘备间荆州之争的历史。

清代诗人丁炷有《吕城怀古》诗云:

都督军符付阿蒙,建牙吹角此城中。
千寻雉堞销沉尽,二月莺花古今同。
大帝雄才终汉上,髯公遗庙遍江东。
春风催棹频回首,谁说荆州第一功。

太平天国新城城墙遗址

太平天国新城城墙遗址位于市区姚一湾小营盘一带,镇江市级文物保护单位。

1853年,太平天国军队占领镇江后,为了防御清军反攻,确保天京的安全,在市区西北沿江一带筑了一道新城。城墙从北固山边的十三门起,向西至大运河入江口,再沿大运河向南到老西门桥止,全长约6里多。这道新城在镇江太平军抗清战争中起过积极作用。光绪末年，被清政府拆毁，但还有40余米残垣。这为后人研究太平天国守卫镇江的战略、筑城工艺，留下了宝贵的实物资料。

现在城墙遗址已被民房层层包围，难以面世。1992年镇江市文管会与房管部门商定，待该区房屋开发时，把城墙遗址解脱出来，就地保护，供人参观。

定波门瓮城遗址

定波门瓮城遗址位于镇江城区之北，俗称老北门，1998年12月房屋开发时发现，镇江市级文物保护单位。

经考古发掘发现，明初定波门城楼是石砌基础，瓮城石垣、北门桥桥体是砖石结构，还发现护城河和历代叠压的地层堆积。明初石垣基础下方有叠压的唐、宋时期河床遗迹，石垣内侧有南宋城垣夯土护城石垣、北宋水井以及晚唐时期的城垣夯土等重要遗存。暴露出的城墙用方石砌成，长约40米，高约5米，较为壮观。专家认为，它的发现，证实了史料所载的明初定波门与唐、宋定波门位置相一致，可以确认明初定波门是在唐、宋时期润州(镇江)罗城定波门的原址上改建或复建的。

古塔沧桑

昭关石塔

昭关石塔在市区西津渡古街东端，全国重点文物保护单位。

石塔是江南现存唯一的喇嘛式过街石塔，建于元代，明、清先后修治。塔高约5米，由塔座、塔身、塔颈、十三天、塔顶等部分组成。用青石分段雕凿，合立成塔。

塔的底层立4石柱，依石柱的南北两面用石块逐层砌垒石壁，紧贴在路北救生会路、南观音洞之间，中间为通道，南北宽3.2米，东西长3.8米。来往行人、车辆在塔座下通行。

塔座两层，以“亚”字形叠涩法凿成。塔座上置一复莲座，塔身扁圆。上为亚字塔颈,又置一复莲座,上面是十三天,刹顶的下部华盖为仰莲瓣座,上部置法轮,法轮背刻八宝纹饰,塔顶呈瓶状。

在平台东西两面条石的外侧,有刻文,右刻镇江知府、同知、通判、推官等官称和人名,中为“昭关”两个大字,左刻丹徒知县、县丞、主簿、典吏等官称和人名,并有“万历十年壬午十月吉重修”字样。塔下有观音洞,香火旺盛。穿过昭关石塔,就是西津古渡,是千百年来江上的南北通道,舟楫往来,渡客众多,为祈求渡江平安,人们常礼拜神灵保佑,传说从石塔下经过,就意味着礼佛进香,能在风平浪静里渡过长江天险。

甘露寺铁塔

北固山铁塔(甘露寺铁塔)

北固山铁塔位于北固山后峰,江苏省级文物保护单位。

原为石塔,名卫公塔,由唐卫公李德裕于唐宝历元年(825年)所建。李德裕,字文饶,赵州赞皇(河北省赞皇县)人。出身于世家大族,祖父李栖筠、父亲李吉甫和他三代都在朝做过宰相。李德裕曾三任润州(镇江)刺史。乾符中(874—879年)塔遭火毁。宋熙宁九年至元丰元年(1076—1078年)重建,用生铁铸成7级铁塔。明朝万历十年(1582年)大风将塔刮倒,僧人性成、功琪募款重修。清同治七年(1868年)

塔顶折断落地，光绪十二年(1886 年)遭大风疾雷，塔倾倒 4 层，到解放时仅存 2 层。1960 年进行修缮，将残存的 4、5 两级加置上去，塔顶装上避雷针，塔基浇钢筋混凝土，使千年古塔重展风采。

铁塔为八角形，现仅存塔基及残塔 4 层，高 8 米。直径 8 尺，每层高 5 尺，为我国东南地区最大的一座铁铸巨塔。现在铁塔的塔座及 1、2 层是宋代原物，3、4 层为明代所铸。塔形楼阁式，塔身 8 面 4 门，每面都有佛和飞天，姿态各异。塔基须弥座上刻有卷浪、莲瓣、二龙等图案，形象生动。第 4 层有铭文，文中有“奉政大夫”、“中宪大夫”、“承真郎”、“文林郎”等参与铸造铁塔的明代官员。

在鸦片战争期间，英军在侵占镇江时，妄想掳夺铁塔作为其战利品，由于塔身沉重，无法予以搬运，遂砸毁了塔身上的相轮和塔顶，进行破坏。

1960 年 5 月，镇江文博部门对塔基进行发掘，在地宫出土文物 2 576 件，其中有金棺、银椁、舍利子等珍贵文物，石函中还有李德裕写的《重瘗禅众寺舍利题记》，记录了铁塔历史由来。全文是：

“有唐大和三年已酉岁正月二十四日乙已于上元县禅众寺旧塔基下获舍利石函以其年二月十五日乙丑重瘗藏于丹徒县甘露寺东塔下金棺一银樽一锦繡补九重皆余之施也余长庆壬寅岁穆宗皇帝擢自宪台廉于泽国星霜八稔袛事三朝永怀旧恩殁齿难报创甘露宝刹重瘗舍利所以资。

穆皇之冥福也浙江西道观察等使银青光禄大夫检校礼部尚书兼润州刺史御史大夫李德裕记长干寺舍利在东函禅众寺舍利在西函”。

李德裕石函题记对北固山铁塔的历史作了确实的记载。

铁塔是北固山的胜景之一，为游人游憩之所，历代文人雅士咏吟甚多。清代诗人管兆桂作《甘露寺铁浮图歌》云：

甘露铁塔擎孤峰，巍巍永镇江之东。
层累直上千百仞，洪炉锻炼惊神工。
风铃旋绕十一级，峥嵘八角飞玲珑。

龙埂拥护势拏攫,盘旋夭矫腾苍穹。
试问鼓铸自何代,佥云作始李卫公。
想因精魅肆奇毒,仗依佛力压群凶。
凌云亭畔一纵目,更有六塔来朝宗。
扬州二塔若拱揖,或隐或现烟蒙蒙。
城南塔低等陪隶,金山塔对垂双虹。
东圌一塔矗天汉,相与鼎足争长雄。
众塔木石皆易朽,独此聚铁坚难攻。
谁云金刚身不坏,几经历劫遭祝融。
高僧重建继裴璩,万历规制胜元丰。
唐宋距今约千载,世事更变如转蓬。
大冶鼓铸空即色,铁围顽毁色即空。
或空或色两无着,释迦说法开愚蒙。
呜呼!海枯石烂只一瞬,
万象变幻大体与此铁塔同。

鼎石山僧伽塔

鼎石山僧伽塔耸立城南鼎石山之颠,古运河北面,镇江市级文物保护单位。

塔8面7级,砖砌仿木结构楼阁式,高30米,边宽3.40米,塔立于白石须弥座上。塔身四周群卷形门,塔周建围墙,砌山门,立“古僧伽塔”石额。纹样精致,气势宏伟。以前是进入镇江东大门的标志,车船往来遥见僧伽塔,就知道将进镇江城了。

僧伽塔源于西域高僧僧伽,他生活于628—710年,佛学功底深厚,甚得佛门子弟信仰,圆寂后,弟子们为纪念僧伽,在泗州普救寺建塔,名僧伽塔。宋绍兴年间为避战乱,泗州僧人奉僧伽像来镇江,在寿邱山建僧伽塔供奉。明万历年间地方绅士徙塔于鼎石山,后圮,不久修复。光绪中叶塔室起火,木结构部分烧毁。1981年进行全面修复,在地宫中发掘出石函一个,内藏珊瑚、玛瑙、珍珠和两座6面7级鎏金小塔等，位置分布八方，似按佛教教文的“八宝”之制。

僧伽塔是镇江著名的砖石结构宝塔，巍峨伫立，直接云天，登上鼎石山，站在僧伽塔上，放眼望去，大运河滔滔而来，从山下潺潺流去，千百年来，滋润着江南大片沃土，打扮着镇江山水的绰约风姿。远黛近翠的华山、黄鹤山、磨箕山层层拱立，绵延不绝，展示出一幅绝妙的江南立体山水画卷。清汪琬的《鼎石山野眺》诗云：

城南倚孤棹，极望但苍苍。
白马吴门迥，青山楚塞长。
桃花临断岸，兰若出斜阳。
惟羡东流水，潺湲到故乡。

金山慈寿塔

金山慈寿塔在市区西金山之顶，镇江市级文物保护单位。

慈寿塔始建于1 400年前的齐、梁时代，后几经毁建，宋元符年间，丞相曾布为追荐其母，于山顶重建双塔，名荐慈塔、荐寿塔。《金山旧志》有“荐、慈两塔，为宋元符间丞相曾布用西府俸所建，以荐其先，请命于朝”的记载。1472年日本和尚雪舟来金山朝拜，作有《大唐扬子江心龙游禅寺之图》，图上有南北相向的两座宝塔。元顺帝至正元年（1341年）双塔毁于火，明穆宗隆庆三年（1569年），在北塔旧址重建7层宝塔一座，取名慈寿塔。清初至咸丰年间，又数次毁于大火、战火，光绪时金山寺住持隐儒法师立志重建慈寿塔。隐儒法师自幼出家，同治九年（1870年）到金山参究禅学。光绪十年（1885年），他执杖云游，北走京都，南下粤海，历尽艰辛，3年募得纹银3万两，于1895年开工修塔，1900年竣工，花了5年时间，使慈寿塔重展新颜，傲立于滚滚惊涛的大江之边。20世纪80年代，由于慈寿塔年久失修已呈倾斜，为了抢救古塔，在寺僧慈舟法师主持下，遵照《国家文物法》的规定，进行扶正修治，保持了慈寿塔的原来风貌。

慈寿塔高30米，砖身木檐结构，8面7级，每层4面有门，长廊相通，有回廊栏杆，旋上木梯，可登至塔顶。在塔顶极目眺望，江天一色，无限风光，令人有羽化而登仙之感。

宋代王安石有《慈寿塔》诗云：

数重楼枕层层石，四壁窗开面面风。
忽见鸟飞平地上，始惊身在半空中。

清代赵吉士作《登金山浮屠绝顶》诗云：

孤根屹立自何年？曲磴层栏面面迁。
海气空蒙浮绝峤，江流喷薄空遥天。
玉屏石蹴千寻雪，瓜步洲连万顷烟。
俯视楼台皆蚁蛭，云间日下片帆悬。

慈寿塔还流传着一个故事：

清光绪年间，慈寿塔重修建成时，正值慈禧太后60寿辰，两江总督刘坤一为博取慈禧的欢心，进京祝寿时对慈禧说："老佛爷六十大寿，卑官特在镇江金山寺建了一座慈寿塔，祝您万寿无疆！"慈禧听了大喜，就问："你祝我万寿无疆，我能活多久？"刘一时语塞，无言作答。正在惊慌之际，他的侍童李远安，时年8岁，递给刘坤一一张纸条，上面写有"天地同庚"4个字。刘坤一双手呈给慈禧，慈禧看了，果然大悦，对刘坤一赏赐有加。后来"天地同庚"4字刻在慈寿塔外花墙的石碑上，至今尚存。

圌山报恩塔

圌山报恩塔在丹徒区大江之滨的圌山顶上，丹徒县级文物保护单位。

圌山临江壁立，五峰突起，江流至此，顿趋狭窄，水流湍急，古称圌山关，为江防要地，报恩塔矗立山顶的基岩上，更显险峻，有"万里长江第一塔"之称。塔高30.94米，呈8角7层，砖砌仿木结构，楼阁式，四面壁门，每面设佛龛，内安佛像。下有仰复莲瓣的白石须弥座，底层直径 7.2 米。塔内有室，梯和楼板已毁，门位上下层相闪。转角有半圆倚柱，枋间支莲花短柱装饰。塔整体轮廓是和缓的曲线，攒尖的塔顶和造型优美的铜刹，展现出雄壮华丽的姿态。

报恩塔始建于明代崇祯七年八月(1634 年)，一说崇祯元年(1628 年)，由陈观阳建造。陈观阳，明代丹徒人，自幼家贫，发愤读书，考中进士，官至吏部尚书。为报答父老乡亲养育之恩，鼓励后辈认真读书，将自己多年的积蓄，投资建塔，取名报恩塔。清光绪十九年(1894 年)重修。300 多年来，报恩塔矗立圌山山巅，历经风雨沧桑，饱受劫难，特别是在鸦片战争和抗日战争中遭英国侵略军和日本帝国主义的炮火轰击，破坏严重，内部设施荡然无存。

1961 年 9 月，修缮报恩塔时，对塔基地宫进行发掘。地宫是岩石凿的深穴，上面有 3 块条石铺封，石面用土夯实，再铺土层，然后用青砖封面。地宫出土 1 石函，内藏铜盒 1 只，盒盖上方刻有"坚固悠久"4 个空心字。竖向又刻 7 行空心字，全文为"大明崇祯柒年捌月谷旦直隶镇江府知府王秉鑑通判刘泽宽王修文圌山镇塔宝藏丹徒县知县张文光同安吏部稽勋清吏司郎中郡人陈观阳拜手谨识督理善士郡人陆大观监工史郡人陈大德"。

铜盒内有：琥珀茄形挂饰 1 只，珊瑚龙 1 支，玛瑙牌 1 块，水晶印 1 对，宝石 6 颗，珍珠 6 粒，玉片 2 块，鎏金银元宝 1 只，银元宝 1 只，另有象牙佛珠 1 串(110 粒)，太平通宝铜钱 11 枚。均属稀世珍品。

丹阳万善塔

丹阳万善塔位于丹阳云阳镇严公桥东，丹阳市级文物保护单位。

清光绪《丹阳县志》载："明嘉靖时，知县旷鸣鸾，邑绅张捷、贺世寿筹建。"

塔高 47.64 米，砖身木檐楼阁式，7 级 8 面，塔身自下而上逐渐收缩，面阔与高度也由下而上逐渐缩小，塔置瘦塔刹，造型迥异，十分壮观。

万善塔，清代编的《丹阳地方志》称万寿塔，1987 年 5 月维修宝塔时，发现塔刹宝瓶上铭文为“镇江府丹阳县万善塔”、“大明崇祯十年仲春吉日造”。根据塔记铭文，沿袭古塔原名，故仍称万善塔。

句容崇明寺大圣塔

崇明寺位于句容城内东北区，寺内有大圣塔。崇明寺建于西晋咸宁初年(275年)，由邑人司徒察舍宅建造，原名“义和寺”。规模宏大，据记载，唐时寺内有南观音院、乐师院、南释迦院、中释迦院、千佛院、妙云院、天竺院、四圣院、瑞应院、弥勒院、北释迦院、北观音院、瑞像院、大圣院、文殊院、经藏院等许多院堂建筑，僧人众多。诸院皆司瑜伽教法，仅经藏院为禅院。清咸丰年间寺宇大部毁于战火，民国十五年(1926年)又遭火灾，损失严重，后未修复。

大圣塔位于崇明寺右大圣院内。北宋兴国年间(976—986年)建成木塔，元祐癸酉(1093年)改木塔为石塔。元、明、清各代均修葺。安奉大圣像，故名大圣塔。大圣号僧伽，西域人，唐龙朔初(661年)来句容。

大圣塔基为八角形，下大上小，内外各7层，基层外塔檐伸出约5米。八面以檐砌墙，每层约10米许，塔壁厚1米，塔顶装有铜葫芦。八角挑檐上有钟形乐铃，风吹铃动，发出清脆的铃声，有时恍如万马奔腾，有时又似莺啼燕鸣。当地人以铃声预测天气晴雨，若铃声骤响，则大雨将至；若铃声温和清脆，则天气晴朗，风和日丽。攀梯登塔，层层升高，天风阵阵，远山近水，城郭轻烟，鸟鸣于脚下，摘云于头顶，真是一派胜景。

明代诗人戴仁有《大圣塔》诗云：

盘旋石磴护雕栏，七级巍巍力可攀。
西北仰瞻高九陛，东南俯视小诸山。
循环日月檐楹外，缥缈烟云窗户间。
忆昔题名曾藉此，叫开阊阖叩天关。

文化大革命中大圣塔遭受严重破坏，被彻底摧毁，为弘扬地域文化，传承文脉，句容人民正在积极复建大圣塔。

石刻集萃

焦山碑林

焦山碑林位于长江中的焦山，四周洪波，片玉浮江，全国重点文物保护单位。

焦山藏碑，历史悠久，北宋庆历八年(1048年)，焦山就建宝墨亭，开始收藏碑刻。明代扩建为宝墨轩，收藏的碑刻益多。自清代以来，碑刻不断充实，蜚声江南。后屡遭兵燹，碑刻毁失严重。新中国成立时，宝墨轩已是一隅蒿庐，环堵萧然了。1960年镇江市政府为抢救民族文化遗产，弘扬优秀人文景观，寻找散失残碑，征集四乡刻石，建立焦山碑林。1988年扩修，1991年设焦山碑林博物馆，2002年再次扩建。

焦山碑林由摩崖石刻与碑刻陈列两部份组成。摩崖石刻环集于焦山西侧浮玉岩、观音岩、罗汉岩、雷轰岩、栈道岩一带峭壁上，绵延200余米，气势磅礴，蔚为奇观。有六朝以来刻石百余方，真、草、隶、篆各具风采。历代书家尊崇的"大字之祖"《瘗鹤铭》原址，就在雷轰岩，已移置碑林，建亭保护。现在摩崖石刻上的《金刚经偈句》"一切有为法，如梦幻泡影，如露亦如电，应作如是观"，书法出于唐代贞观和尚手笔，苍劲有力，字迹清晰。《灵隐寺志》载："圣达贞观禅师姓范，钱塘人。"《焦山志》载："罗汉岩前有唐人刻金刚经四句偈于石壁。"宋代四大书法家之一的米芾，仿《瘗鹤铭》书体，题刻于浮玉岩前，文曰："仲宣、法芝、米芾元祐辛未孟夏观山樵书。"记录了在元祐朝辛未年的初夏，米芾与甘露寺僧仲宣、金山寺僧法芝到焦山观看《瘗鹤铭》的史实。宋代诗人陆游政治上一贯主张抗金，在镇江当通判时，努力做好沿江防务，抗击北金入侵，忠心保卫宋室江山。他与老朋友何德器、张玉仲、韩无咎踏雪观看《瘗鹤铭》，写了一篇短文，以记其事，后来刻之于石。全文是：

"陆务观、何德器、张玉仲、韩无咎，兴隆甲申闰月二十九日，踏雪观《瘗鹤铭》，置酒上方，烽火未熄，望风樯战舰于云霭间，慨然尽醉。薄晚，泛舟自甘露寺以归。明年二月壬午，园禅师刻之石。务观书。”

全文短短74个字，把游焦山的人物、时间、活动、情感、线路交待得清清楚楚。当代文学家刘白羽赞美说：这是中国最短的一篇散文。

碑刻陈列在焦山东麓的一片3 000余平方米的明、清古建筑庭院内，这里回廊曲径，绿荫怪石，古色古香，风雅醉人。陈列碑刻300余方，著名碑刻有《瘗鹤铭》，是古人为瘗埋亡鹤而作的一篇哀悼铭文，作者用丹砂信手书写在岩壁上。原刻于焦山之西，后因山石崩塌，坠落江中。清康熙五十二年(1718年)，陈鹏年募人从江中捞出残石5方，置于焦山定慧寺大殿左侧，建亭保护。抗日战争时期，日寇数次闯入焦山，妄想掠劫《瘗鹤铭》，以雪烦为代表的焦山寺爱国僧人为保护国宝，把《瘗鹤铭》从墙上拆下，窖藏于山间乱石中，日寇没有发现。一次，南京又来一军衔很高的日本军官，威逼寺僧交出《瘗鹤铭》，寺僧守口如瓶，推说不知，日寇无奈，只得悻悻离去。遂使《瘗鹤铭》这一国宝，未流落异邦，至今依然昂立在焦山，供人们研究欣赏。

《瘗鹤铭》石高2.35米，宽1.04米，现存93字，其中11字不全，虽然是残碑，但其书法艺术在我国书法史上占有重要地位。宋代黄庭坚称：“《瘗鹤铭》者，大字之祖也。”曹士冕认为“笔法之妙，为书家冠冕”。《瘗鹤铭》字体为楷书参以隶、篆，行笔雄健苍古，方圆并用，结字错落疏宕、富于变化，反映了隶书向楷书过渡时期的特征。《瘗鹤铭》长期沉睡江中，宋代被人发现，好事者在冬季江水枯落时，拓字把玩，所以出水前的拓本称“水前本”，十分珍贵，传世甚少。出水后的拓本以清末焦山的鹤洲和尚拓本最精。由于《瘗鹤铭》无全文传世，文中又以干支纪年，以别号代替真实姓名，因此历史上考证此铭的作者、年代，众说纷纭，或称王羲之，或说陶弘景，也有说顾况、皮日休等的，约提出二三十人，至今未有定论，但并不因作者未定而影响其在书法艺术上的地位。

当代书法大师启功作有《瘗鹤铭》诗云：

江表巍然真逸铭，迢迢鲁郡得同声。
浮天鹤响禽鱼乐，大比无方四海行。

宋《壮观亭址瘗鹤铭别刻本》

宋《壮观亭址瘗鹤铭别刻本》在焦山之西壮观亭旧址下。可惜的是此刻被明代人题刻时磨去了下半截。现存9行59字，其中4个字不全。《瘗鹤铭》坠入江后，游人夏季来观《瘗鹤铭》时，因水深见不到沉寂于江水里的原刻，往往瞻仰这块石刻就满足了心理渴求，乘兴而返了。所以这块刻石在历史上也占有一定地位。明代海昌陈氏《玉烟堂本》、清程康壮重刻《玉烟堂本》、钱升重刻《顾宸家藏本》，以及近代流传的《瘗鹤铭》碑刻文，大多由此刻而来。宋《壮观亭址瘗鹤铭别刻本》高0.70米，宽1.20米，现已石漫，字迹不清。

《刘岱墓志》

《刘岱墓志》于1969年在句容县袁巷乡小龙口出土。刘岱是南朝齐时代人，距今1 500多年。墓志石质为青石，高55厘米，宽65厘米，厚4厘米。志文分23行，计361字，全文清晰，字迹无损，实为难得。现将墓志全文录于下，以飨读者：

“齐故监馀杭县刘府君墓志铭。高祖抚，字士安，彭城内史，夫人同郡孙荀公，后夫人高密孙女。曾祖爽，字子明，山阴令，夫人下邳赵淑媛。祖仲道，字仲道，馀姚令，夫人高平檀敬容。父粹亡，字季和，大中大夫，夫人彭城曹慧姬。南徐州东莞郡莒县都乡长贵里刘岱，字子高。君龆年岐嶷，弱岁明通，孝敬笃友，基性自然，识量淹济，道韵非假。山阴令，氿十太守事，左迁。尚书札，白衣监馀杭县。春秋五十有四，以永明五年太岁丁卯夏五月乙酉camp月十六日庚子遘疾，终于县解。粤其年秋九月癸未camp月廿四日丙年，始创坟茔于扬州丹阳郡勾(句)容县南乡糜里龙窟山北，记亲铭德，藏之墓石。悠悠海岳，绵绵灵绪，或秦或梁，乍韦乍社，渊懿继芳，世盛龟组，德方被今，道迺流古。积善空言，仁寿茫味，清风日注，英猷长晦，奠设徒陈，泉门幽暖，敢书景行，敬遗千秋。夫人博昌任女晖，春秋五十有三，以永明元年，太岁癸亥夏五月已酉𢀖月十三日辛酉终。父文季，祖仲章一女二庶男。女玉女，适河东裴闿。长男希文，妇东海王茂瑛。父沉之。祖万喜。少男希武。”

刘岱，《晋书》、《南史》无传，但墓志铭记刘岱是南徐州东莞郡莒县都乡长贵里人。看来他是晋永嘉之乱时，从其先祖由北方侨居到镇江的移民。生前当过山阴令，氿十太守事。后来犯了事，贬为白衣监馀杭令。这段情节为《南史》与镇江地方史填补了空白。刘岱墓志铭的价值，还在于他对中国书法史发展断代的贡献。《刘岱墓志铭》的书体，已少隶书笔意，可以说是成熟的楷书了。以前研究中国书法史有一种观点，认为楷书要到陈、隋时代才形成，从《刘岱墓志铭》的书体看，楷书艺术应在南齐时就已经基本成熟了，所以《刘岱墓志铭》为我国书法史研究提供了重要资料。

《魏法师碑》

《大唐润州仁静观魏法师碑》刻于唐仪凤二年（677 年），由中书右史崇文馆学士安定胡楚宾撰文，清河张德言书，徐秀昉镌。

碑高 2.42 米，宽 0.87 米。碑下龟趺，昂首怒视。碑首脊四龙互缠，形成圆肩，龙首俯瞰欲击，神态凶猛，碑额上有穿，上镌“魏法师碑”4字。正文计 33 行，每行 75 字，记叙魏法师生平。书体端正，神态严正。张德言虽非初唐书法名家，但此碑的书法艺术堪与唐初褚遂良、虞世南等人媲美。魏法师名降（595—677 年），字道崇，位城（山东济宁）人。他“幼即慕道”，“甫及冠年”投茅山拜徐昂法师为师，贞观九年（635 年）被召入京，“太宗嘉而悦之，由是蒙度出家，配居谯山之仁静观”。仁静观在丹徒县大港镇。后来唐高宗、武则天又给予他殊恩。死后，按唐代高级官员的葬礼，安厝于丹徒马迹山。清代金石家叶昌炽称赞此碑为“初唐妙品”。它是江南现存完整的一块初唐碑刻，对研究唐代初期的政治、军事和道教关系，有重要价值。

《兰亭集序》刻石

明嘉靖年间镌刻的晋王羲之《兰亭集序》陈列在回廊内，是隋开皇《兰亭集序》刻本。隋开皇《兰亭集序》是王羲之《兰亭集序》传世最早的石刻。有两种开皇本：一署"开皇十八年三月廿日"；一署"开皇十三年十月"，但后者不见于宋人著录。此刻为开皇十八年本，书势古厚虬劲，为书家推崇。石高0.3米，宽0.7米。这方刻石，世不多见。还陈列宋定武本《兰亭集序》一方，石高0.33米，宽0.82米。

宋刻《禹迹图》

宋刻《禹迹图》石长约1米，宽1米，是我国现存最早的石刻地图之一。图首方框内刻有6行文字："禹迹图，每方折地百里，禹贡山川名，古今州郡名，古今山水地名，元符三年正月依长安本刊。"图的左下角有立石时的跋文："绍兴十二年十一月十五日左迪功郎充镇江府府学教授俞篪重校立石，冯遂镌。"图面标志的范围，东至黄海岸边，西至青海祁连山，南至海南岛，北至黄河北沿。主要山水的位置和州、郡的名称，都标志得十分精细和准确，反映了我国宋代的地理面貌和地图绘制水平。《禹迹图》成图于宋元符三年(1100年)，重新立石于宋绍兴十二年(1142年)。绍兴十二年是镇江府学重建时期，俞篪当时是镇江府学的教授。《禹迹图》原砌在镇江府学墙上，20世纪50年代房屋翻修时，由镇江博物馆收藏。

关于《禹迹图》的作者，有两种说法：一是10世纪的地理学家、《太平寰宇记》作者乐史，一是宋代的沈括，未有定论。

英国著名的中国科技史研究家李约瑟博士说，《禹迹图》是"宋代制图学家的一项最大成就，是当时世界上最杰出的地图"。

《秦碣石门刻石》

秦碣石门刻石碑高133厘米，宽41厘米，共4石，篆书，计80字。其中刻有："黔首元繇，天下咸抚。男乐其寿，女修其业。事各有序，惠被诸彦。久并来田，莫石安所。群臣诵略，请刻此石，垂著仪巨。"

秦始皇统一中国后曾5次东巡,7次刻石。《碣石门刻石》是其中一块。碣石位于河北昌黎,秦始皇三十二年(前215年)巡幸至此,由李斯书铭,歌颂秦始皇的圣德和业绩。碑文整齐划一,平衡对称,风格独异。原刻早佚,此刻为清人王绍兴嘱重刻于焦山。

《澄鉴堂石刻》

《澄鉴堂石刻》共42石,由宋代四川名士文同墨竹20石,苏轼墨竹22石组成,每方刻石高0.32米,宽0.44米至0.89米不等。这组石刻的由来是:宋熙宁五年(1072年),当时任杭州通判的苏轼与湖州知州孙觉相晤。孙觉将四川名士文同画的一幅风竹给苏轼看。文同(1019—1079年),字与可,自号笑笑先生,四川绵阳人。宋皇祐年间举进士,迁太常博士,集贤校理,知陵州,转知洋州。元丰初年知湖州,越年至陈州宛丘驿时卒。善诗文,工书法,又善画墨竹、山水,尤以画竹著名。孙觉同时请苏轼画一幅与文同墨竹同样大小的风竹。苏轼当即挥毫画就,很觉满意,说"虽逾于刻鹄,或无愧于画虎",并在画上题了长达63行的跋文,叙述了画竹之由。跋文中说:"与可为予从表足,尝教以写竹之法,谓欲写竹,必先得成竹于胸中,执笔熟视乃其见所,欲画者,急起从之,振笔直遂,少纵则逝。"后人从中引申出"胸有成竹"的典故。

苏轼画成风竹后,又在文同的画幅上写了百余字题记,其中写有12个"笑"字,竟有6种不同的写法,形态各异,别开生面。

文同和苏轼画的两幅墨竹在北宋时分别得范纯仁、米芾、韩琦、文彦博、王伯思等人的题跋,元时藏入奎章阁,天历三年(1330年)文宗命鉴书博士柯九思、虞集审定,又藏入秘府。明嘉靖、万历年间,为收藏家项子京所得,清代先后为商丘宋荦、镇江张玉书收藏,嘉庆年间,丹徒县令万廉山得于张玉书裔孙处,后张井官南河总督时为张井获得。

道光八年(1828年),张井为把这两幅珍品传之于世,嘱无锡金石家钱泳双勾勒石。因文同和苏轼的墨竹画幅过大,不易上石,仅将

74位名人对两幅珍品的题识,分刻在42块石上。《澄鉴堂》是张井的书斋名,故名《澄鉴堂石刻》。

值得注意的是历代74位名人对文同、苏轼画的那两幅墨竹,给予高度评价,诸多评价以诗词形式出现,并由题识者亲笔书写,其诗文之美,风格之雅,意境之深,书法艺术之精湛,因人而异,跃腾于石,犹如群星璀璨,蔚为大观,美不胜收。兹录数款于下:

宋文彦博题:

修篁含雨余,小枝凌风起。
扫破碧玲珑,高堂净如洗。

宋米芾题:

怪石兀兀,老竿苍苍,猛惊卧虎,倏见龙骧,
屯者元叟,赞者苏子,观者元章。

宋黄伯思题:

石室之竹世无敌,
雪堂之竹堪与匹。
二公心手夺天巧,
谁是知音孙莘老,
……
主人命我品高下,
两两相并不相亚。
明月清风全无价,
谁云物固不两大。

“石室”即文同,“雪堂”即苏轼。

元吴镇题:

竹魂竹魄竹精神,都付石室写竹人。

有时扫出风中叶，银河不寒皆震慑。
有时濡墨作石块，天然峭拔阻且怪。
竹之清虚不坚硬，以此发明真灵性。
使我爱石兼爱竹，爱竹爱石与不孤。
主人索我题诗句，我且当与竹石注。

明李东阳题：

一块石头半悬空，竹竿断碎不成丛。
绝怜意近经营处，只在风烟淡淡中。

此外，碑林陈列的石刻，还有唐刻《李德裕瘗舍利石函记》，宋刻黄庭坚《蓄狸说》残碑，明刻王献之《鹅群帖》，清刻颜真卿《多宝塔碑》、《东方朔画赞》以及《印心石屋》残刻29石等，均臻上乘，弥足珍贵。

南朝陵墓石刻

南朝陵墓石刻在丹阳、句容市(县)境内齐、梁帝王陵墓区，全国重点文物保护单位。

丹阳是南朝齐、梁两代帝王的桑梓之地，也是齐、梁帝王陵墓的集中区域。这个墓区真实反映了齐、梁王朝“树高千丈，叶落归根”的民族传统文化观念。

西晋末年，北方战乱频繁，士族纷纷南迁。齐高祖萧道成的先祖淮阴令萧整，从东海兰陵(山东枣庄)迁徙过江，侨居丹阳东城里安家落户。后来，萧道成代南朝宋称帝，建立了南齐王朝，史称齐高帝。他把皇陵建在丹阳故土，子孙效尤。萧道成的族侄萧衍，后来代南齐称帝，开创南朝梁的帝业，世称梁武帝。他沿袭萧道成在丹阳故土建王室陵墓。所以南朝齐、梁两代帝王多葬于丹阳，形成了丹阳独特的齐、梁帝王陵墓文化。齐、梁帝陵的特点之一，是在墓前树立整块巨石雕凿而成的带翼石兽，神态生动，线条流畅，威武勇猛。石兽有天禄、麒麟、辟邪之分，属于人们崇拜的神兽偶像。它们标志着墓主人的身份。

皇帝陵前置天禄、麒麟，王侯墓前置辟邪。头上有单角的称麒麟，是古人所说的“圣人出，王道行则见”的一种神兽；头上有双角的称天禄，这种兽是借“天禄永终”之意，是人们祝福的一个象征；体形与麒麟、天禄相似而头上无角的则称辟邪，这是一种驱逐邪秽，镇压不祥之兽。石兽陈列，等级森严，不得逾越。兹将齐、梁帝王陵前现存的石刻，作简单介绍。

齐宣帝萧承之永安陵石刻

在胡家桥北狮子湾。

陵前东为天禄，身长 2.95 米，高 2.75 米，体围 2.75 米，有翼。足 4 爪，左前足攫一小兽。西为麒麟，头不存，身长 2.9 米，高 2.42 米，体围 2.4 米。

萧承之(？—447 年)，字伯嗣，是齐高帝萧道成的父亲，刘宋时代，因军功累官至南泰山太守，右军将军。生前未做皇帝。公元 479 年，萧道成称帝，追封萧承之为宣皇帝，将旧墓扩改为永安陵。

齐高帝萧道成泰安陵石刻

在胡桥赵家湾，距永安陵近百米。陵前石兽已毁，陵墓曾于 1968 年挖掘清理。

萧道成(427—483 年)，南齐王朝的开国皇帝。在刘宋政权时以军功累官至南兖州刺史，后以中领军将军掌握了刘宋的军政大权。宋明帝的儿子、后废帝刘昱被杀后，他召开要臣会议，商讨权力归属。会上萧道成“须髯尽张，目光如电”，夺取权力之心毕现无遗。同谋者王敬则在旁拔刀胁迫与会者道：“天下事皆应归萧公！敢有开一言者，血染敬则刀！”因此众皆拥戴萧道成称帝，以禅让形式，从南朝宋的末代皇帝顺帝刘准手中夺过了政权，建立南齐，在位 4 年。他在位期间比较开明，提倡节俭，宫廷里用的器具，由原来的铜、金改为铁，还把自己头上戴的玉导打碎，以示杜绝奢侈。临终时嘱咐儿子要节俭，任用贤才，对亲族要宽厚。

齐武帝萧赜景安陵石刻

在建山田家村。

陵向南，有 2 石兽，东为天禄，身长 3.15 米，高 2.8 米，体围 3 米；西为麒麟，4 足已失，身长 2.7 米，残高 1.4 米，体围 2.51 米，风蚀严重。

萧赜，字宣远，齐高帝萧道成的长子。道成死后，继皇帝位，改元永明，在位 11 年，死后葬景安陵。萧道成经营帝业时，萧赜是他的得力助手。在位期间，遵父命，没有杀害自己的兄弟。但为时不久，忘掉了萧道成节俭传家的训示，奢侈腐化，赋役繁重，引起百姓不满，政局动荡。

齐景帝萧道生修安陵石刻

在胡家桥北仙塘湾。

陵向南，陵前存 2 石兽，东为天禄，身长 3 米，高 2.75 米，体围 2.52 米，双角残断；西为麒麟，身长 2.9 米，高 2.42 米，体围 2.4 米。天禄迈左足，麒麟迈右足，展出对称姿态。

1965 年 11 月对该墓进行了发掘，墓室因早年被盗掘破坏，仅清理出陶、瓷、石、铁等残器，墓壁上的“羽人戏虎”等 5 幅壁画，却十分珍贵。

萧道生，字孝伯，齐高帝道成之次兄，生前未做过皇帝，他的儿子萧鸾为齐明帝，追封萧道生为景皇帝。

齐明帝萧鸾兴安陵石刻

在荆林三城巷北。

陵向东，陵前 2 石兽，南为麒麟，身长 3.02 米，残高 2.7 米，原 4 足已失，角亦残；北为天禄，肢体已残。两兽之间隔着一条小河沟。

萧鸾，萧道生之子，继废帝海陵王为帝，在位 5 年，公元 498 年 7 月死，葬兴安陵。

齐前废帝萧昭业陵墓石刻

在埤城水经山下。

陵东向,偏南处存辟邪1对,南北向对列。北辟邪身长2米,高1.51米,体围1.65米;南辟邪身长1.85米,高1.51米,体围1.62米。据专家考证认定,墓主为前废帝郁林王萧昭业。

萧昭业,是齐武帝萧赜之孙,文惠太子之子,少长深宫,矫情饰诈,齐明帝建武元年(494年)被萧鸾杀,葬以王礼。

齐后废帝萧昭文陵墓石刻

在埤城水经山下偏西。

墓东向,墓前存辟邪一对,南北对列。北辟邪保存较好,身长1.58米,高1.54米,体围1.7米,南辟邪已破碎几段。两石兽呈蹲踞状,这种姿态的石兽在现有南朝石刻中实属罕见。专家初步认定,墓主是齐后废帝恭王萧昭文。

萧昭文,齐武帝萧赜之孙,文惠太子之子,萧昭业之弟,于齐明帝建武元年(494年)被萧鸾所杀,葬以王礼。

梁文帝萧顺之建陵石刻

在荆林三城巷北,南距齐明帝萧鸾兴安陵约60米。

陵向东,陵前沿神道依次有石兽、石础、石柱、石龟趺各1对。

石兽,南为麒麟,角残,原4足已失,身长3.05米,残高2米,体围2.7米;北为天禄,角、足已失,身长3.1米,残高2.3米,体围2.76米。两兽间隔约6米。

石础,方型,边缘有榫眼,础上结构不存。

石柱,上圆下方,其结构为:上部有矩形石额一方,刻有铭文,顶有复莲宝盖,踞一小兽;中部柱身,竖刻24道瓦楞纹;下部双螭座,由一对螭龙组成。南柱自上而下裂为二,北柱已倾圮,现就地保存。柱石额上,隶书写有“太祖皇帝之神道”。

石龟趺,状如巨龟,传说是龙的长子赑屃的形象,善负重,现碑已失，仅存趺座。

萧顺之，齐高帝萧道生的族弟，梁武帝萧衍的父亲。曾任侍中卫尉，领军将军，丹阳尹。他生前未做过皇帝，梁武帝于天监元年(502年)追尊他为文皇帝，扩旧墓建陵。

梁武帝萧衍修陵石刻

在荆林乡三城巷北，南距梁文帝建陵约360米。

陵向东，神道北侧存一天禄，身长3.1米，高2.8米，体围2.35米，肌肉饱满有力，四足粗壮，足5爪，右前足爪下攫一小兽，昂首雄视，雄武有神韵。

萧衍(464—549年)，字叔达，初仕齐，为雍州刺史，镇守襄阳。后乘齐内乱，于公元502年起兵夺取帝位，改元天监，国号梁，是南梁王朝的创建者。死后追尊为武皇帝，庙号高祖，葬于修陵。

梁武帝于公元502年即帝位，在位48年，公元549年卒，时年86岁，是我国历史上在位年代比较长的一个皇帝。

据历史记载，梁武帝执政初期，亲政勤劳，往往四更天就起身批阅奏章，天下大事能及时处理，生活节俭，“膳无鲜腴，豆羹粝饭而已”，“身衣布衣，木棉阜帐，一冠三载，一被二年……不饮酒，不听音声”。宫女不穿拖到地上的长衣，祭天地祖宗时，不用大牲。

他博学多才，爱读书，至老手不释卷，常常读书至深夜。重视文化建设，兴修国学、立五经馆、置五经博士。《南史》本纪评论说：“武帝据图篆，多历年岁。制造礼乐，敦崇儒雅。自江左以来，年逾二百，文物之盛，独美于兹。”他对经学很有研究，撰有《群经讲疏》二百余卷、《通史》六百卷，“草隶尺牍骑射，莫不称妙”。他经常与隐居茅山的“山中宰相”陶弘景，通过书信往来研究书法艺术，在北固山题写的“天下第一江山”六个大字，笔力千钧，气势雄伟。他作的诗文，词句清秀，哀婉动人。如《洛阳女儿名莫愁》诗：

河中之水向东流，洛阳女儿名莫愁。

莫愁十三能织绮，十四采桑南陌头。
十五嫁为卢家妇，十六生儿字阿侯。
卢家兰室桂为梁，中有郁金苏合香。
头上金钗十二行，足下丝履五文章。
珊瑚挂镜烂生光，平头奴子擎履箱。
人生宝贵何所望，恨不嫁与东家王。

梁武帝信仰佛教。他说：道有96种，唯佛一道是正道。因此在京都建康大造佛寺达500多座，早晚到佛寺礼拜。晚年更是虔诚，甚至每天只吃一顿饭，潜心修佛，在同泰寺舍身当和尚有4次之多。

作为南朝梁的开国皇帝，梁武帝是一位具有统治能力的政治家、军事家。他起兵灭齐建梁，并总结东晋、宋、齐王朝统治短暂的失败教训，设法调和世族与寒门之间的矛盾，励精图治，巩固政权，并出兵北伐，收得了一定效果，社会有了一定进步。但由于封建统治阶级的局限性，晚年听喜不听忧，自我麻醉，迷恋青灯黄绢，一心想成佛，逐渐疏于朝政，脱离实际，致使社会矛盾加剧，百姓怨恨，导致侯景之乱，忧饿身亡，死后葬于修陵。

梁简文帝萧纲庄陵石刻

在荆林乡三城巷北，南距梁武帝萧衍修陵约60米。

陵向东，存有一天禄的前躯及左前足，躯高3.16米，左前足5爪上张，足下连有石板残部，厚0.26米，陵前有萧港，通陵口大河。

萧纲(503—551年)，梁武帝萧衍第三子，昭明太子卒，立为太子。侯景叛军攻破台城(建康的宫城)，梁武帝被幽死，萧纲继位皇帝，但受制于侯景，大宝二年(551年)被侯景杀，在位2年。次年3月，元帝追崇萧纲为简文帝，庙号太宗，4月葬于庄陵。

金家村陵墓石刻

位于建山乡金家村北，墓向南，墓主待考，暂定名金家村陵墓。

陵前有石兽1对，东为天禄，身长2.38米，高2.25米，体围2米，3足不存，头部失去；西为麒麟，身长2.13米，高1.9米，体围1.65米。两石兽相距32米。天禄原沉于水塘，麒麟埋于土中，1973年发现，1977年清出，安装为现状。

墓于1965年发现，1968年南京博物院进行发掘。墓室内清理出羽人戏龙、羽人戏虎、竹林七贤等12幅砖刻壁画，均十分精美，是难得的南梁珍品。

梁南康简王萧绩墓石刻

在句容市石狮乡，这是我国现存南朝陵墓石刻中最宏伟的一处。

两个石狮，一雌一雄，体积硕大，包括基座每只高达4.4米，形象威猛。两眼环睁，巨口张开，露出两排显赫的牙齿。口中长舌垂到胸际，圆鼻突兀，鼻孔撑开，胸脯圆鼓。身有双翼，翼膊刻鳞纹，长尾向内勾卷，垂抵基座。四肢粗壮，足分5爪，翘首昂视，雄狮左足前伸，雌狮右足向前，左右相对而立。

石狮北面有神道石柱和石兽各一对。神道石柱亦称华表，柱首罩一仰复莲花座，座上蹲一小兽，仰首望天，似腾跃吼叫。柱身圆形，雕有24条瓜棱形条纹，上端有一扁方形神道碑额，刻“梁故侍中中军将军开府仪同三司南康简王神道”字迹，两柱碑文相同。石柱下为柱座，刻有两条蜥蜴，十分精美。石柱高约10

句容梁南康简王萧绩墓石刻

米,下粗上细,中部直径为 50 厘米。

这 1 对石兽实是辟邪,但形似狮子,因此习惯称石狮,不过它的造型与狮子不完全相同,自然界也未见过此种带翼的兽类。

此组石刻占地 2 500 平方米,四周绿树围绕,南面地势平坦,石兽遥望处可见到 20 里外起伏的赤山和长流不息的秦淮河。石柱紧依池塘,漪漪水波,倒映着远处的青山,真是一处风水宝地。

萧绩(505—529 年)是梁武帝萧衍的第 4 个儿子,天监八年(509 年)被封为南康郡王,先后担任南徐州、南北兖州、江州等地军政要职。25 岁病死,赠侍中,中军将军,开府仪同三司,谥简。

延陵季子碑

延陵季子碑位于丹阳市九里镇南街北端,江苏省级文物保护单位。

季子碑高 2.45 米,宽 1.06 米,厚 0.12 米。碑文刻有两行 10 字:“呜呼有吴延陵君子之墓”,所以又称十字碑。相传碑上的字为孔子书写。原碑已佚,现碑是唐刻。碑下部有唐大历十四年(779 年)重刻字样,并有唐代张从申题字 20 行,每行 5 字,左 6 行因石破字损无存。1980 年 10 月在扶正入座时将每行最下两字嵌入碑座。碑文两旁空白处刻有唐建中元年(780 年)八月树碑、建堂,及唐贞元三年(787 年),宋元佑三年(1088 年),明正德四年(1509 年)、嘉靖六年

丹阳延陵季子碑

(1527年)5处款识，字迹已模糊不清。碑阴刻《改修吴延陵季子庙记》,萧定撰,张从申书。《改修吴延陵季子庙记》是后人据拓本重摩上石的。碑右边有“延陵巡检供奉官张从应监制”。左边刻有“明嘉靖癸未四月二十三日武进段金、赵翺,丹阳□□,无锡王辉敬观”。碑尾有清初丹徒人张孝思题识。

延陵季子是春秋时代吴王寿梦的第4子季札。其先祖太伯、仲雍为周太王的儿子,季历的哥哥。季历的儿子昌(即周文王)十分贤德,周太王想把王位传给季历,以便将来昌接位。太伯、仲雍知道其父的意思后,为了让王位给季历,兄弟俩即逃离周地,渡江南下至荆蛮族居住地区,与当地土著一起“断发文身”,得到荆蛮族的尊敬,有千户追随之,称之为吴太伯,国号句(勾)吴。太伯死,仲雍继位。传至19代孙寿梦时,国力强大,自称吴王。见第4子季札贤能,寿梦想把王位传给季札,但季札袭先祖太伯遗风,认为当国君不是自己应守之节,不愿承接王位,坚持由他的兄长为王,先后三让王位。为了表示让王位的决心,他抛弃了家室财产,躲避到吴国的边境地区即现在丹阳的延陵一带,躬耕于田野,坚守情操,自得其乐。后来吴君把他耕作之地延陵作为他的封邑,所以称延陵季子。据史记载:延陵在今江苏省武进县西北70里,就是丹阳市东南边缘地区。

季札是一位人们尊敬的先贤,不仅三让王位,守节自律,而且重信用,一诺千金。他曾为吴国使臣,出使中原诸国。到徐国时徐国国君喜爱他的佩剑而难以启齿,季札知其意,但因使命未完,不能立即赠送,于是心中许诺:待使命完成后,把剑赠给徐君。出使回来路过徐国准备把剑送给徐君时,徐君已亡故,季札特地到徐君墓前凭吊,并从腰间解下佩剑挂在墓前的树枝上,以践诺言。这就是“季子挂剑”的故事。

季札的高尚情操、道德观念、为人准则,为人们所称颂,并广为流传。为了纪念这位先贤,人们在季子的故里延陵九里镇立庙奉祀,千百年来供奉不绝。在季子遗风的熏陶下,延陵地区一带形成的纯朴、诚信、高尚的民俗民风,绵延承袭,代代相传。

诗人李公翼《吊季子墓》诗云：

守节卑吴国，刊碑篆圣模。
让风终古在，曾不谢唐虞。
溪边君子墓，庙飨几春秋。
世有争荣者，闻风亦可羞。

元代诗人萨都剌作《题季子庙》诗云：

公子不来春草绿，故宫禾黍亦离离。
沸泉尚有千年井，古篆犹存十字碑。
去国一身轻似叶，归田两鬓细如丝。
李家兄弟梁朝血，莫过延陵季子祠。

"天下第一江山"石刻

石刻"天下第一江山"在北固山甘露寺山门前东侧长廊墙壁上，镇江市级文物保护单位。

南梁大同十年(544年)三月，梁武帝萧衍登上北固山，见滚滚洪流，奔腾东去，四周山峦叠翠，逶迤不绝，北固山像一只出洞猛虎，雄蹲江边。面对雄伟壮观的大好江山，险固峻峭的自然景色，感慨不已，即兴书"天下第一江山"6个大字，刻于山崖之上，后毁。南宋书法家吴琚重书，又佚。明崇祯年间，宋曹义再次摹勒，后损。清康熙四年(1665年)程康庄摹吴琚手迹，重书"天下第一江山"勒石。石长4米，高1米，横书，上款有：延陵吴琚书。"文革"中断损，存前3字，后按原拓本修复接上。

清真寺石刻

清真寺石刻在城内剪子巷150号内，《古润礼拜寺记》石碑，镇江市级文物保护单位。

清光绪《丹徒县志》载："剪子巷清真寺于明万历三十年(1620

清真寺石刻

年)移此。有李一阳记石刻”。清真寺原址在仁安坊阜民街,即今大市口东网巾桥一带。

清真礼拜寺历史悠久,据明万历二十四年《镇江府志》载:“清真礼拜寺系唐贞观二年始建于仁安坊阜民街。”距今已有 1 300 多年历史。后剪子巷清真寺被拆,留下《古润礼拜寺记》碑。1982 年 12 月 16 日移至西大寺。

《古润礼拜寺记》碑,额高 0.65 米,厚 0.25 米,宽 0.90 米。碑身高 1.48 米,宽 0.81 米,厚 0.25 米。四周刻云纹,首行有“赐进士第中宪大夫奉敕整饬饶南九兵备道……”字样。碑文为李一阳撰。李一阳是明代万历进士,曾任江西按察使等职。

剪子巷清真寺,门额刻石在巷口。石高 0.25 米,宽 0.50 米,横刻楷书“清真寺”。上款为“光绪三十年重修”。另有两石刻,一刻楷书“道光三十年四月重修”,一刻“宣统元年四月复重修”。

节孝祠堂牌坊与碑刻

节孝祠堂牌坊位于宝盖路 244 号,镇江市第十六中学内,镇江市级文物保护单位。

节孝祠堂牌坊砌在学校西北面墙上,多有损毁,校园内还有碑石 80 多块。

节孝祠,清雍正元年(1743 年)始建于银山之麓。乾隆、嘉庆、道光年间增建石坊、楼宇,咸丰年间毁。后复建于山巷底,同治九年(1870 年)落成。宣统年间统计,获旌表而上节孝祠的烈女孝妇,达 920 余位。祠内每一块碑,刻录一名节孝妇女的姓氏、旌表事迹、立碑时间等。碑上的字多为楷书,阴刻,显得庄严肃穆。

石刻记录着历代所谓的"节孝"妇女,在封建传统思想压迫下,度过悲惨一生的真实生活经历。她们遭受的苦难,激起后人对旧社会的憎恶,对新社会的热爱。镇江节孝祠牌坊,还记录着外敌入侵时镇江妇女的凛然气节,她们不受屈辱,大义凛然,视死如归的民族正气,光照千秋。鸦片战争时期,英国侵略军攻陷镇江,大肆奸淫掳掠。面对敌人的枪口、屠刀,手无寸铁的镇江妇女,誓死捍卫自己的人格尊严,宁为玉碎,不为瓦全,选择悬梁、跳井、投河……来结束自己的生命,以抗拒强敌的欺凌,控诉他们以强凌弱的罪行,谱写出一曲曲民族苦难历史的悲歌。

"海不扬波"石刻

进入焦山的迎面墙上,有一块"海不扬波"4 个大字的碑刻,石长 6 米,宽 2 米,笔力朴拙遒劲,沉着浑厚,醒人眼目。这是明嘉靖元年(1522 年),由甘肃天水胡缵宗书写、长洲郭波刻石并记的石刻。

"海不扬波"的典故出于《尚书》:相传,周成王时,周公旦摄政,越裳国派人贡献白雉。使臣言:很久没有发生疾风暴雨,海水也未泛滥成灾,想必中原出了圣人,所以特来朝拜。后人就以"海不扬波"比喻圣人治世,天下太平。

古代焦山江面波涛汹涌,渔民们在焦山修建龙王庙,祈求神仙保佑。相传,胡缵宗游焦山时,见许多渔民驾着小船,乘风破浪在江上捕鱼,即随手挥毫写下这 4 个大字,为渔民祈福。

赛兆祥牧师传教碑

赛兆祥牧师传教碑原在南门外大街西基督教长老会润南堂墙上,1999 年房屋拆迁时发现。碑质白石,宽 80 厘米,高 75 厘米,厚 12 厘米。铭文阴刻,行楷直书,有 12 行,共 183 字。落款为:主降世一千九百二十五年月日,镇江长老会中西教牧敬勒。丹徒马逢伯撰,王纬丞书。碑文内容主要是褒扬赛兆祥牧师传教功绩。

赛兆祥是美国著名女作家赛珍珠之父，长期在镇江传教，所以赛珍珠在中国度过了她的幼年和青少年时代，熟悉中国社会，写出以中国农村为题材的优秀小说《大地》，并获得诺贝尔文学奖。赛兆祥牧师传教碑的发现，对开展中美文化交流提供了一个条件。

书香流芳

绍宗国学藏书楼

绍宗国学藏书楼位于市区云台山半腰绿树丛中，镇江市级文物保护单位。

藏书楼为西式2层楼房，顶有阁楼，楼向朝南，四周庭院。大门上嵌有“绍宗国学藏书楼”石刻。

绍宗藏书楼来源于金山寺文宗阁。乾隆四十三年(1778年)钦赐《古今图书集成》一部，置于金山行宫。为珍藏这部图书，由两淮盐政拨款，于乾隆四十四年(1779年)在金山寺建藏书阁。阁成之日，乾隆十分高兴，亲笔题写“文宗”以为阁名，遂名文宗阁。后来又将传抄的一部《四库全书》并存于文宗阁，文宗阁就以庋藏《四库全书》而闻名于世。《四库全书》是一部宏篇巨著，乾隆三十七年(1772年)钦选以纪昀为首的著名学者100多人开馆编辑，按经、史、子、集四部分类，历时10年告成。全书有1万余种类，18万卷，几乎汇集了我国乾隆以前的所有古籍。《四库全书》编成后，乾隆非常重视，传旨分藏于北京故宫文渊阁、圆明园文源阁、沈阳故宫文溯阁和承德行宫文津阁四地，世称“北四阁”。后乾隆念及江、浙一带人文渊薮，为了粉饰太平，消除那里人民的排满思想，又续抄3部，分藏于扬州大观堂文汇阁、杭州圣因寺文澜阁和镇江金山寺文宗阁3地，世称“南三阁”。乾隆四十五年(1780年)南巡，驻跸金山行宫，见金山孤峙江心，百川朝宗，峰颠浩伏，形势险峻，而浩瀚巨著《四库全书》安然庋藏在文宗阁中，真是宏文存胜地，得其所矣，必能传之千秋，心中十分高兴，即兴赋诗，有“百川于此朝宗海，是地诚应庋此文”之句。

以后，文宗阁藏书不断充实，除《四库全书》外，还有《四库全书简明目录》、《钦定古今图书集成》、《钦定全唐文》、《钦定明鉴》等瑶版玉弢,千籍万帙,藏书之多,冠盖江南。但是没有多久,文宗阁藏书在外国侵略者和国内战争的烽火硝烟中,屡遭劫难,损失严重。1842年鸦片战争,英国侵略军攻陷镇江,践踏斯文,强抢豪夺,文宗阁藏书遭受重大破坏。咸丰三年(1853年)清军与太平军激战于金山,火烧金山寺,文宗阁付之一炬,摧毁殆尽。民族文化遭受此等浩劫,邑人痛心万分,为使镇江藏书得以传承,乡里贤达多次计议重建文宗阁,但终因社会动荡,战乱时起而未果。直到1933年邑人吴寄尘等发起恢复文宗阁的倡议,乡亲热情支持,由丁子盈出资建楼,取名绍宗,表示继承金山文宗阁藏书之意。地址选择在云台山西侧,当时藏图书两万册。1937年日本帝国主义向中国发动全面侵略,镇江沦陷,绍宗藏书楼再遭浩劫,两万册图书全部散失。抗战胜利后,柳贻徵等人再创义举,重新募集资金,再次恢复绍宗藏书楼。经过不懈努力,终于使残楼得到修复,藏书也有所恢复。新中国成立后,邑人严惠宇于1950年把自己保存在上海的一批古籍图书、善本书捐赠给绍宗藏书楼。柳贻徵、陆小波、丁蘧卿、袁佐良、鲍鼎等又先后征集和捐赠图书,泰州支恒荣家属也捐赠了一批图书。1959年又征集到赵醉侯诗稿85册。文化大革命中,由于工作人员尽职,全力保护,藏书受损不多。后在文化部门指导下,经图书专家长期整理、修补、充实,现在绍宗藏书楼已成为一处颇具特色、书香四溢的藏书胜地了。藏有古籍图书3 700多种,9万余册。其中有元、明版珍籍200多部,如明宫中御览的《隋书》,百册全部《白孔六帖》等,还有一部分康有为的藏书。

华阳书院

华阳书院位于句容县城句容县中学内。华阳书院建于明万历二十三年(1595年),原名正心书院,后改为华阳书院。明代状元、礼部尚书句容人李春芳撰写的《华阳书院碑记》首句是:“句容为龙兴之地”,意指朱元璋祖籍句容,为此华阳书院有着特殊意义。明万历四十年(1612年),华阳书院扩大规模,设阅卷所、大堂、考棚等处。从明万历二十三年(1595年)到清雍正十六年(1732年)间,华阳书院岁科两考,各府诸生,均会集于此考试。咸丰六年(1856年)到同治二年(1863年),太平军先后两次攻占句容,华阳书院毁于战火。同治四年(1865年),知县周光斗向士绅富户集款购县治西(现县人民医院内)民房1所,前后5进,约30余间改为书院,沿用华阳书院之名。现尚存3进,均为3开间,前进平房,2、3进为两层楼,梁柱有彩绘。起初,书院并不设课。同治八年(1869年),知县龙绶寅始行开课。光绪二十三年(1897年)拟定书院章程17条,内容含师资条件、经费收支、授课内容、财产管理、奖惩制度等。光绪二十五年(1889年),聘请安徽桐城派文人张绍堂来书院讲学,扩大了影响,培养了人才。光绪二十九年(1903年)秋天,在华阳书院创办了句容官立第一高等小学堂。柳诒徵曾将华阳书院收入《江苏书院志》。

太平书院旧址

太平书院位于扬中县长旺乡,原来是龙王庙,现为乡中心校校址。《丹徒县志》载:"……太平书院,权设太平洲徒邑之龙王庙。郡守李仲良建。起于同治四年,成于五年……"

龙王庙原有房屋30余间,主体建筑为5开间,前后两进正房,前面1进是正厅,后面1进是楼房。前进正中一间挂有李鸿章书写的"太平书院",对面挂着镇江郡守李仲良书写的"六邑观摩",后面正中一间挂着曾国藩书写的"学海观澜"等匾额,显示出昔日太平书院文风的辉煌。

太平书院是文人学士"以文会友"的场所,对扬中文化教育事业的发展起了开风气之先的历史作用。

郑板桥读书处

郑板桥读书处在焦山之西的别峰庵内,有小斋三间,小院一方,院内花坛矗立石笋一支,疏篁数竿,清风徐来,竹影摇曳,使人恍若进入板桥《竹石》诗中的意境:"十笏茆斋,一方天井,修竹数竿,石笋数尺。”

门额镌有:“郑板桥读书处。”进口处是两扇中式小门,上刻郑板桥书写的自撰对联:“室雅何须大,花香不在多。”据郑板桥《年表》载:“清雍正十三年已卯板桥四十三岁,读书于镇江焦山。”

郑板桥(1693—1765 年),名燮,字克柔,江苏兴化人,当过山东潍县知县,因荒年为民请赈而获罪。他弃官还乡时,潍县百姓恋恋不舍,自发前来送行。板桥对送行的人们赠言:你们关心父母,要像关心自己的孩子那样,要孝敬老人。他提倡的这种尊老爱幼的高尚淳朴民风、和谐的社会风气,深深地印刻在潍县人民心里,至今潍县民间仍流传着郑板桥的临别赠言, 并作为处理父母与子女之间权利与义务的一个准则。郑板桥弃官后,住在扬州以卖画为生。他诗、书、画俱佳,人称“三绝”,尤善画竹、兰、石;诗文平淡通俗,傲放慷慨;书法则揉隶、楷、草、行为一体,像碎石铺街,自称“六分半书”。他书写的“难得糊涂”横幅,不仅哲理深刻,发人深思,而且笔法劲秀,别具一格,为人们所喜爱。他与当时居住在扬州的书画家李鱓、黄慎、金农等八人经常聚会,研讨书画艺术,世称“扬州八怪”。

郑板桥钟情焦山,这里有供他研习书法的六朝名刻《瘗鹤铭》,还有大江东去惊涛奔腾的宏伟景观,更有竹篱茅庵、绿玉浮江的清幽环境,他在读书之余,或登山观涛,或访禅悟道,兴来则泼墨挥毫,把焦山风光收入笔底。他画了一幅瘦竹图,上题《焦山自然庵题画竹》云:

静室焦山十三家,家家有竹有篱笆。
画来出纸飞腾上,欲向天边扫暮霞。

由于郑板桥对焦山有着深厚的感情,已步入晚年的他在 65 岁、71 岁时还两次重访焦山。故地重游,不胜感慨,抚今思昔,人生坎坷,世事日非,只有寄情山水,清廉自慰。他游南郊作《满江红·招隐寺》云:

转过山头,隐隐见松林一片。其中有佛楼斜角,红墙半闪。雨中寻芳沙径软,道旁小饮村醪贱。听石泉幽涧响琮琤,清而浅。

原镇江"五三"图书馆

"五三"图书馆在市区新马路南侧,镇江市级文物保护单位。

"五三"图书馆原址,现为镇江市第一人民医院办公楼。原楼两层,"文革"中增为3层,座北朝南,砖木钢筋混凝土结构,1929年筹建,翌年落成。

1928年5月3日发生了震惊中外的"五三"惨案,日本帝国主义侵犯山东,在济南寻衅扰乱,我国派出战地委员任山东交涉员蔡公时,去济南与日本帝国主义进行交涉,日军竟惨无人道地将蔡公时割耳,削鼻,挖目,残害致死,引起全国人民的极大愤慨,罢工、罢课、罢市风起云涌,抵制日货的高潮再度兴起。镇江各界成立了"反日会"。在陈斯白、杨方震的带领下,封存经营日糖的镇江元生东糖行仓库,并给以处罚。各界决定没收该店东地皮170亩,罚款两万元。后用此笔罚款,建"五三"图书馆,表示镇江人民对"五三"惨案的愤慨和仇恨,教育后人,奋发图强,坚定与日本帝国主义斗争到底的决心。

该馆建成后,馆长由当时国民党镇江县党部委员兼任,职员有3~4人,分管庶务、会计、编目、保管、阅览。楼上为藏书和办公场所,楼下设阅报室、对日问题研究室,以及杂志,儿童、普通图书阅览室等。

镇江图书馆

镇江图书馆位于市区解放路17号。

1933年7月,当时的国民政府在此创立江苏省立图书馆。现存三层小楼一栋,江苏省级文物保护单位。

1987年,江苏省人民政府和镇江市人民政府为发展图书馆事业,在原江苏省立图书馆的基础上新建图书馆阅览大楼。1997年市政府又新建了主体大楼,以适应科教兴国的宏伟目标。现馆舍总面积达16 000平方米,阅览楼和主体大楼是镇江市20世纪80年代和

90年代文化施设的标志性建筑。图书馆藏有古籍书 18 万册，列入国家善本书目的有 360 多种 3 200 余册。其中以地方志、中医药为藏书的特色。1991 年购置了《四库全书》，1995 年又订购了《续修四库全书》。目前馆藏图书总量已达 56 万册，服务设施也比较完善，先后获"全国文明图书馆"、"省文明图书馆" 等荣誉称号。新建的镇江图书馆，为镇江市级文物保护单位。

文心阁

文心阁位于南山国家森林公园，在竹林寺东侧的文苑内。文心阁是文苑的主体建筑，1997 年为纪念我国南朝著名文学理论家、《文心雕龙》作者刘勰而建造。文心阁为仿清 2 层歇山顶楼阁式，内部则按照现代实用的要求装潢。楼阁正立面悬挂"龙学"著名学者杨明照先生题书的"文心阁"匾额，正门两边是焦山定慧寺方丈茗山法师书写的《文心雕龙 · 指瑕》篇中名句，迎门壁嵌挂青砖刻镂的刘勰浅描画像。陈列展品有《文心雕龙》的各种版本，杨明照、王元化及海内外"龙学" 专家的研究著作、手稿以及镇江书画家的部分书画篆刻作品。后墙外壁大理石上镌刻着鲁迅先生对刘勰及《文心雕龙》的评价，刘勰生平简介等。文心阁风光秀丽，清雅朴素，古风幽景，有较高的文化品位。

江 防 旧 事

焦山古炮台遗址

焦山古炮台遗址位于市区之东长江中流的焦山， 江苏省级文物保护单位。

古炮台形势雄峻，蹲伏在四周江涛起伏的焦山上，像一只伺机出击的猛虎，扼守着大江门户。遗址存有暗堡式炮位 8 个，长约 80 米，宽 55 米，呈扇形展开，占地约 3 000 平方米，块石基础，黄泥、石灰质地。1978 年以来，国家多次拨款整修，恢复古炮台原貌。现在 4 号、5 号炮位和 6 间营房已修复，呈现昔日雄姿。炮堡之西，有弹药库 1 座，外层黄泥、石灰，内层则用水泥、石料。

由于焦山古炮台所处的地理位置十分重要，所以在涉及镇江一带战事中，特别是在抵御外国侵略者、保卫镇江的战斗中发挥过重要作用。

1842年7月，英国侵略者发起扬子江战役，从吴淞口进入长江，一路西上，气势汹汹，直逼镇江。英军先派出“弗莱吉森”号和“布朗底”号两艘舰船到焦山口打探。焦山炮台守军发现外敌入侵，怒火中烧，立即开炮轰击，炮弹飞向敌舰，顿时吓得敌军丧魂落魄，胆颤心惊。旋即双方展开炮战，我军猛烈炮火立即给予英军重创。怎奈焦山炮台守军的炮弹打完后没有后援，英军乘机强行上岸，但守军个个奋勇杀敌，挥舞大刀，同来犯之敌展开白刃战，杀得敌人哇哇嚎叫，多人毙命，终因炮台守军力量单薄，弹尽援绝，除2人奉命泅水入城报信外，其余守军全部壮烈殉国。

英国侵略军随军记者写了一段战斗结束后的报导。他写道：“在焦山的山脚下，我们看到一座为‘弗莱吉森’号击毁的炮台的废墟和还在冒烟的弹药库。从‘布朗底’号船上下去一队士兵去摧毁已经拆卸的大炮。他们发现其中有一些铜炮，就将这些铜炮运上船去作为战利品。”由此可以看出侵略者在焦山犯下的不可饶恕的侵略罪行。

1937年，日本帝国主义发动侵华战争，全国军民誓死抵抗。上海失陷，有一路日军沿沪宁(京)线西进，12月8日逼至镇江，北固山失守。这时焦山炮台守军依然扼守江心，战旗飘扬，誓死不屈。日军即由北固山折返向东推进，用8辆坦克作掩护，攻击焦山炮台。焦山守军开炮轰击，与日军坦克炮火交战，十分激烈，炮台守军摧毁日军坦克两辆，打死打伤敌数十人，日军被打得掉头逃窜，退回北固山喘息。是夜日军改变策略，再次纠集力量，先进攻焦山南岸的象山。焦山炮台闻讯即协助象山守军作战，开炮狠打日本侵略军，隆隆炮声彻夜未停，终因敌众我寡，象山失守，象山守军也退至焦山共同防守焦山炮台。9日晨，焦山炮台守军发现占领象山的日军有进攻焦山的动态，立即发炮轰击，打得敌军措手不及。随后双方进行隔江炮战，炮弹轰鸣，震天动地。日军见焦山久攻不下，就增派12架飞机前来狂轰滥炸，一时火光四起，遍山燃烧，但炮台守军在烈火中巍然挺立，坚守阵地，毫不动摇，使日本侵略军受到严重损失。敌人不断增加攻击力量，天上飞机轰炸，江上汽艇冲击，隔江又从象山向焦山猛轰，使孤立江心的焦山炮台守军处于日军的立体进攻之下。这时镇江已沦陷，但炮台守军依然正气凛然，誓死守卫国土。他们知道后援已绝，誓以血肉之躯筑起最后一道防线，决心与炮台共存亡。最后组织了敢死队40多人，与敌人展开白刃战，把登岸的来敌多次赶入江中，使许多侵略者葬身鱼腹，永远被钉在历史的耻辱柱上，遭受正义人民的谴责。经过4天激战，焦山守军已是弹尽粮绝，无力回天，12月12日焦山失陷。炮台守军为了不使火炮落入敌人之手，把炮台上所有的炮闩和重要部件拆下，投入江中。日寇踏上焦山，杀人放火，无恶不作，但守军仍作顽强抵抗，直到最后倒下，血染大地，无一人投降。日寇对炮台守军恨之入骨，对伤员更是凶残之极，他们先杀死8名重伤员，然后向其余伤员身上浇上汽油再点火活活烧死。报务员李自休，死得更惨，他落入日寇手中后，日寇将他身上的皮从头到脚挑开，然后活活剥去，残害致死，真是惨绝人寰，令人发指。

焦山炮台抗日斗争这一仗，充分显示了镇江军民不畏强暴、不怕牺牲、英勇奋斗、誓死不屈、共赴国难的民族浩然正气，他们洒尽自己的一腔热血，谱写出一曲气壮山河、响彻人寰的爱国主义悲歌！

焦山顶快炮台遗址

快炮台在焦山西峰巅，镇江市级文物保护单位。

正面向东，护墙高约1米，内径6米，前半圆厚0.80米，内壁设有12个存炮弹的小龛。炮台后面为台阶，下有巷道弹药房。光绪二十六年(1900年)建，也有建于民国之说。抗日战争中焦山炮台守军与日本侵略军展开炮战，快炮台也发挥了重要作用。

圌山炮台遗址

圌山炮台遗址位于丹徒区大港镇东17里的五峰山下二矶头，江苏省级文物保护单位。

圌山炮台阵地两处：一处在山脚下，凸出江面，暗堡式，弧长约20米，呈扁形，炮堡4座；另一处在靠江处。现存母堡3座，暗堡式，进深12米多，子堡7座，全长约60米。另外山谷里有弹药库一座，长方形，为黄砂、石灰质地。

圌山面江耸立，五峰竞秀，一脉直逼江心，巨石险峭，江水汹涌，来往船只尽在视线之内，所以形势险要，是江防重要关隘，历代在此部署水师战船，守卫江防。唐代即为海口要塞，设“圌山戍”，驻有“镇海军”，有东南锁钥之称。宋代将镇海军改为镇江军，屯兵达数万之众，雍熙年间建“圌山砦(寨)”。明代设提督沿江总兵官，驻有重兵与战船。嘉靖年间置“圌山营”，清雍正年间更名“圌山关”，“设大小战船四十七只，官兵八百一十员”。

由于圌山处于江防的重要位置，多次成为历史上著名战役的古

圌山炮台遗址

战场，影响着一个时代的历史命运。1275年，宋、元水军在焦山江面大战，宋军败走，元军追至圌山，俘获宋军兵船700余艘，使宋王朝水军全线崩溃，一蹶不振。明代，倭寇为患，经常进犯我国沿海、沿江地区，抢劫掠夺，杀人放火，无恶不作，人民深受其害。1621年大股倭寇气势汹汹，进犯圌山。明朝镇守圌山关的官兵与之激战，大败倭寇，斩获甚众，吓得倭寇魂飞魄散，弃尸而逃，从此不敢再犯，使得沿江一线人民得到安宁。当然我们也付出了惨重的代价，牺牲的抗倭英雄，葬于云台山，人们建好汉亭(今圮)以作纪念。

1842年英国侵略军沿长江而上入侵镇江，圌山炮台吼响了镇江保卫战的第一声。7月13日，英国先遣舰队"伯鲁多"号和"复仇神"号进至圌山附近江面窥探，被炮台守军发现，立即发炮，轰击敌舰，舰上英军一时摸不着头脑，慌了手脚，一颗炮弹击中敌舰尾部，几个英军翻身落江，喂了鱼鳖。随后英军开炮还击，经过一个小时的激烈炮战，英军心虚，不敢恋战，掉头就逃。

圌山炮台打退了英国侵略军，消息传来，镇江百姓欢欣鼓舞，许多青壮年自动前来协助守卫炮台。

英国侵略军依仗着坚船利炮，14日组织9艘军舰攻打圌山炮台，守军奋勇还击，英军受到重创。经过激战，终因敌军炮火猛烈，圌山炮台得不到弹药补充，炮弹已尽，无法还击，只能撤出炮台，回守镇江城。英军这才占领了圌山，把炮台摧毁。

圌山阻击英国侵略军的这一战，英随军记者记述说："镇江府下游约十五英里的地方有一座圌山，在一个圆顶山的脚下，修筑了三座小炮台，上边安置大炮二十门。这处炮台对我们进行了抵抗，它们首先向'伯鲁多'号和'复仇神'号两艘轮船开炮，那时这两艘轮船正在那里执行测量任务。第二天，炮台又向'摩底士底'号开炮，因为这艘战舰是奉命前去攻击这座炮台的。我军很快就把炮台上的守卫部队赶出炮台。炮台上的大炮、弹药库及营房均遭破坏。"当然，这是英国侵略者在宣扬他的战绩，至于战斗中他们遭受的损失就没有说。

抗日战争时期，圌山炮台又为抗击日本帝国主义侵略，保卫国土发挥了作用。1937年日寇攻陷上海后，水陆两线向内地进犯。12月初日舰队突破江阴要塞后，向圌山逼近。当时守卫炮台的台长接到上级命令：自毁炮台撤退。但守炮台的军士彭永义等12名勇士，不愿放弃国土撤退逃跑，自动组成敢死队，留守炮台，决心死守与日寇拼战到底。他们修复了已被自毁的1门大炮，密切监视着来犯之敌。果然，日寇趁着夜色，关灭船舰灯火，偷偷向炮台驶来，彭永义等人发现后不动声色，待敌进入射程以内，发令开炮。连打3炮，可是第1炮打远了，第2炮打近了，第3炮才不远不近、不偏不倚正中敌舰，轰的一声，火光陡起，敌舰慌忙后逃，直逃到三江营才敢停泊。次日清晨，日军用飞机狂轰乱炸，敢死队坚守炮台，巍然不动。守到第3天，日寇增加援兵和飞机，经过反复激战，才攻陷圌山炮台，敢死队勇士殉国。圌山炮台原本布满英帝国主义累累弹痕的躯体上，又加上了日本帝国主义侵略者的新伤痕。这新旧弹痕累积起的创伤，是侵略者留在圌山炮台的罪证。它警示后人，历史不能忘记，国家必须富强。

合山快炮台遗址

合山快炮台遗址在镇江市区东合山顶峰上，面对长江。炮台一组4座，呈南北偏东向并列。全长近90米，每座间隔约27米，用水泥、砂、石混凝土筑成，均为圆形明台式，台内直径约6米，内壁有15个立放炮弹的大龛。台后有台阶，设地营式弹药库，台后有一隐蔽堑壕。该炮台是镇江至今保存较完好、规模较大的江防工事之一。

高桥炮台遗址

高桥炮台遗址在丹徒区高桥镇东南濒江处。炮台建于清光绪年间，属洋务运动后期新式炮位。炮台原安置大小铜炮20余尊，建有大弹药库1座、小弹药库2座，可驻当时水师1个管带兵额。民国初年炮位废弃，抗战期间旧炮被日军拆卸掠走，20世纪60年代炮台毁，原址已坍入江中。今存有小弹药库2座，为水泥、砖石结构，基本完整。

清军水师标统署遗址

清军水师标统署遗址位于市区小营盘，太平天国新城遗址附近，镇江市级文物保护单位。

清军水师标统署，是清军水师在镇江执行江防任务的官署衙门，建于清代光绪年间，原来森严威仪，气宇轩昂，现已大部毁坍，仅存中西结合的2层楼2栋。虽是残墙断垣，仍可看出昔日的气势。西面存有券拱大门楼，嵌“树德滋培”石刻，前有石台阶，大门楼南侧30米处，原有券门、牌坊，现无存。

镇江近代江防工事遗址

镇江沿江一带，留有许多江防工事遗址，其中有些保存较好，为镇江市级文物保护单位。

镇江地处长江与京杭大运河交汇点，水陆交通要冲，历来是兵家必争之地，军事要塞。近代战事频起，留下不少江防工事遗迹。有洋务运动时期张之洞修筑的新式炮台，有民国年间建筑的碉堡，有解放战争时国民党军队构建的江防工事，这些遗迹反映镇江在近代史上的军事地位。现尚存的有：焦山公园大门前象山东码头炮台弹药库1处；焦山北麓、巨公崖下、别峰庵北和汲江亭东南各有碉堡1座；焦山西峰、索道站东北有圆形炮台各1座；象山西峰悬崖绝壁上，以及北固山东麓、西峰绝壁处各存有碉堡1座；金山公园西北，鱼池之侧亦有碉堡1座等。

镇海庵水师衙门旧址

镇海庵水师衙门旧址在扬中油坊乡，建于清朝末年。原有瓦屋九十九间半，旁有关帝庙，四边有濠沟，内栽荷花，养鱼，正门有吊桥，门前有1对石狮。该处当时驻有官兵近400人，大小船只20多条，除刀枪剑戟外，还有口径六寸的土炮20多门，设有火药库。

1942年秋，国民政府的扬中县长顾仙痴下令拆除镇海庵水师衙门，将砖瓦木料运至三茅镇造县政府。旧址今仅存白石雄狮1只，而且腿部残缺不全，另有白石碑刻一块，字迹不清，有“咸丰九年”字样，现存扬中图书馆。

殖民地烙印

原镇江英国领事馆旧址

原镇江英国领事馆旧址在市区五十三坡南，西津渡古街、伯先路和大西路交叉处，紧依云台山。现为镇江博物馆所在地，全国重点文物保护单位。

英国领事馆旧址，是由5幢房子连成的建筑群，主楼东印度式，坐北朝南，整体2层，局部3层，面积约460平方米，为领事馆办公楼。依山势建立在三个高低不同的平台上。东立面2、3层有券廊，每层5个拱券，顶层中央嵌“1890”石刻横额，其他4幢是歌特式建筑。

英国领事馆所以设在镇江，有一段屈辱的历史：

鸦片战争期间，英帝国主义于1842年7月仗着其坚船利炮兵临镇江。镇江守城军民为了民族尊严，与侵略军作殊死战斗，个个争先，人人向前，予侵略军以迎头痛击，战况惨烈。他们打翻了英军侵入运河的舰船，又在城墙上与敌人展开白刃战，有位士兵用一杆长矛连续刺穿两个敌人，粘在一起，挑在矛杆上，有些受伤勇士把敌人拦腰抱住，滚下城墙与敌人同归于尽。最后守城的青州兵全部殉国，无人生还。守城将领副都统海龄与夫人、小孙子一家在都统署点火自焚，以身殉国。在这次镇江保卫战中，歼灭敌军约185人。英国侵略军占领镇江后，肆意报复，采取极端残忍的手段，疯狂劫城，对手无寸铁的平民进行大规模屠杀。据《丹徒县志》极不完全记载：镇江市民被侵略军杀害而有姓名可查的男子有程廷梓等40人，妇女朱蔡氏等25人。事后本地人设立收尸所，从井内、塘内、住宅内收到尸体2 000余具，“骸骨混淆，沉池畔者，巨鱼攒食，状尤惨”。还有许多死者由家属自行收尸，还有许多不知下落的遇害者均不在此数，估计被英侵略军杀害致死的不下万人。奸淫妇女的罪行更是令人发指：“妇女尸满道上，无不披发露身。”放火罪行是侵略者的一贯行径，“西门桥至银山门，无日不火，峻宇重垣，悉成瓦砾”。英国侵略军把一座东方文明的古城镇江，顿时摧残成暗无天日腥风血雨的罪恶之地。隔岸扬州可以看到镇江城燃烧的火光，闻到惨遭杀害者的尸臭。扬州诗人越伊优亚生作《镇城惨劫》诗云：

连天匝地尽妖氛，传说京江玉石焚。
隔岸紫烟凝黑雾，沿河碧血漾红云。
深闺密密排经雉，稚子垒垒作井積。
恼杀南风时不意，触人鼻观总腥闻。

镇江诗人杨棨写有《镇城竹枝词》，对侵略者的暴行进行揭露：

家家遇鬼吓痴呆，门外提刀劈进来。
衣服金银并首饰，被他掳掠实堪哀。
各家铺户尽遭殃，惨极油麻杂货行。
火焰冲天烧不断，也兼糟典与糖坊。
西门一带更凄凉，大厦高楼变火场。
只见沿途堆瓦砾，难分巷口在何方？
四门鬼子已屯兵，城垛今为一踏平。
每值夕阳斜落后，登楼雅乐奏分明。
各官逃去太荒唐，夷鬼来登府大堂。
颁令人家多馈送，公鸡火腿与牛羊。

恩格斯愤怒谴责英国侵略军在占领镇江城以后，对无辜平民进行有组织有计划大规模屠杀的罪行时说：“在这次战役中英军损失了185人，他们为了对此进行报复，在劫城的时候大肆屠杀。英国作战时自始自终采取了极端残酷的手段，这种手段是和引起这次战争的走私贪欲完全相符的。”

英帝国主义占领镇江达3个月之久，他们认定镇江是一处战略要地，所以在撤退前秘密绘制镇江地图，准备卷土重来。英国驻上海总领事阿礼国曾3次向英国驻香港总督建议，再次攻占镇江。英国当局也确实有策动攻击镇江的行为，但被当时守卫镇江的太平天国军炮火击退，阴谋未逞。

1857年，英、法帝国主义联合起来，又来侵略中国，清政府无力抵抗，被迫与英、法列强先后订立《天津条约》、《北京条约》以乞和。《天津条约》第10款规定："准将自汉口溯流至海各地选择不逾三个准为英船出进货物通商之区。"后即选定汉口、九江、镇江3地作为开埠口岸，英国特别提出要求："镇江一年后立口通商。"因此在1861年1月，英国参赞巴夏礼等人迫不及待地来镇江，选择地址建英国领事馆，划出土地作英国租界。随即确定在银台山建馆，因为这里濒临长江，背靠银台山，可以远眺全城，地势险峻优雅。除选定领事馆址外，又划定大片地块作英国在镇江的租界，银台山上有30亩，山下113亩，合计143亩。从此镇江就有了英租界这个"国中之国"殖民地。英国人在租界四周设置界石，在交通口筑起栅栏，早晚关闭，不准百姓通行。镇江失去了对这一地区的行政管理权，代之而起的是英帝国主义以占领者的身份发号施令，主宰这里的一切。他们成立了工部局，掌握租界内一切行政管理；巡捕房成为租界内的警察机构。他们对住在租界内的华人借故敲诈勒索，对华人开设的商店课以重税。而实行经济侵略的各种外国洋行在租界及沿江一带纷纷兴起，多达18家，行员及家属有160余人，对镇江人民施行残酷掠夺剥削。并且公开贩卖鸦片毒害人民，从光绪十二年二月至十三年十一月，镇江关进口鸦片6 584石，位居全国31个口岸的第3位。

英国殖民主义者对镇江人民的军事侵略、政治压迫与经济掠夺，引起镇江人民的极大愤慨。1889年正月初六日，英国巡捕在租界无缘无故打死一个姓康的小贩，百姓群起抗议，英当局置之不理。镇江人民忍无可忍，聚集千余人包围英国领事馆和教堂，向英国当局讨公道。英国巡捕竟向群众开枪镇压，群众更是义愤填膺，怒火中烧，他们点火焚烧英国领事馆，同时又焚烧教堂15处，吓得英国殖民主义者狼狈逃窜，奔下银台山，躲进停在长江边的太古号轮船，逃往上海。

火烧英国领事馆，镇江人民舒出了压在心头的闷气，人心大快，决心与殖民主义斗争到底。

现在原英国领事馆主楼顶层的“1890”石刻，就是英国领事馆被镇江百姓烧掉后，满清当局屈服于英国侵略者的压力，由镇江地方官府出资赔偿重建的，1890年建成，所以刻上“1890”这个符号。

1927年北伐军兵临镇江，英国被迫交还镇江租界，1933年10月英国当局把领事馆房地产卖给江苏省民政厅长镇江人赵启騄，这样结束了英帝国主义在镇江的殖民地统治。但这一段屈辱的历史，永远刻烙在镇江人民的心上。

新中国成立后，赵启騄的后人将原镇江英国领事馆的产权转交给镇江博物馆作为馆址。现在镇江博物馆在此珍藏着3万多件文物，吸引着大批国内外人士前来参观。2002年镇江市委、市政府为适应城市发展需要，进一步扩大博物馆阵地，又划入土地5 000多平方米，投入资金3 000多万元，于2005年5月建成了一个花园式的新型博物馆。

美孚火油公司旧址

美孚火油公司旧址在市区迎江路东侧，现是镇江市工人文化宫的一部分，镇江市级文物保护单位。

旧址占地面积约330平方米，为3层西式楼，整座楼呈曲尺形，高度约14米。正楼南北向，面西，长29米，宽11米。连楼东西向，长9米，宽约11米，面北。

美孚火油公司系美国洛克菲勒石油垄断集团于清光绪年间在镇江英租界设立的支公司，是当时镇江最大的一家火油公司。

主营火油，兼营汽油、沥青、机器油、润滑油、白蜡、矿烛等。

亚细亚火油公司旧址

亚细亚火油公司旧址在市区苏北路南侧，镇江市级文物保护单位。

公司旧址为2层西式楼房，高近10米，占地400多平方米，大门

亚细亚火油公司旧址

入内有券门两道，左有小门，通向地下室的贮油库。

按照《天津条约》规定，镇江为长江中、下游的通商口岸，允许设立英国租界，1864年英国在镇江英租界内开设亚细亚火油公司镇江支公司。他们把火油从上海中转到镇江，然后销往大江南北各城市，攫取巨大经济利益。解放后该建筑为长江旅社使用，现为镇江民间艺术资料库所在地。

德士古火油公司旧址

德士古火油公司旧址在市区苏北路钛白粉厂大门东侧，镇江市级文物保护单位。

该公司建于1866年，房屋为砖木结构2层楼，坐西朝东，面阔3间14.5米，进深8米多，楼高约9米，是亚细亚火油公司的下属单位。

真道堂旧址

真道堂旧址位于市区宝盖路127号，占地约150平方米。砖木结构，歇山式屋顶。屋面覆小瓦，四面飞檐，门窗为尖拱形。大门右墙嵌着“1931”、“真道堂”、“基督教会立”等石刻。1831年由美国传教士王茂真建造。

真道堂是江苏省仅存的一座中西风格的小教堂，有一定的历史和艺术研究价值。

基督医院旧址

基督医院旧址在市区新马路市第一人民医院内，镇江市级文物保护单位。

原面积16亩多,建筑面积近7亩,1922年由美国耶稣教长老会建造,主建筑是病房和门诊部。另有4幢小楼是职工宿舍和院长室。病房4层楼,坐南朝北,中间和两侧向前突出,平面呈“山”字形。楼的基础为半地下室。走道两旁,左设阶梯,右为滑坡和狭窄的级梯。

基督教医院是镇江首先应用西医技术诊疗疾病的医院，镇江市第一人民医院是在这个医院的原址上建立起来的。但部分原建筑已拆除,建了新的外科大楼。

解放初,在主楼底层半地下室内发现许多儿童的累累白骨。抗美援朝揭发美帝国主义侵华罪行时，这部分照片作为美帝国主义残害中国儿童的罪证,在镇江展出。

崇实女中旧址

崇实女中旧址在市区风车山,镇江市第二中学内,镇江市级文物保护单位。

学生宿舍楼建于1924年,坐北朝南,呈“E”字形的3层楼房。“E”是复活节英文的第一个字母,所以“E”字形是为了纪念复活节。

基督教妇幼医院楼,建于1914年,坐北朝南,3层券廊式楼房,有十多间房间。

清朝光绪十年(1884年)三月二十六日复活节,美国基督教会派诺冰心、贺路绥在银山门基督教堂创立女子中学,名为镇江私立女子学堂,又称镇江教会学堂,后改名崇实女子中学,诺冰心任校长。1888年学校迁移至宝盖山。

崇实女中是随着帝国主义列强侵入，由教会在中国兴办的一所学校,创办时教学内容主要是传播西方宗教思想,学习文化知识。随着国内外形势的发展,在这里读书的许多有志青年,利用教会学校这方阵地,潜心读书,探求真理,成为有用之才,他们为国家为民族作出了积极贡献。如我国第一位获得美国博士“金钥匙”奖的女性王素义,数学家周家树教授的夫人蒋安乐等都是崇实女中的毕业生。获得 1938 年诺贝尔文学奖的美国人赛珍珠，青少年时在镇江生活,就读于崇实女中,后来又在该校当教员,与崇实女中结下不解之缘。还有一件传为美谈的事值得一提，那就是国民党高级将领卫立煌与夫人朱韵珩,是在崇实女中相识、相爱,结成终身伴侣的。1927 年卫立煌任国民党第 14 师师长,率部驻镇江。部下有个团长占用崇实女中部分房屋,影响学生上课。校长朱韵珩出面去进行交涉。卫立煌知道此事后,即令该团部搬出学校,并赔偿了损坏的物品。朱韵珩为了感谢卫立煌的支持,特地设宴答酬。经过交谈,卫立煌非常钦佩朱韵珩的才识,产生好感,不久就向朱韵珩求婚。崇实女中执事团对此十分重视,开了几次会研究,最后要求卫立煌来学校当面向执事团表明态度。卫立煌向执事团立下誓言说:“对上帝发誓,我永远尊敬她。”结婚后他俩感情很好。朱韵珩深感卫立煌虽然是位骁勇善战的将军,军事上也积累了不少实战经验,但还要提高理论水平,否则不能有重大建树。为此,她力劝卫立煌到陆军大学深造。卫立煌遂以南京卫戍区副司令的头衔,成为陆军大学特一期的学生。在此期间,卫立煌白天上课,晚上朱韵珩帮助他复习,使卫立煌的学业进展很快。一天晚上,朱韵珩给卫立煌讲了一个故事,她说:从前,犹太人受种族欺压,苦不堪言,后来,出了一位神力英雄名叫参孙,他抵抗外敌,为犹太民族的解放做了许多好事,名声大振。但后来他背离了人民,忘记了祖国,神力立刻从他的身上消失了……卫立煌听后,知道妻子的用意,就对朱韵珩说:你放心,我会始终捍卫祖国、爱护自己的同胞。之后,卫立煌果然成为驰骋疆场的抗日爱国将领。1938 年 4 月他访问延安,受到毛泽东主席的热情接待。他以第二战区副司令长官兼前敌总指挥的身份,批给第 18 集团军(八路军)步枪子弹 100 万发,手榴弹 25 万颗,牛肉罐头 180 箱以及其他军用物资。当时有人持异议,卫立煌严肃指出:“第二战区的军队都受我指挥,凡是打日本的部队我都一样看待。18 集团军是抗日军队,打得很好,我们就要给他们军需供给。”1946

年卫立煌任东北“剿总”司令，因在辽沈战役中不积极执行蒋介石的“反攻”命令，后被软禁于南京。1949 年获释后去香港。1953 年回到北京，历任政协全国常委、国防委员会副主席等职。

丰碑永存

前隍村新四军一支队驻地旧址

前隍村新四军一支队驻地旧址在丹徒区宝埝镇前隍村，镇江市级文物保护单位。

1938 年 6 月 14 日，陈毅率新四军一支队挺进茅山地区抗日，部队驻扎在宝埝镇前隍村，司令部设在丁家祠堂。该房屋建于民国初年，占地面积 202.74 平方米，坐北朝南，前进为 3 间小平房，砖木结构。后进为 3 大间敞屋，檐高 1.26 丈，罗底砖铺地，前后进之间有围墙相连，墙高 8 米，形成一个 55.6 平方米的小院。一支队政治部以及部队所属的财贸银行、无线电通讯机关、医务室、枪械修理所等，也设在这个村上，一支队在这里驻扎了 87 天。在此期间，一支队举办了 2 期东南青年抗日训练班，培训学员约 300 名。班主任是一支队政治部监教科长戈白素，主要课程三门，即：陈毅司令员讲统一战线，政治部主任刘炎讲民运工作，胡发坚参谋长讲游击战术。训练班每期半个月，训练结束后一部分学员输送到主力部队，一部分充实地方武装。其中大多数同志日后都成为党的优秀干部。

1938 年 9 月 10 日，日军 2 000 多人分 5 路包围宝埝，发生华山战斗。一支队击退敌人后，由宝埝移驻溧阳县前马村。

1986 年秋，全国人大副委员长、原新四军一支队老六团团长叶飞，亲笔为新四军一支队驻地旧址题写“新四军一支队司令部旧址”几个大字，刻成大理石碑，树立在前隍村新四军一支队旧址前。

韦岗伏击战战场旧址

韦岗伏击战战场旧址在镇句公路韦岗段，镇江市级文物保护单位。

韦岗在镇江西南约 30 里，南距句容 40 余里，是镇江、句容两地的交界处。那里赣船山和高丽山峭壁对峙，镇句公路从峡谷间穿行而过，是一处十分险峻的要道隘口。1938 年 6 月，粟裕率新四军先遣支队到达苏南。这时日寇气焰十分嚣张，自从上海沦陷后，他们的铁蹄一路横行，几乎没有遇到抵抗，所以骄横跋扈，目空一切。江南八省红军刚编成新四军，第三战区司令长官顾祝同即令新四军于 3 日内赶到距当时新四军驻地 200 里外的京沪铁路一线，破坏敌人的铁路交通。粟裕率领的先遣队，冒雨经过 3 个晚上的急行军，于 6 月 15 日晚上到达了南京与镇江之间的下蜀火车站附近，用一夜时间，摧毁了一段铁路和铁路两边电杆 10 余根，造成日寇军用火车出轨，交通停驶。先遣队又四处张贴布告，扬言要攻打句容城，使敌军人心惶惶，不可终日，然后新四军急速东进，寻求战机给敌人以更大打击。先遣队侦察到日寇每天有军用运输汽车通过韦岗，往返于镇句公路上，时间大体是上午 8 时到 10 时和下午 16 时左右。经过研究分析，先遣队决定在韦岗打伏击战痛击日寇。6 月 16 日，粟裕在一个竹林掩映的小村子里召开连以上干部会议，动员部署韦岗伏击战的事项，会后指战员冒着风雨，挥师向韦岗进发。江南的梅雨季节，细雨绵绵，战士们浑身湿透，道路泥泞，一步一滑，身上分不出雨水、汗水、泥水，但战士们斗志高昂，疾步行军，17 日凌晨，准时进入伏击阵地隐蔽。上午 8 时 20 分，日军野战重炮兵第五旅团 30 多人，分乘 5 辆汽车，从镇江方向驶来，战士们兴奋异常，江南抗日斗争的第一仗要打响了，手刃骄横敌人的时刻终于来到了。眼看日军第一辆军车进入伏击区，战士们屏住呼吸，等待攻击命令，但粟裕司令仍在沉着地观察敌情，没有下攻击命令，第一辆车向山坡上徐徐爬行，车速很慢，像老牛似地喘着粗气，这时后面几辆车也钻进了伏击圈。此刻粟裕司令响亮地发出命令："打！"机枪组成的火力点，集中向爬坡的汽车打去，一下打中第一辆车上的汽缸，车子瘫痪，横在公路上，把去路堵死。接着又打毁最后一辆，使日寇汽车一下陷入前不能进，后不能逃的死地，只能挨打。战士们看到车队中间有辆小汽车，估计是鬼子头目，即集中力量打小汽车,打得车子周身冒火。小汽车想逃,开足马力冲上土埂,上不去,又向后退,一下子翻入水沟。车里面果然坐的是土井少佐,他急忙从翻倒的小汽车里钻出来,立即被当场击毙。余下的敌人虽然多方顽抗,但被包围在狭窄的山谷里,成了瓮中之鳖,插翅难飞,被打得鬼哭狼嚎,有的钻入车底下,有的跳入水沟里。我军为了争取时间,从两边山坡上杀出,如猛虎下山,天神下降,与日寇展开肉搏战。杀声震天,血溅山谷,用了半个小时把不可一世的鬼子彻底消灭干净,战斗胜利结束。这一仗击毙了敌土井少佐、大尉梅泽武四郎及其以下日军30余名。击毁汽车5辆,内有小汽车1辆,缴获短枪2枝,步枪20多支,日本军旗一面,指挥刀一把,钢盔10余顶,日钞7千余元,还有车中满载的军服和其他军需物资。随后,粟裕立即把部队转移到句容县白兔乡宿营,使前来增援的日军扑了个空。

韦岗战斗,是新四军挺进江南敌后抗击日寇取得的第一仗胜利,威震江南,挫敌凶焰,鼓我士气,振奋民心,为尔后江南千百次战斗和建立以茅山为中心的苏南抗日根据地揭开了序幕,在我军的历史上,占有重要地位。1939年粟裕在《先遣队的回忆》一文中指出,这一仗"不仅打击了敌人之横行,而且振奋了广大人民的抗战情绪,提高了他们胜利的信心"。陈毅、粟裕非常兴奋地为韦岗战斗的胜利作诗庆贺。

陈毅写《韦岗初战》诗云:

弯弓射日到江南,终夜喧呼敌胆寒。
镇江城下初遭遇,脱手斩得小楼兰。

粟裕写《题韦岗处女战》诗云:

新编新四军,先遣出江南。
韦岗斩土井,处女奏凯还。

1985年,镇江市政府为了纪念抗日战争胜利40周年和韦岗伏击战的胜利,在韦岗伏击战旧址高骊山建立"韦岗战斗胜利纪念碑"。

纪念碑高25米，碑顶是一支古铜色的步枪模型，象征着我军“刺破青天锷未残”的气势。碑身下面镶有铜铸碑名，“韦岗战斗胜利纪念碑”9个大字，是粟裕在病重期间委托郭化若将军书写的，不久粟裕司令员就逝世了。纪念碑座四周：正面的浮雕上刻有古松衬托新四军袖标N4A图案，左侧刻陈毅《韦岗初战》诗句，右侧刻粟裕的《题韦岗处女战》诗句，背面浮雕再现了军民欢庆胜利的场景。碑座上端两面红旗，表现了“故国旌旗到江南”的意境。

纪念碑正后方，树立一方大理石碑，记述韦岗战斗的经过。纪念碑东有纪念韦岗战斗胜利的展览室，展出韦岗战斗的部分图片资料。

纪念碑巍峨耸立在高骊山上的青松翠柏之中，象征着中华民族敢于抗御强敌，不屈不挠、一往无前的斗争精神，这种精神将与镇江的山水、祖国的河山永世长存。

四县联合抗日会议会址

四县联合抗日会议会址在丹徒区宝埝镇，江苏省级文物保护单位。

新四军召开四县联合抗日会议会址

原来的房屋是乡绅张家开设的怡和酒行及其宅院，占地约 6 亩，中西结合建筑，做工讲究，而且防卫能力异常坚固，内有上下暗道，能攻可守，院内有哨楼及上下通道。

1938 年 7 月 15 日，陈毅司令员率领新四军第一支队到达宝埝，司令部驻前隍村，陈毅与王必成等住在怡和酒行，陈毅住西楼二楼西厢房，王必成住东厢房，其他领导住二楼正房，楼下两侧为警卫人员宿舍，楼下中间 3 间为会议室。陈毅等在此居住两个多月。

新四军一支队在宝埝期间，陈毅积极开展统战工作，成功地争取了以茅麓公司老板纪振纲为首的一批当地上层人物，筹建联合抗日总会。1938 年 7 月 7 日，陈毅和樊玉琳作为发起人，邀请镇江、丹阳、句容、金坛四县各界人士千余人在怡和酒行大院召开成立镇、丹、句、金四县抗敌自卫委员会(简称四县联合会)大会。陈毅在会上就四县抗敌总会的宗旨、任务和国内外形势作了报告，号召四县同胞团结一致，结成广泛的抗日统一战线，开展抗日救国运动。大会推选纪振纲为四县总会主任、樊玉琳为副主任，后因纪振纲没有到会，即由樊玉琳为主任。此后，四县总会积极配合新四军战地服务团，掀起了轰轰烈烈的抗日活动，革命火种遍布四县大地，为开辟和巩固茅山抗日根据地奠定了基础。陈毅在进入苏南敌后发布的第一份新四军布告中指出："各地方抗敌工作之领导，秩序之维持，由当地人民自动集会组织抗敌自卫会起来负责"，"本军已协同镇、句、金、丹四县人民代表筹备抗日自卫组织……即由该会负责组织民众及除奸等工作"。四县抗敌总会的建立，标志着茅山地区抗日斗争进入新的历史发展时期。1992 年丹徒县十届一次人民代表大会决定：(在原址)建立新四军四县抗敌总会纪念馆。1995 年建成。目前纪念馆已陈列收藏当年新四军抗日斗争的史料、图片、实物等近 300 件，成为镇江和丹徒社会主义精神文明建设和对外交流的一个窗口，也是开展革命传统教育和爱国主义教育的一个重要阵地。

新丰车站抗日战斗旧址

新丰车站抗日战斗旧址位于丹阳大泊镇黄泥巴村西，沪宁铁路丹阳段,镇江市级文物保护单位。

1938年7月1日凌晨，新四军二团一营在以管文蔚领导的丹阳抗日总团配合下,主动进攻驻在新丰火车站的日军据点,歼敌40余名,其中日军10多名,缴获步枪10支,破坏铁路1段,电杆数十根,造成火车停运1天,公路交通中断月余。这一次战斗震撼了京沪铁路全线的敌人,鼓舞了人民群众抗战必胜的信心。现在新丰(老)车站和碉堡均以原貌,在原址保存。

新丰火车站地理位置十分重要,不仅是沪宁线上的一个火车站,而且还是铁路与大运河的交叉点,所以日寇在此驻扎了第15师团松野联队广江中队的一个小队40多人,还有特务、汉奸、路警等计100余人。1938年7月1日,新四军一支队由2团政治部主任肖国生和1营营长段焕竟率领攻打新丰火车站。他们先派1连副连长彭寿生率侦察员探明敌情后,决定夜间奇袭,丹阳抗日自卫总团管文蔚部积极配合。当日下午部队进入离车站18华里的东岗隐蔽,晚上11时,部队向车站发起攻击,彭寿生率1连翻墙迫近敌人营房,这时楼下的日军已熄灯睡觉,楼上日军还在兴高采烈地酗酒打牌,灯光通明,门户大开。彭寿生等立即向室内扔进手榴弹,轰然巨响,惊得敌人晕头转向,待清醒过来时发现营房已被新四军包围。楼下的日军立即持枪,想突出包围,顿时双方展开肉搏战。我军战士挥舞大刀勇猛向前,把敌人杀得无处躲藏。约10分钟,楼下日军全部被歼灭。躲在楼上的日军见势不妙,坚守不出,妄想等待援军。新四军用火力封住窗口,不让他们逃窜,随即将两桶煤油浇在麦草上点火烧楼,顷刻间一片火海,日军慌乱,纷纷从楼上跳下,我军守个正着,跳一个击毙一个。战斗打了约3个小时,新四军大获全胜。

贺甲战斗旧址暨烈士碑亭

贺甲战斗旧址暨烈士碑亭在丹阳市行宫乡贺甲村东半公里处，

丹阳市级文物保护单位。

1939年11月18日，日伪“扫荡”九里镇以西地区，新四军老二团、新六团在地方武装配合下，于贺甲村附近给敌人迎头痛击，激战两天一夜，最后打得敌军龟缩在贺甲祠堂内，被我军全部歼灭。是役歼灭日寇武村大队长以下160余名，生俘3名，缴获了一批武器弹药，粉碎了敌人的扫荡。新六团政治处主任刘震英、三营营长刘玉林等数十名战士英勇牺牲。

今烈士碑亭为六角的攒尖顶，混凝土仿木结构，碑石为白石质地，正面刻“革命烈士永垂不朽”，背阴刻贺甲战斗经过史实。亭柱迎面刻“为有牺牲多壮志，敢教日月换新天”和“生的伟大，死的光荣”对联。亭后3个砖砌坟包，为烈士埋骨处。贺甲祠堂原有3进，现存1进3间，墙壁上弹痕累累，为当年战斗的历史见证。贺甲战斗是新四军挺进江南敌后，全歼日寇、缴获武器最多的战例之一，已载入军事史册。

中共京(宁)沪线路北特委旧址

中共京(宁)沪线路北特委旧址位于丹阳市界牌镇西，丹阳市级文物保护单位。

这处房屋原来是本地姚德才、乔良成两家的私宅，建于1935年。抗日战争时期，租借给新四军党政机关使用，中共京(宁)沪线路北特委、新四军江南指挥部曾驻于此地，指挥扬(中)、丹(阳)、武(进)、丹(徒)等地区的抗日斗争。旧址为砖木结构，2层楼房，中间有过道，两边是房间，楼上过道的槛窗、槅扇、栏杆均为当地传统民居式样，至今保存完好。

巴斗山战斗烈士纪念碑

巴斗山战斗烈士纪念碑位于丹阳市界牌镇巴斗山村，丹阳市级文物保护单位。

1942年4月30日，250余名日军突然包围我驻在界牌乡的中共路北特委和新四军51团，我军奋起反击，激战7个小时打退日军三次进攻，打得十分残酷惨烈，计击毙日军20多名(其中二名中队长)。我军也付出沉重代价。碧血染芳草，杜鹃唤忠魂。为了缅怀抗日先烈，在昔日的战斗旧址建立了烈士纪念碑，作永远的纪念。

培根师范旧址

培根师范旧址在扬中市长旺镇长旺村，扬中市级文物保护单位。

旧址系砖木结构平瓦房，四合院式。1939年，江南抗日义勇军挺进纵队管文蔚部进驻扬中，在此恢复“扬中师资训练班”。1945年秋，抗日战争胜利，为了纪念扬中抗日民主政权缔造者之一，扬中首任抗日县长李培根烈士，于此创办“扬中县培根简易师范学校”。学员为乡村基层干部及社会知识青年，到当年11月初新四军北撤时结业，培养了一批革命骨干人才。旧址现为该镇高兴桥小学的校舍。

茅山新四军纪念馆展厅暨苏南抗战胜利纪念碑

茅山新四军纪念馆展厅暨苏南抗战胜利纪念碑在句容市茅山，镇江市级文物保护单位。

1938年夏，陈毅、粟裕等老一辈革命家率领新四军挺进江南，创建了以茅山为中心的苏南抗日根据地。1979年，为了缅怀新四军的战斗业绩，发扬我党老一辈无私奉献的革命精神，筹建茅山新四军抗日斗争事迹陈列馆，1985年9月建成。1998年7月在纪念创建茅山抗日根据地60周年之际，镇江市委决定重建茅山新四军纪念馆展厅，由张爱萍将军题书馆名，投资800万元，于次年3月建成。扩建后的展览馆有6个展厅，3 500平方米展面，共展出革命历史文物1 400多件，采用声、光、电多媒体高科技手段，再现了当年新四军和苏南人民抗日斗争的历史事实。现为江苏省爱国主义“德育教育”基地。

1995年9月1日，经省、市委批准在茅山镇东南望母山建“苏南抗战胜利纪念碑”，碑名由张爱萍将军题写。碑高36米，宽6米，像一支巨笔，挥写了新四军在茅山地区抗日斗争的不朽史篇。

近月轩惨案原址

近月轩惨案原址在丹阳市访仙镇。近月轩原为3开间2层楼菜馆,1940年6月24日上午,日军突然用机枪向正在菜馆内听唱戏的百姓扫射，当场打死打伤83人，随即又在近街打死25人，计死伤108人。访仙镇上顿时尸横遍地,血流成河,惨不忍睹。

这笔血债永远铭记在访仙人民的心头,他们化悲痛为力量,擦干身上的血迹,拿起武器,在丹北大地上,更有力地打击日寇。遗址是一处教育后人不忘民族恨、牢记血泪仇的爱国主义教材。

镇江烈士陵园及烈士纪念塔

镇江烈士陵园及烈士纪念塔位于北固山前峰鼓楼岗，镇江市级文物保护单位。

陵园面积约1 000平方米。中心是广阔的平台,洁净无尘的平台中央,革命烈士纪念塔昂然矗立。塔高约9米,迎面书“革命烈士永垂不朽”8个金色大字,是张爱萍将军的手笔。平台前两侧为烈士墓穴,用红色大理石刻有烈士姓名、生前单位、牺牲时间等。东侧建有革命烈士事迹陈列室,园内苍松翠柏,庄严肃穆。

烈士陵园原是当年国民党反动派屠杀共产党人和进步人士的刑场。1930年11月26日,国民党在江苏省会所在地镇江成立了江苏省临时军法会审处,对江苏境内拘捕或由外地押解来的共产党员、进步人士进行刑讯迫害,直至残酷杀害。1933年会审处撤销。两年多时间内在北固山殉难的烈士约有140多人，其中有红十四军军长兼政委李超时,中共丹阳县委书记张成华,镇江县委书记袁世钊,无锡县委委员兼城区区委书记冯金妹,无锡农民运动领导人王钧等。他们为了解放全人类、实现共产主义理想在刑场高唱《国际歌》,英勇就义。当时冯金妹已身怀有孕,但面对屠刀,坚贞不屈,慷慨赴死。烈士们用自己的血肉来表白他们的人生价值,使北固山上的那股英雄气概,光照日月,永留人间,为人们千秋颂扬!

茅理烈士留有《庭讯口占别诸友》诗:

病困江南一楚囚，死生度外更无愁。
寸心耿耿中秋月，临别从容待断头。

为了缅怀先烈，纪念他们为国捐躯、缔造新中国的丰功伟绩，镇江市委、市政府决定在烈士殉难处瘗埋忠骨，建造陵园，供后人瞻仰凭吊。每年清明节，烈士陵园杜鹃花开，漫山红遍，青松挺立，郁郁葱葱，四面八方来此祭奠烈士的人们，怀着崇敬的心情，缓缓拾级而上，向先烈们默哀致敬。此时人们总会感到心潮起伏，思绪万千，缅怀之情，肃然而生。许多人寄情诗歌，悼念英灵。镇江郭维庚有诗曰：

北固前锋郁葱葱，忠魂长卧此山中。
当年犹记风云变，先烈争从炮火冲。
甘将热血满腔洒，赢得神州一片红。
革命前驱功盖世，流芳百世仰高风。

“五卅”演讲厅

“五卅”演讲厅在伯先公园内，江苏省级文物保护单位。

演讲厅为重檐歇山式顶，四檐角飞出上翘，全长28米，宽19米，屋脊两端置吻兽，两山墙有雕花图案，两层四面墙壁设玻璃窗，底层四面为环廊，廊高2.2米，廊柱高3.7米，室内东端为讲台，楼上四周楼座，整个建筑古朴庄重、典雅大方。该厅于1925年8月奠基，1926年落成，墙基南北两面各有白石题刻一方，题字相同，为：“中华民国十四年八月镇江各界纪念五卅惨案建筑此厅永示不忘。”

1925年5月30日，日本帝国主义在上海的纱厂主杀害中国工人代表顾正红，发生震惊中外的“五卅”惨案，各地人民在中国共产党的领导下掀起了反帝爱国高潮，镇江城西的仁章、新华、光新绸厂，荧晶火柴厂，人力车夫、驳船码头工人等先后举行罢工。从6月2日开始，镇江各界全面罢工罢课，成立了“镇江外交后援会”，6月5日举行规模宏大的游行示威。6月下旬，镇江各界掀起了抵制日货活动，组织清查队销毁全城所有的日货，对私藏日货的奸商给以严惩，并处以罚金,计有罚金数万元。经各界会商,为了纪念镇江人民反对日本帝国主义的爱国壮举,用这笔奸商销售日货的罚款,建造"五卅"演讲厅,以示不忘国耻,与帝国主义杀害中国人民的暴行斗争到底的决心。

解放后,"五卅"演讲厅经市文管部门多次拨款整修,现在保存完好。

"五卅"运动镇江外交后援会旧址

"五卅"运动镇江外交后援会旧址在仙鹤巷内,江苏省级文物保护单位。

原是清代万寿宫后殿,建在1.15米高的石台基上,坐北朝南,砖木结构。面阔3间,硬山式顶,占地面积约1 500平方米,高10米余。大门宽2.15米,左右两门宽1.2米,3个门高度相同。大门前有石平台,两侧各辅设6级石台阶,左右2门前亦有7级台阶。在殿前西边墙上,有"光绪30年常镇通海兵备道监督镇江关务管理扬由关务部道直撰书"的《重修万寿宫碑记》石刻,记载了修建宫殿的经过。

1925年5月30日,上海发生日本帝国主义枪杀纱厂工人代表顾正红的"五卅"惨案,镇江人民掀起如火如荼的声援运动。6月3日成立"镇江外交后援会",办公地址设于万寿宫后殿,统一领导全市的反帝爱国斗争。6月5日举行了有3万多人参加的声援大会和游行示威,以学生为主的清查队清查全城日货。6月中旬,中国共产党负责青年工作的恽代英同志抵镇江对各界发表演说,为镇江声援"五卅"运动指明了方向,把斗争矛头直指袁世凯和日本强迫与我签订的"廿一条"。6月26日,镇江1万多人再次集会,冒雨游行,各界代表慷慨宣誓:"与日本帝国主义经济绝交!收回旅大!""我镇江30万人不承认'廿一条'!"

"五卅"外交后援会是镇江人民英勇反对日本帝国主义侵略的又一个历史见证。

先哲留踪

孙钟故居遗址

孙钟故居遗址在丹阳市城西15里钟离村白鹤山。这里山灵水秀，前有白鹤湾，中有白鹤井。相传东汉末年吴大帝孙权的祖父孙钟曾居此地，以种瓜为生，汲白鹤井中的水灌溉瓜田。元《至顺镇江志》载："白鹤三仙庙，在县西十里钟离村。土人相传，孙钟种瓜之地，此庙最古。"清《光绪丹阳县志》载："在县西十五里白鹤山，有三仙庙，庙前有井，相传为孙钟灌瓜井。"并有孙钟墓葬条目。

孙钟，吴郡富春(浙江富春)人，孙武之后，早年丧父，与母亲共同生活，孝心甚笃。因遭荒年由富春迁居曲阿(丹阳)，以种瓜为生。据说当年他浇灌瓜地就是汲用白鹤井里的水。死后葬于白鹤山下。多少年来丹阳一直流传着有关孙钟的传说：

孙钟为人正直厚道，乐善好施。东汉末年他为避乱，从富春迁徙至丹阳的白鹤山，种植西瓜以为生计。有一年瓜的收成不好，田里稀稀落落长不了几个，正在犯愁。一天山下来了3个穿白衣的少年，大汗淋漓，乞讨西瓜解渴。孙钟毫不犹豫，采了几个最好的瓜款待客人。那3个少年吃后十分感谢，问孙钟："你想后代荣华吗？"孙钟说："老年人都望后代过好日子。"少年说："那你向前走一百步，不要回头看，将来你死后就葬在那里。"孙钟觉得三个白衣少年气度不凡，定有来历，于是依言向前走一百步站定，做了标记。等了一会，再回头看时，3个白衣少年已不知去向。孙钟觉得十分诧异。死后，家人按孙钟生前选定的那个墓穴埋葬。谁知土中有块大石搬不动，后用铁锹挖开，里面突然飞出3只白鹤冲天而去，其中1只飞得慢些脚被石板扎了一下，成了跛足，后来孙权的一条腿走路不平，据说就是这个原因。这种传说是野史轶闻，当然不可信，但从另一个角度看，当地百姓与孙钟的情缘由来已久，早已成了一个文化现象。后来孙权的父亲孙坚、兄孙策均葬于镇江和丹阳地区，形成了这一带三国早期孙吴陵墓集中的文化区域。

清代吉正常有《过白鹤山望孙陵有感》诗云：

汉代有孙钟，种瓜传轶事。
瓜熟祀山神，神畀牛眠地。
有孙曰仲谋，追崇俨帝制。
东吴霸气销，陵寝无碑记。
飞鹤杳不返，樵苏沓无忌。
沧桑屡变更，唯剩三仙寺。
寺后一高墩，莫辨陵真伪。
谒陵逢孟冬，松柏犹苍耸。

刘裕故里

南朝宋武帝刘裕故居在镇江市区寿丘山下，刘裕小名寄奴，所以刘裕故居又称寄奴居、丹徒宫。现为江苏大学文学院址。

刘裕(363–422 年)，字德舆，祖籍彭城(徐州)。曾祖父刘混于西晋末年迁居京口(镇江)。刘裕出生于京口，出世不久，母亲病故，由其婶娘哺育长大，故名寄奴。家境贫苦，年轻时种过田，捕过鱼，砍过柴，做过生意。有一次刘裕在江心沙洲上砍伐芦苇伤了手，他找了一种野草作药治疗伤口，果然对止血愈伤有疗效，人们得知，亦用此草治创伤，称“刘寄奴草”，至今中草药中仍有这味治伤草药。宋代诗人谢翱有诗咏《刘寄奴草》云：

榛中小草夏荟蔚，叶如牡艾花如毳。
少年防塞得命生，出镞肉中无粟起。
向来神奸见白昼，湿竹烟青闻杵臼。
英雄奋臂徵此时，唾落虚空散林薮。
汉家白蛇人本纪，况是天王旧支子。
岂知苗裔在民户，蛇鬼又呼帝小子。

那时京口有个财主刁逵，欺侮乡邻，残害百姓，号称“京口之蠹”。

一次，刘裕和刁家人赌博输了钱，还不起赌债，被刁逵绑在马桩上，用鞭子抽打。受凌辱之恨，刘裕记在心头，一怒之下就去投奔北府兵。东晋的北府兵是一支劲旅，因刘裕勇敢善战，在镇压农民军孙恩、卢循的战斗中，屡立战功，成为北府兵将领。

东晋元兴元年，荆州刺史桓玄进兵建康，自封为太尉，独揽大权。次年桓玄废晋帝自称皇帝，改国号楚。桓玄篡位，刘裕就回京口家中居住。桓玄对刘裕和北府兵十分畏忌，派亲族桓修坐镇京口，试图控制北府兵。刘裕因反对桓玄称帝，就在京口暗中组织一部分北府兵军官准备推翻桓玄政权。元兴3年(404年)2月，刘裕假意游猎，在城外约集一百多人马，扮成朝廷传旨官员，于黎明进城，齐声高呼："奉诏捉拿桓修！"驰入桓修府内，斩了桓修，控制了京口局势，随即刘裕进军建康，声讨桓玄篡位之罪。守卫建康之军，多半为北府兵旧部，听说刘裕来攻，不战自散。桓玄败退荆州，后为刘毅所灭。

刘裕击败桓玄后，义熙元年(405年)迎接被桓玄废去的晋安帝复位，但政权实际落到刘裕手里。刘裕执政刷新了东晋的腐朽朝政，先后用兵平定了几处叛乱和割据势力，肃清了本集团内的异己分子，实施了打击豪强，推行"土断"，把拥有特权的北方侨人户口并入土著户籍，取消了他们享有的特权等进步政策，巩固了内部的统治。特别是两次出兵北伐，消灭了鲜卑族慕容氏建立的南燕(山东省境)和羌族姚氏建立的后秦(河南、陕西一带)，收复了大片晋王朝失去的国土，以及洛阳、西安等古都，威望更加提高。晋恭帝元熙二年(420年)六月，通过禅让形式，刘裕接皇帝位，成立了新兴的刘宋王朝，改元永初。他将京口的故居称丹徒宫，并将过去他用的劳动工具锄、犁、耙等在此展出，教育后人，勤俭节约，杜绝奢侈。在位3年病逝，庙号高祖武皇帝。

刘裕是镇江的一介平民，最后登上封建社会最高统治宝座，开创了一个王朝的新时代。他的闲闻轶事，流传甚多，他的故宅旧地，虽有踪可寻，但物换星移，已非旧日容颜。早在宋代时辛弃疾《永遇乐》就说："斜阳草树，寻常巷陌，人道寄奴曾住。想当年金戈铁马，气吞万里如虎。”

葛洪故居遗址

葛洪故居遗址位于句容县北门外十里大卓乡下荫村，晋时称句容都乡吉阳里。

葛洪(283–363年)，字稚川，自号抱朴子，生于西晋，卒于东晋，在世81年。出身于官府地主家庭。少好儒学，对经书、史书、百家之言都广为涉猎。后来又研究道学、医学、炼丹术等，多有成就。在自然科学方面作出了杰出贡献。他“博闻深洽，江左绝伦”，著述丰富，主要有《西京杂记》、《抱朴子》、《肘后备急方》、《神仙传》、《金匮药方》、《蟠石老人集》等。鲁迅先生在《中国小说史略》一书中说：葛洪著作甚多，可六百卷。

葛洪生活在晋王朝统治时代，朝廷腐败，民不聊生，战火四起。初时葛洪参与了吴兴太守顾秘和周玘镇压石冰农民事件，因功升为“伏波将军”。后葛洪看不惯人与人之间争名夺利，尔虞我诈，遂辞职谢官，“游德栖息，超然事外”，于是到洛阳、长安一带搜集各种书籍研读。后又回句容，在茅山抱朴峰下炼丹、修道，谢辞一切征召、礼聘。晋元帝(司马睿)下诏赐以高官厚禄，葛洪不受，答曰：“非欲为荣，以有丹耳。”然后带着子侄及妻鲍姑去南方炼丹。广州刺史邓岳盛情款待、挽留，葛洪却“望绝于荣华之途，而志安于穷圮之域”，便隐居于广东罗浮山中炼丹、著述。相传，此处有关葛洪的遗迹甚多：白鹤观为葛洪炼丹、读书的东庵，黄龙洞(孤青观)乃其西庵，冲虚观为葛洪的南庵，内有葛洪祠和丹灶，并有苏轼写的“葛洪丹灶”题字，酥醪观为其北庵，七星坛为其憩息之所，观源洞乃其洗药之处，朱明洞北有遗衣坛，传为珍藏葛洪的遗衣处。葛洪炼丹原料有矿石和药物，如丹砂、雄黄、雌黄等，所以他走遍中国南部的名山大川进行采集，许多地方留下他的踪迹。如浙江普陀山有葛洪炼丹洞和仙人井；江西少华山，有葛洪炼丹处；杭州西湖葛岭相传也有葛洪炼丹处。茅山抱朴峰下，有抱朴山庵和葛洪的丹井；句容市第二招待所原为葛仙庵旧址，东约半里的青云观内有古井，井镌刻“丹井”二字，传为葛洪当年炼丹用的井水。此井奇异，遇到大旱年份，井水不涸，而且水味甘美、醇厚，倒入杯中，高出杯口不溢，乡里传为美谈。葛洪在深山大川炼丹、采药，经常以野生植物充饥，有一种生于山穴石上的木耳（又称石耳），葛洪用泉水泡后充饥，后人称为葛仙米，他还将山上的葛滕捣碎取汁制成粉，称葛粉，流传至今，仍是人们喜爱的一种美食。

文天祥镇江脱险渡江遗址

文天祥镇江脱险渡江遗址位于市北固山附近，现北固山公园建有“文天祥镇江脱险渡江遗址”纪念碑。碑名为著名戏剧理论家马少波题写，碑阴记事由马少波撰文，著名书法家姜东舒书写。

文天祥（1236–1283年），字履端，一字宋瑞，自号文山，吉州庐陵（江西吉安）人，宋理宗宝祐4年（1256年）状元。德祐元年（1275年），元帝忽必烈命丞相伯颜统兵20万进逼南宋首都临安（杭州），文天祥时任赣州知府，闻讯后立即结集义兵万人，兼程开往临安勤王。但宋丞相陈宜中不准文天祥部队入京，令他驻隆兴府（江西南昌）。宋军在镇江焦山大战失败后，文天祥再次恳求入卫，朝廷允准，被任为平江知府，但仍不得入临安守卫。直到元军逼近临安，人心惶惶，朝中大臣一筹莫展时，才任命他为右丞相兼枢密使。文天祥决定同敌人拼一死战保卫宋室，即布置守城战略。但投降派不同意，以王宫之命派文天祥出使与元兵议和。文天祥无奈，只得不顾个人安危荣辱，面见元将伯颜，责以大义。但被元军扣押，解往大都（北京），等待发落。这时杜浒等几位义士钦佩文天祥的忠贞人格，自愿陪同文天祥一起北上。他们沿运河经苏州、无锡、常州等地，一路过来，想伺机途中逃脱，由于元兵看守严密，无机可乘。到了镇江，文天祥被看押在运河边沈颐家中。那时江北仍有南宋守兵，只要能逃出元兵羁押，过江就可找到宋军。但江上船只均被元兵拘集在江南，长江天堑，插翅难飞。义士杜浒等千方百计终于找到了一位船主，船主敬重文天祥一心为国的浩然正气，慨然答应于夜晚把船停泊在北固山附近芦苇边，帮助文天祥渡江脱险。在镇江百姓帮助下,文天祥乘着夜色安全渡江,逃脱元军的拘押。他再举义旗,收拾旧部,在福建、广东一带抵抗元军。各地义兵,见文天祥来到,十分欣喜,纷纷来投,抗元呼声席卷江西,响彻东南一带,大煞元军气焰。但终因南宋元气伤尽,力量单薄,内奸未除,文天祥在广东五坡岭战败被俘。他被押到潮阳,请求速死,不从。这时元军正准备攻打宋朝最后一个残存据点,元兵的元帅张弘范想利用文天祥的影响,去瓦解宋军,就将文天祥押去目睹海战。祥兴2年正月初六,船经珠江口的零丁洋,文天祥写下了《过零丁洋》诗:

辛苦遭逢起一经,干戈寥落四周星。
山河破碎风飘絮,身世浮沉雨打萍。
惶恐滩头说惶恐,零丁洋里叹零丁。
人生自古谁无死,留取丹心照汗青。

至元十九年(1282年)十二月初九,文天祥在元大都被押赴刑场。他向南方拜了几拜,告别宋廷,然后从容就义,年仅47岁。死后,人们在他的衣带上发现有他事先写的绝笔《衣带赞》云:

孔曰成仁,孟曰取义。
惟其义尽,所以仁至。
读圣贤书,所学何事。
而今而后,庶几无愧。

为了纪念民族英雄文天祥在镇江脱险的这段历史,弘扬爱国主义精神,1991年在镇江文天祥脱险渡江遗址处立碑纪念。

陆秀夫故居遗址

陆秀夫故居遗址在市东郊汝山下,与宗泽墓相距不远。“陆相门前新潮涨,宗丞墓上古松声。”

陆秀夫(1236-1279年),字君实,楚州盐城(江苏盐城)人,3岁时随父迁居镇江,从读于镇江名师孟先生。他聪明勤奋,读书常至深夜，孟先生夸他："此非凡儿也！"南宋理宗景定元年(1260年)中进士，初为李庭芝幕僚，历任司农寺丞、宗正少卿权兼起居舍人、礼部侍郎等。陆秀夫坚持抗元，1276年，拥赵昰为帝，擢端明殿学士，签书枢密院事。赵昰死后，又与张世杰等立赵昺为帝，任左丞相。公元1279年，元兵攻破崖山(今广东新会县南)，南宋王朝已无力挽救，陆秀夫仗剑驱使妻子入海自殉，然后背负皇帝赵昺投海而死。一时跳海殉国的南宋军民达数万人，海上浮满尸体，情景悲壮惨烈。著有《陆忠烈公遗集》一卷。

明朝时，人们为纪念南宋殉国的忠臣烈士，在崖山建立三忠祠，供奉陆秀夫、文天祥、张世杰。明末清初诗人陈恭尹曾有《崖门谒三忠祠》诗：

山木萧萧风更吹，两崖波浪至今悲。
一声望帝啼荒殿，十载愁人拜古祠。
海水有门分上下，江山无地限华夷。
停舟我亦艰难日，畏向苍苔读旧碑。

陆秀夫负帝投海后，镇江百姓在金山建造陆祠，为忠烈的陆秀夫招魂返乡，四时祀祭。清乾隆九年陆祠移于鹤林寺旁，后又迁青云门，现殿宇无存。清代贺宽曾作《鹤林寺重修陆丞相祠堂敬题》诗：

崖门山头海波立，丞相从君弃舟楫。
六宫不动委波流，千人万人不敢泣。
此时大海波涛翻，鼋鼍徙窟蛟龙奔。
阳候天吴尽慑伏，一空水府涵精魂。
丞相见君不见水，正笏垂绅等冠履。
一人鼓勇众议成，吾君吾相先如此。
吁嗟乎！古来慕义大有人，墨胎双骨枯千春。
彭屈沈身不沈族，阖门填海无其伦。
家国乘除如转毂，催枯助焰何促速！

非忠非考聊斡旋，人笑彼苍徒碌碌。
张公暨公如远巡，燕山信国尤酸辛。
累朝理学维国是，千秋俎豆存君臣。
潮阳摄齐瞻赐额，书馆麻园渺遗宅。
澳山青径理衣冠，不敌摩崖一片石。
招魂曷来归故乡，乘龙驾螭莅新堂。
奠桂酒兮陈椒浆，翩然叱驭还大荒。
珠宫贝阙依君王，敢令溟渤遥相望。

笪重光故居遗址

笪重光故居遗址在句容市白兔乡茅庄村。原来的房子有3间，砖木结构楼房。墓在句容市陈武乡笪家村后山上。

笪重光(1623-1692年)，字在辛，号江上外史、郁冈扫叶道人。清世祖顺治九年(1652年)中进士，授刑曹郎中，旋擢为湖广道监察御史、江西巡按等。笪重光才华横溢，名重一时，工诗文，擅书画，精赏鉴，通道学。清康熙三十三年南巡，笪重光以御史身份随驾。12月29日康熙从无锡沿大运河至丹阳登陆，进入句容。这是笪重光的家乡，他跟随康熙从白兔乡到句容县城，投宿东门外长巷村，康熙住在邹宗峤家。康熙见此处僻静，有山有水，竹篱茅舍，一片田园风光，十分高兴。由于一路劳累就早早入睡。说来也奇，那一夜星月横空，霜天碧净，竟是狗不吠，鸡不鸣，四周宁静，康熙从未睡得如此香甜，美美地睡了个安稳觉，早上起来，精神很好，赞美说："这里真是太平庄。"即兴手书"太平庄"三字留在长巷村。笪重光看到他的家乡受到康熙的褒奖，十分高兴，赋诗一首云：

句曲城东紫气屯，回銮午夜宿农村。
只今四海为家日，不遣儿童避至尊。

笪重光书画、著述传世作品很多，有《松溪清话图》作于顺治十七年(1660年)，《茅山春游图》作于康熙八年(1672年)，《仿元人山水》

轴作于康熙十一年(1672年),以及《画筌》、《书筏》,还审编《茅山志》13卷。《道统源流志》载:"笪重光系道教龙门第八代启派师。"所以他为《道藏辑要》中的《初真戒》写了后序,署名郁冈居士笪重光。茅山道院九霄宫太元宝殿的《茅山九霄宫天炉碑记》石碑,是笪重光于清康熙九年撰写。笪重光的手书至今还能看到的有:句容茅庄笪重光老家门额"圣旨大门"石刻,笪姓宗祠"协一堂"横匾和"古槐堂"、"太平巷"、"渤云庵"等。笪重光的《祝寿诗手迹》流传于民间,其诗文是:

芒兰玉树竞娟秀,陶令松菊凝秋阳。
银缸酿酒介眉寿,槐阳复谐萱草长。

落款"江上光",印章用笪重光,右上角提款章为"鹅岛池角"。

笪重光为官,清高自律,廉政公正,兴教惠民,不畏权贵,文人气很重,深得百姓爱戴。在江西时,碰到一个权贵的纨绔子弟霸占民女,他予以严惩,整肃地方风气。由于他维护百姓利益,打击官场的腐败陋规,因而得罪了朝廷重臣,特别是当朝宰相明珠和余国柱,矛盾日深,不断受到仇家诬陷中伤。一次他收到一份礼物,打开锦匣一看乃是枣子、梨子、生姜和西瓜四样瓜果。开始笪重光不解其意,经过推敲乃醒悟,是劝他"早离江西"之意。他深知官场维艰,遂辞官返乡,住镇江第一楼街,以卖画为生,晚年隐居茅山学道。

刘鹗故居遗址

刘鹗故居遗址在市区上河边,计9间1厢,刘鹗全家18口住在一起,他祖父刘鹤桥戏作对联自嘲:

一十八口之家,嗷嗷待哺;
九间一厢之房,日日催租。

刘鹗是南宋大将刘光世(1089—1151年)的后裔。刘光世曾任镇江知府,携家迁居镇江,成为镇江刘氏一支的先祖,刘鹗是他的第23世孙。刘鹗的父亲刘成忠,号子恕,和李鸿章同年中进士,后在黄河下游灾涝之地做官,著有《河防刍议》等书,是位水利专家。

1857年刘鹗生于江苏六合(母朱氏为六合人),这时他的老家尚在镇江。5岁随父在河南汝宁府任所,8岁从镇江著名学者赵君举先生读书。后刘成忠因病辞官,在淮安买田置房,遂将家迁至淮安,刘家世居镇江长达九百余年。刘鹗的儿子刘大绅追叙说:“吾家居镇者,其后又分三支,一迁庐州,一迁东台,一仍留镇江,此留镇江一支,至先祖时迁淮安,今则子孙散居四方,镇江已无近支矣。”

刘家历代祖先的坟墓在镇江,所以刘鹗生前每年要亲自或派儿子到镇江祭扫先人坟茔。

1876年,刘鹗20岁,去南京乡试落第,在淮安开烟店。1887年,31岁的刘鹗到上海设石昌书店,经营石印书籍,这是我国私人开办的第一家石印书店。1889年黄河在郑州决口,他到河南去治理黄河,得到河督吴大徵的重用。黄河决口合拢后,他负责测绘河南、山东、直隶三省的黄河,著《历代黄河变迁》一书,后调山东,任黄河下游提调,著有《治河七说》、《治河续说》等书。1896年,他应鄂督张之洞之召,筹办芦汉铁路,后因意见不一致,辞归。同年,他又上书直隶总督王文韶,请筑津镇铁路,以天津为起点到达镇江,因当时火车不能渡江,只能把终点站暂设于瓜洲。此举引起镇江在京官员大哗,坚决反对,认为刘鹗要把江南商埠中心从镇江移到瓜洲,出卖镇江人的利益,因此,要开除刘鹗的镇江乡籍,结果终点站设于浦口,使镇江坐失了近代交通发展的一次机遇。

刘鹗在山西谋采铁矿时,曾有一信给他的好友罗振玉,说明自己想利用外资开矿,而不伤国家主权。信云:

> 蒿目时艰,当世事百无一可为,近欲可开晋铁谋于晋抚,俾请于朝,晋铁开则民得养而国富也。国无素蓄,不如任欧人开之,我严定其制,令三十年而全路矿归我。如此则彼之利在一时,而我在百世矣。

1900年,八国联军攻入北京,全城断粮,刘鹗洽购为俄军占领的仓米赈灾救民，北京居民赖此而活者甚多。

刘鹗著的《老残游记》拥有广泛的读者。鲁迅在《中国小说史略》中称赞它“叙景状物，时有可观”。书中有许多描写成功之处，如描写济南大明湖的景致甚为生动。把大明湖中千佛山的倒影，家家泉水、户户垂柳的济南城，与那湖边在斜阳中摇曳的芦花，都写得十分动人，读者无不为这些迷人的风景所陶醉，特别是那黑、白妞的说书技艺，更有余音绕梁韵味无穷之感。书中还揭露了那些所谓“不要钱”的“清官”的丑恶嘴脸，同时也提出了搞洋务、兴实业救国的想法。

刘鹗还是我国甲骨文最早的研究者之一，他的《铁云藏龟》是第一部著录甲骨文的专著。至今中外学者提到研究甲骨文，仍是首举该书。

后刘鹗受陈洌、袁世凯、刚毅等人的陷害，被流放新疆，抑郁悲愤，1909 年患脑溢血症卒于迪化(乌鲁木齐)，终年 53 岁。

陈庆年故居

陈庆年故居位于市区磨刀巷 20 号，镇江市级文物保护单位。

现存建筑为东西并列的两座 3 进房屋，中间隔有巷道。西面 3 进用料粗大，梁柱上有装饰，中进为厅房，前进东侧有小花园，并建有 2 层望月楼，山墙门额嵌“敲月”石刻；东面 3 进为 2 层中式楼房，后进藏书楼。均为清末民初建筑。

陈庆年(1862—1929 年)，字善余，号石城乡人，晚年号横山和横山乡人，镇江人。自幼随父读书，涉历甚广，博览泛读，后研究经史。先后在江苏、湖南、湖北讲学近 40 年。1905 年创办我国第一个图书馆——长沙图书馆，现在湖南师范大学内设有陈庆年纪念室，以纪念他为发展图书馆事业作出的贡献。他任张之洞、端方幕府多年，张之洞的《洋务辑要》、端方的《列国政要》皆出自陈庆年之手。陈庆年一生著述甚丰，主要有：《历代史略》、《中国历史教科书》、《西石城风俗志》、《横山草堂丛刻》、《横山乡人日记》、《兵法史略学》等。他曾主办江楚编译局，任湖南高等学堂监督、湖北译书局总纂、江苏通志局总纂等职。辛亥革命后任江苏省参议会议员。他是清末民初我国著名的历史学家和图书馆学家，以学术雄长海内，与梁启超、刘师培等齐名，“腾踔百家”，“冠民国儒林之军”，被称为“江东大师”。

赵伯先故居

赵伯先故居在镇江新区大港镇，丹徒县文物保护单位。

故居系晚清传统民居建筑，前后3进，大院前有门楼，内有明间过道、天井。前进两边有厢房，中进为3大间敞厅，后进原有楼阁，现为平房，天井内植黄杨树。后进为卧房，中为堂屋，赵伯先青少年时住在东屋，今东屋槅扇、槛窗有所改变。后院为厨房，按原样保存。故居房屋结构基本完整。

赵伯先(1881—1911年)，名声，丹徒大港镇人。其父赵蓉以教书为生，比较开明，在当地颇具声望。赵伯先在父亲的薰陶下，少年时体力健壮，胆勇过人，十分聪慧，胸怀大志。17岁考中秀才。乡邻向他祝贺，赵伯先认为：中秀才并不是报国的好途径。后来因为代替江南陆师学堂的学生写文章，被学堂监督发现，很欣赏他的才气，主动招收他入学读书。毕业后到日本考察军事，他出国前曾游焦山，写了一诗送给焦山的越尘和尚。诗云：

我与名山有旧盟，高僧相遇恰同庚。
逃禅自觉风尘远，住世还须宇宙擎。
江寺懒寻铭瘗鹤，海隅愤指浪翻鲸。
彼苍未许林泉福，解缆匆匆负此行。

诗中表达了他对世事的不满，抒发擎当天下大任的豪情。

赵伯先从日本归国后，回到老家镇江大港镇，办“阅书报社”，门上自撰书对联一副云：

纵环海奇观，开普通知识。
藉大江流水，涤腐败心肠。

社内设置一些进步书刊、报纸，当地的进步青年经常来此阅读，后来有些青年随赵伯先参加了反清革命斗争。不久两江师范学堂聘赵伯先为教习。大约在1903年左右，他匿名编写了七字一句的小唱《歌保国》，宣传革命，鼓动人民起来投入推翻满清政府的斗争。后来赵伯先在南京北极阁演讲革命之道，遭清政府统治者之忌，不能再在南京活动，于是就转往长沙，又历京、津，出榆关，寻求革命志友，共赴国难。在河北保定，他结识了安徽人吴樾，两人志同道合，一见如故。吴樾想暗杀清廷反对革命的大官端方，赵伯先同他一同策划。方案既定，两人在酒楼痛饮告别，气氛十分悲烈。赵伯先写了4首诗赠给吴樾。

一

淮南自古多英杰，山水而今尚有灵。
想见尘襟一潇洒，晚风吹雨大行青。

二

双擎白眼看天下，倘遇知音一放歌。
杯酒发挥豪气尽，笑声如带哭声多。

三

一腔热血千行泪，慷慨淋漓为我言。
大好头颅拼一掷，太空追攫国民魂。

四

临歧握手莫咨嗟，小别千里一刹那。
再见不知何处是，茫茫血海怒翻花。

后来，吴樾果然在北京车站行刺奉清政府出洋考察的“五大臣”，但仅炸伤二人，端方幸免，而吴樾在爆炸中身亡，此举震惊全国。于是赵伯先又到广西任新军管带，继续策动革命，未果，遂回到江苏任三十三标标统。有一次他率部谒明孝陵,向士兵讲朱元璋驱逐元代蒙古族统治的故事,意思是号召士兵推翻满清,并把玄武湖边的曾国藩祠堂烧去。两江总督端方下令捕他,赵伯先避到广东任第二标统领。1908 年参加黄兴领导的钦廉起义,因计划泄漏,化名宋王孙逃往香港,被推选为同盟会总部部长,受到孙中山的器重。

1911 年春天,赵伯先和黄兴领导广州起义,赵伯先任起义总指挥。3 月 29 日起义失败,牺牲了 72 位革命志士,后埋葬在广州黄花岗。赵伯先对此十分悲愤,举枪自杀,遇救未遂。因懊伤过度又积劳成疾,于 1911 年 4 月 29 日病逝于香港医院,年仅 31 岁。遗体葬在香港茄菲公园的一座山顶上,墓碑上刻"天香阁主人之墓"。因当时清政府尚未推翻,所以不能用真名,天香阁是赵伯先大港故宅中的一座楼名。

著名南社诗人柳亚子闻赵伯先逝世,十分悲痛,写有《哭赵伯先》诗:

寻常巷陌奈君何,忍唱尊前青兕歌。
海岛田横心自壮,天门陶侃翼空摩。
千秋北府兵无敌,一水南徐夜有波。
何日黄龙奠杯酒,髑髅饮器发横拖。

辛亥革命成功后,民国元年(1912 年)孙中山领导的南京中华民国临时政府为了表彰赵伯先的功业,追赠他为陆军上将军。

赛珍珠故居

赛珍珠故居在市区登云山上,镇江市级文物保护单位。

赛珍珠故居占地面积约 400 平方米,是一座青砖木制结构的具有印度风格的两层楼房。每层均有会客室、卧室,南北两侧有门、凉台,四面有窗户,典雅大方,环境优美,至今保存完好。1992 年 10 月 31 日,赛珍珠故居被命名为"镇江市友好交流馆",用以收集陈列赛珍珠的著作、物品、资料和镇江市与美国等国家和地区友好交流的有关展品。

赛珍珠(1892—1973 年)生于美国,出生 4 个月就随父母到了中国清江浦(淮阴),不久定居镇江。赛珍珠在镇江生活长达 18 年之久,度过了童年、少年。她是一位才华横溢的女作家,被誉为“世界上最多产的作家之一”。1938 年获“诺贝尔文学奖”,获奖主要作品是她以中国农村题材写的《大地》三部曲,赛珍珠为中美文化交流作出了贡献。在日本帝国主义侵略中国时,她曾声援中国的抗日战争,在道义上对侵略者予以谴责。

张鹏故居

张鹏故居位于镇江第四人民医院内,为两层砖木结构中西合璧式楼房,两组三合院房屋,呈“凹”字型,四坡水、平瓦屋面,坐北朝南,进深 20 米,长 35 米,占地 6 亩,配套讲究,建筑规整。西侧二楼凸出一四方凉亭,可观赏四周景色,又能纳凉。昔日楼前花木扶疏,绿草如茵,景色秀丽。抗战期间为汪伪官员占用。张鹏是辛亥革命同盟会会员。

吕凤子故居

吕凤子故居位于丹阳市云阳镇新桥西 56 号,丹阳市级文物保护单位。

故居始建于清光绪初年,原有平房 4 进 24 间。1937 年 12 月毁于日军炮火。现存房舍为 1946 年重建,占地 1 040 平方米,有平房 16 间,建筑面积 400 平方米,前后两院,保存完好。院内有吕凤子亲手种植的白薇、柏板、双桂等花木,生机盎然,婆娑成荫。吕凤子居室为砖木结构,平房两小间,面积约 40 平方米。

吕凤子(1886—1959 年),丹阳人,原名吕浚,初字凤痴,后改凤子,自号凤先生,我国著名教育家、美术家,人称“东方的米盖朗基罗”。1931 年他创作的《庐山云》在法国巴黎世界博览会展出,获中国画一等奖。1939 年创作的《四阿罗汉》,获全国第三届美展一等奖,名字收入《大英百科全书》。他的画风格独特,寓意深刻,技法娴熟,变化无穷，为张大千、徐悲鸿、傅抱石等当代书画大师所推崇。

吕凤子出版的画集有《凤先生人物画册》、《凤先生仕女画册》、《华山速写稿》等，他的《中国画法研究》，是新中国第一部中国画理论典籍。他对诗词、金石、书法都有很高造诣，连同其画，有"四绝"之称。由他所创立的"乱针绣"又名"正则绣"，与"苏绣"齐名。

吕凤子一生从事教育事业，曾历任北京女子高等师范、中央大学等院校的教授、校长，培育了许多美术专业人才。他不仅热爱教学，还积极办学，1912 年在家乡变卖田地，办起"正则女校"。抗战期间，学校被日军炮火炸毁，举家西迁，在四川壁山恢复"私立江苏省正则职业学校蜀校"。抗战胜利后，将此校无偿交给当地政府。1946 年 8 月回到丹阳后，在废墟上重建正则学校，苦心经营，新中国成立，又将学校交给人民政府。

他一生追求真理，五四运动中，反对当局迫害进步学生，抗战爆发，他支持学生进行抗日爱国运动，保护过一批爱国志士、共产党人。他热爱新中国，曾作《寿者相》大幅国画送给毛泽东主席。他晚年生命将要走到尽头时，仍抱病画老松三幅《寿毛主席》，向国庆献礼。

冷遹故居

冷遹故居位于丹徒县黄墟镇东侧，镇江市级文物保护单位。

正门朝南，主楼两层，建于 20 世纪 20 年代初。

冷遹（1882—1959 年），原名晓岚，字御秋，别号雨秋，丹徒黄墟镇

冷遹故居

人。1902 年考入安徽武备学堂,1906 年加入同盟会,与赵声等共同从事反清革命活动。1908 年岳王会举行起义,他任总指挥,因泄密,被抓入狱,在狱中坚贞不屈,未供一词。释放后,告别婚后 8 天的妻子单身去香港,任陆军小学提调,那时李宗仁、白崇禧正在该校读书。冷遹因宣传革命,发展同盟会员,被当局撤职。1910 年后,他代理同盟会广西支部长,办《南风报》。广州起义事败,被监视。1911 年 10 月 10 日武昌起义成功,他作为广西民军混成协帮统出师北伐援鄂。12 月中旬,他以革命党副代表身份到上海参加南北和谈。1912 年元月,临时大总统孙中山授予他中将军衔和文虎勋章,委任他为中华民国陆军第一军第三师师长。后又任安徽都督府参谋部长、第九师师长。1913 年第九师改编为江苏陆军第三师,他任师长,驻守徐州。1912 年 3 月 27 日,孙中山发动讨袁的"二次革命",他为前锋,因兵败东渡日本。1915 年回国再次参加讨袁。翌年任岑春煊、梁启超成立的军务院参议厅厅长。后又参加孙中山的护法运动,任护法军政府总参议、代理内务部长。护国运动失败后,他从事实业建设,回到丹徒,创办了永安蚕种场。1925 年,齐卢战争,张宗昌部乘机南下,伤害民众,江苏省省长韩国钧因为冷遹曾是张宗昌的上司,因而特邀他任江苏水陆警备司令部司令。事后又归乡从事公益事业。抗日战争期间,他投入抗日民主运动并参加国民党召开的三届三中国民参政会,积极支持中共代表林伯渠提出的成立联合政府、一致抗日的主张,与黄炎培等筹建中国民主同盟,任常委。1945 年 7 月 1 日,他与黄炎培等一行 6 名民主人士赴延安,毛泽东、周恩来、朱德等中共领导人热情迎接,在延安 5 天,与中共领导人共商国事。解放战争期间,他利用国民党江苏省临时参议长的身份,营救地下党和新四军及革命群众近百人。建国后赴北京参加了第一届全国政协会议和开国大典,为第一届全国人大代表、全国政协委员,历任华东军政委员兼华东水利部副部长、江苏省副省长、省政协副主席等职务。

冷遹治军严厉,部下对他很敬畏。他任光复军第三师师长时,一次在上海阅兵,骑兵迟到 15 分钟,他把团长张宗昌叫到队前,手执马鞭对张喝道:“我本该罚你几马鞭,不打你是给你留面子!现在听我的口号,跑步子。”张不得不当众绕操场跑了5圈。事后,有人对张说:“团长从来没有怕过谁,怎么受这窝囊气?”张宗昌说:“这老倌儿厉害着呢,闹不好杀头咋办?”说着,他又摆出团长的架子道:“带兵嘛,就要像师长那样才行! 以后我对你们,你们对部下,都要这样!”

冷遹为人正直,勤勉务实,深受人们的爱戴和赞赏。黄炎培先生曾写诗赞赏他:

才大功偏实,名藏位自高。
十年聊补罅,一炬万邻焦。
荫满黄墟村,雄唱歇浦潮。
江山重整顿,携手上归挠。

家乡人民为了纪念他,学习他的高尚品德,激励后学,将黄墟中学更名为“冷遹中学”,校内设有他的塑像。

严惠宇故居

严惠宇故居位于市区九如巷66号。传统民居样式,略加西洋建筑手法点缀。前后2进之间隔有围墙,中间设门,相互贯通,后进3间加套房, 东房为严惠宇起居室。第1进天井内有照壁及西洋柱式券门。整个建筑小巧、典雅。

严惠宇(1895-1968年),名敦和,字惠宇,号篴斋,镇江人。幼读私塾,后习钱庄,又学法律,曾为扬州法院书记官。后来转入银行界。26岁为上海金城银行副经理,在银行界得到发展,并结识军政工商界知名人士。旋又开办大东烟厂,经营贾汪煤矿、溥益纱厂等。苦于当时工业的大部分原料依靠外国进口,致纱厂闭歇,因而他又开发家乡山地,发展农业为桑梓谋福。是时国民党政府定都南京,镇江为省会,他认为这是开发镇江的机遇,就与冷御秋、陆小波等人相互配合,协力同心,兴办了益民蚕种场、三益蚕种场、弘扬医院等。方见事业发展之际,抗日战争爆发,镇江成立地方民众组织委员会支援抗战,他与冷御秋、陆小波 3 人往南门外都天庙,焚香共誓:坚持民族气节,决不为日伪做事!积极参与镇江抗战的事宜,为抗日战争作出了应有的努力。镇江沦陷,他避居上海,闭门不出。由于过去与大汉奸周佛海有交往,周佛海之子曾拜严惠宇为义父,所以周佛海当汉奸后,想利用严惠宇的声望为日伪办事,对严惠宇进行威逼利诱,试图说服他出山附逆,任汪伪的中央储备银行总裁。严惠宇大义凛然,断然拒绝,为避免遭迫害,转赴香港。凡与日伪有联系的亲友,他均与断绝关系,概不往来。抗战八年,闭门栖息,反复思考,胜利后能再度开发家乡经济,为家乡父老谋利益。抗战胜利,他由沪回镇着手兴办四益农场,设蚕种、种植、畜牧、园艺 4 部,场地规模甚大,自句容县的下蜀、桥头,直到镇江城郊的高资等地,绵延 40 余里,分设 9 个场,占地 5 000 余亩。围绕农场生产需要,又办了一系列辅助企业,并为试种油桐制油作准备,继而创设维生油厂,又投资杭州福华丝厂,为收茧和销售蚕种挂钩。对镇、扬地区战前有关企业的恢复与发展,他亦尽力支持。严惠宇在农业上取得一些进展后,深切体会到振兴家乡的核心,是培养人才。所以他积极兴办女子职业学校、京江中学,开办蚕种、种植、畜牧等各种技训班。筹办润清助学金,资助家乡大学生出国留学。他兴趣广博,看重人的素质培养,对昆剧艺术亦感兴趣,接办昆曲传习班,培育"传字辈"学员成才,对我国古老剧种昆曲的传承作出贡献。他善书法,每晨练字 2 小时,30 余年来未间断。他还爱好收藏图书、文物,收集的明、清书画扇面 1 千多帧,因而他的书房称箑斋,为自己藏扇之多而感到庆幸。1960 年他把这批书画赠给上海博物馆。镇江绍宗藏书楼重建时,他又把家藏的 100 余箱图书,赠送给绍宗藏书楼。文化大革命后,他的子女遵照他的遗愿将劫后幸存的书画、文物 175 件,捐赠镇江博物馆,由国家珍藏,作为人民的财富。

陆小波故居

陆小波故居位于镇江市区打索街 68 号,清代传统民居建筑,前后共 3 进,1、2 进为平房,设有卷棚,对合大厅,天井内有过廊式半亭，后进雕栏2层小楼，是陆小波的起居室。正门上有磨砖雕花八仙图案，较为精致。

陆小波(1882–1973年)，镇江人，自青少年起，即在镇江从事工商业。解放前，历任镇康钱庄经理、中央银行镇江支行经理、镇江水电公司总经理、茅麓公司董事长、南京大同麦粉厂董事长、京江中学董事长、镇江商会会长、江苏省商业联合会理事长等职。在军阀混战，地方危难之际，他勇于出面与各方斡旋，使镇江免受兵燹劫难。抗日战争爆发后，他积极投入抗日后援工作，组织运送数万难民渡江北上。镇江沦陷后，他避居苏北泰州及上海等地，坚持民族气节，严拒日寇拉拢，教育亲友决不当汉奸，决不为汪伪办事。他明确表示支持中国共产党团结抗日的主张。新四军东进时期，他在泰州与中共建立了合作联系，为苏北地区发展抗日民族统一战线出力。建国后，陆小波出席全国工商联合会议，受到毛主席的接见。他历任镇江市政协副主席、市工商联主委、市民建主委、江苏省人民委员会委员、省政协副主席、省工商联副主委、全国工商联常委等。1973年5月1日病逝于镇江，终年91岁。

张云鹏故居

张云鹏故居位于仓巷69号，江苏省级文物保护单位。

故居建于光绪年间，为1进面阔3间建筑。庭院前的花园内，有百年老树桂花树等，还有月季、腊梅、黄杨等树木花草，终年散发幽香，假山兀立，布局雅典，具江南小园风姿。

张云鹏(？—1958年)，又名张翼元，镇江名医，出生于中医世家。1923年加入“中央国医馆医学改进会”，著有《温病辨证十三篇》等医学著作。

古墓缅先

土墩墓

土墩墓是西周初期到春秋晚期散处在江南大地上的古墓葬，距今有3 000年左右历史，具有重要的历史、科学、礼制、民俗民风等方面的研究价值。镇江地区是吴文化发祥地，所以土墩墓资源丰富，上世纪80年代经遥感调查，句容、丹徒、丹阳境内的土墩墓有3 134座，绝大部分未开发，保持原有状态，蕴藏着大量古代文化信息。宜侯夨簋就是在丹徒区大港镇烟墩山土墩墓中出土的，它是最早用文字记载镇江历史的一件青铜器。

土墩墓所处的位置不统一，随地而安，山头，坡脊，平地都有。营造规模也相差很大，视墓主人的身份、地位、财富而定。身份低的人埋葬的土墩墓仅在地面上平整挖坑，安放尸体，封土即成。稍讲究的在安埋尸体之前，焙烧墓坑，或铺上木炭，石块，螺蛳壳之类物件。身份高的不仅有墓坑、墓室，大的墓室面积可达200平方米左右，而且还有墓道。丹徒区青龙山磨子山顶发掘的一个大型土墩墓，其营建是先在山头挖去几米厚的泥土，直到岩石，然后在石上开墓室，辟墓道，最后封石封土，恢复原来山岐面貌。土墩墓中，一般都伴有随葬品，随葬品的多少，亦视墓主人的身份而定。一般墓葬，按当时的葬制，摆一些陶器、原始陶等，数量不多，但摆放的方位有讲究。大型土墩墓中则有青铜器、乐器、兵器、车马等，谏壁镇一墓中发现有殉葬的男女和马匹。土墩墓是一部记载着吴文化政治、经济、军事、文化的重要史籍，也是古代劳动人民智慧的浓缩和遗存。

句容浮山土墩墓群

浮山土墩墓群在句容城西南28里的甸岗村以南浮山果园，镇江市级文物保护单位。

土墩墓规模宏大。4平方公里范围内，有西周、东周时代的土墩墓150多个，封土直径一般达10~15米，高2.5~3米。果园东侧还有十余座大型土墩墓，作南北向排列，直径约40米，高6米。上世纪70年代，省、市考古部门曾在浮山果园发掘多座土墩墓，出土了西周晚期的陶鼎、鬲，还有黑皮印纹陶器、原始瓷豆、铜戈等，最为罕见的是墓中出土了一坛鲜鸡蛋。1985年，这坛鲜鸡蛋随《镇江文物精华》赴北京展出,《人民日报》以“三千年前的鸡蛋在京展出”作为标题进行报导。浮山土墩墓的发现,为研究西周奴隶制社会在江苏的历史状况提供了实物资料。

四脚墩土墩墓群

四脚墩土墩墓群在丹徒镇西南磨盘山附近的汤家湾村，镇江市级文物保护单位。

这个墓群计有 4 座土墩墓，当地人叫四脚墩墓。大型的高约 6 米,直径约 50 米左右,中型的高约 5 米,直径 30 米左右,是西周时代的墓葬,其中 3 座已经发掘。1991 年考古工作者发掘了 2 座墓,随葬品有原始青瓷碗、夹砂陶鬲、泥质红陶盆、泥质灰陶鬲、几何印纹硬陶罐,还有青铜矛、剑、戈等。在四脚墩土墩墓群东 300 米处有 1 座遗址,高出地面 15 米,面积 2 万平方米,是当时先民居住的聚落地。

大港沿江土墩墓群

大港沿江土墩墓群在大港沿江一带,镇江市级文物保护单位。

大港地区是吴文化地下蕴藏丰富的一个地区，在沿江地带的低山山顶及岗地上分布着许多西周至春秋时期的吴国大型土墩墓,计有烟墩山一、二号墓,荞麦山母子墩墓、背山顶墓、青龙山墓等。经考古发掘表明,这些土墩墓均为吴国贵族墓葬。目前,大港地区的双墩墓、魏家墩墓等尚未发掘。双墩,为两座土墩墓址,在肖家村东边北山支脉上,两墓东西并列,间距 50 米。1984 年发掘西面 1 座,时代为西周早期,另 1 座尚未发掘。该墓底径 30 余米,高约 5 米,从采集的陶片看,时代为西周早、中期。魏家墩位于西葛村北 50 米处,底径 40 余米,墩顶被破坏,残高 4 米余。发现西周中、晚期的陶片。

油库墩土墩墓

油库墩土墩墓在市区东郊谏壁镇,市级文物保护单位。

坟包呈馒首状,底径 60 米,高 8 米,筑于滨江山冈上,是西周时期吴国贵族的一处重要墓葬。

刘贾墓

刘贾墓在青云门鼓楼岗二村1号院内，镇江市级文物保护单位。

墓坐东朝西，坟前竖碑，正中刻“汉荆王之墓”，边刻“万历甲午夏吉日立”。墓的前面原有宽十余米、长近50米的墓道，现在为居民占用。

刘贾是汉高祖刘邦的堂兄，随刘邦定三秦屡建战功。汉高祖元年(前206年)封为将军，高祖六年(前201年)进封荆王，辖淮东52城，镇江即其一。汉高祖十一年(前196年)淮南王黥布反，刘邦令刘贾率兵征讨，刘贾在富陵(江苏洪泽县)被布军杀害，葬于镇江。刘贾墓前原有荆王庙，乡人四时奉祀，唐先天二年(713年)重修，后屡有兴废，清咸丰三年毁。历代名人凭吊荆王墓(庙)时留下诗作甚多，如：

宋代王琮《荆王庙》诗云：

落落庙碑摩瘗鹤，阴阴宰木宿神鸦。
可怜宝剑凌云气，散作金灯满地花。

清代应让《汉荆王庙》诗云：

讨逆走兵符，吴都及楚都。
运才开赤帝，锋岂避黥奴。
万姓怀宗室，孤身殉版图。
千秋祠墓在，不使瓮城芜。

辛丰金家坟汉墓

辛丰金家坟汉墓在丹徒区辛丰镇黄泥村金家坟西北侧，东汉古墓，镇江市级文物保护单位。

墓外部封土高大，直径约20米，高约5~6米，砖砌下水道20米左右。经过发掘，墓由前室、后室、过道、甬道、墓道和下水道等部分组成。从外形看，整个墓体呈两个四角转尖穹隆顶状，这种形制和规模的汉墓在镇江地区属首次发现。墓内出土了青瓷双系罐、朱雀杯、灰陶钵、盏、石臼和五铢钱等文物14件，其中青瓷双系罐造型古朴，釉色光润，为早期青瓷中的成熟之作。金家坟汉墓对研究东汉末年南方尤其是镇江地区的墓葬形制和丧葬风俗有重要作用。

孙坚墓

孙坚墓在丹阳市司徒镇，人称高陵，又叫大坟，镇江市级文物保护单位。

孙坚(155—192年)，字文台，吴郡富春人，孙武之后，年轻时曾做过县吏。17岁那年，他与父亲一同坐船去钱塘，路上遇到海盗抢了商人的财物在岸边分赃。孙坚拿刀上岸，用手东指西指，好像正在指挥几路人马去包围，强盗以为官兵来了，吓得立即逃散，孙坚紧追不舍，直至斩下一个强盗的头才回来。从此名声大振，州府召他为假尉(非正式的武官)。先后任盐渎丞、盱眙县丞、下邳县丞、别部司马，封乌程侯等。

初平三年(公元192年)，袁术派孙坚出征荆州，攻打刘表。刘表派黄祖在樊、邓间迎战孙坚。孙坚击败了黄祖，一直追击渡过汉水，包围了襄阳。孙坚一人骑马上了岘山，被黄祖的伏兵用箭射死。

孙坚有四个儿子：孙策、孙权、孙翊、孙匡。孙坚死后，孙策将他葬在曲阿(丹阳)，孙权称帝，追谥孙坚为武烈皇帝。

太史慈墓

太史慈墓在市区北固山中峰西南麓，镇江市级文物保护单位。

墓高1.7米，直径约3米，墓基石平台长6.7米，宽7.4米，北面挡土墙长6.8米，高2米左右，墓前有高1.43米、宽0.7米的大理石碑，上面刻“东莱太史慈之墓”。太史慈墓曾湮没多年，1872年镇江修筑城墙时在荆棘草丛中发现。后屡次修治，抗战前，曾修缮一新，墓前建石牌坊、石供桌等。建国初，因山塌又被埋没，现墓于1985年在原

太史慈墓

址重修。

太史慈(165—206年),字子义,东莱黄县(今山东)人。讲义气,事母孝,骁勇无比,猿臂善射,百发百中。青年时,曾向刘备请兵退黄巾军以解孔融之围,被孔融称为年轻的好朋友。后到曲阿(江苏丹阳)为扬州刺史刘繇部将,未得重用。曾与孙策邂逅,在神亭大战,两人打得难分难解,不分胜负,威名远扬。后刘繇兵败,孙策善待太史慈,遂忠心辅佐孙策、孙权二世,屡建战功,先后任折冲中郎将、建昌都尉等。建安十一年(206年)与曹操部将张辽交战,中箭受伤,回京口(镇江)而死,临终前大呼:"丈夫生世,当带七尺之剑,以升天子之阶。今所志未从,奈何而死乎!"终年41岁,孙权将其厚葬于北固山下。

鲁肃墓

鲁肃墓在市区北固山中峰下,系1986年移建。原墓在市区大学山(市一中内),附近有一楼,名望肃楼,早圮。传说此墓是鲁肃的衣冠塚。据嘉庆《丹徒县志》载:"横江将军鲁肃墓在小渎山下苦竹里。"此条目下有注:"《太平寰宇记·续搜神记》云:'王伯阳者家在京口,东有大塚,传是鲁肃墓。'"该墓已湮没,遗址无存。又载:京口"北门外直指庵后有鲁子敬墓"。亦已无踪可寻。

鲁肃(171—217年),字子敬,临淮东城人。幼年丧父,与祖母住在一起,家境富有,性豪放,好施与,甚得乡邑的崇敬。

建安三年(198年),周瑜带人拜访鲁肃,并请他资助军粮,肃家有两囷米,各3千斛,他手指一囷相送。周瑜知道他是一位奇人,结为知己。肃随周瑜渡江,住在曲阿。经周瑜推荐,孙权接见鲁肃,并向肃请教成王霸业之策。鲁肃提出“鼎足江东”的战略。建安十三年(208年),荆州刺史刘表病逝,曹操率兵东下,东吴群臣畏惧,力劝孙权降曹。鲁肃则主张联合刘备抗拒曹操的战略方针,在赤壁与曹操大战,大败曹兵,形成天下三足鼎立的政治格局。周瑜死,鲁肃继瑜统率东吴兵马,后拜汉昌太守、偏将军,封横江将军。建安二十二年(217年),鲁肃病逝,时年46岁。孙权为他治丧,并亲临其葬。

清代张崇兰谒京口《鲁肃墓》诗云:

年少粗疏未可轻,榻边规画最分明。
直将诸葛同心事,空被张昭识姓名。
大业竟从身后定,丰碑自向墓前横。
指囷风义人争说,细故何能概一身。

七星堆古墓区

七星堆古墓区在句容市区西北路和商业街交汇点的西北,镇江市级文物保护单位。

七星堆古墓,按日、月、金、木、水、火、土七星的方位排列,有着浓重的道教文化色彩,它的形制不是偶然的,可作深一步研究。现尚存6个封土堆(即6颗星),罗列于田野之间未开发。作为七星堆中的另一颗星(封土堆)已于上世纪后期发掘,出土《吴葛府君碑》。碑高1尺8寸5分,宽1尺2寸5分,有3行字,每行4个字,正书。《潜研堂金石文跋尾》云“吴故衡阳郡太守葛府君之碑”。《吴葛府君碑》是三国孙吴时代的古碑。此碑的发现对我国文学史和书法史研究提供了宝贵的资料。

颜真卿墓

颜真卿墓位于句容市行香乡西北,镇江市级文物保护单位。

颜真卿生于公元709年，世称颜鲁公，唐代名臣，书法大家。他开创的“颜体”书法，为历代书家尊崇，对后世影响深远。公元785年，已76岁高龄的颜真卿受唐德宗的派遣，去说服李希烈不要反叛朝廷，维护唐朝的统一，李希烈不从。颜真卿义正词严，大骂李希烈是乱臣逆贼，被李希烈缢杀于蔡州（河南汝南确山）。《新唐书·颜真卿传》记：李希烈叛乱平定后，皇上命颜真卿的儿子“頵硕护丧还”。《句容县志》记：颜真卿葬于虎耳山，来苏乡“有尚书颜鲁公墓”。南宋嘉泰进士、工部尚书（金坛人）王遂作《唐颜鲁公祠记》云：颜尚书冢在行香乡（唐时称来苏乡）虎平山。

墓呈一大土墩，正前方为墓道，两边原有石龟、石柱、石翁仲等，现仍留有残迹，墓道旁有12个坟丘，是颜氏家族墓群。原有颜鲁公祠，文化大革命中被毁，祠为3间2厢，依山面南。这里重岭掩映，漫山绿透，真是颜鲁公长眠的宝地。

千百年来颜氏后人以务农为业，至今仍居住在句容行香乡。

柳永墓

柳永墓在市区北固山，具体方位已失。

柳永(987？—1053年)，北宋词人。初名三变，又名柳七，字耆卿，福建崇安人。他曾热心功名却屡试不中，直到景祐元年(1034年)47岁时才中进士。曾为睦川掾官、定海晓峰盐场盐官和屯田员外郎等。平生仕途失意，过着流连曲坊、依红偎翠的浪子生活。他同情不幸的妓女，为他们填词，帮助他们演唱新曲。曾先后在杭州、苏州、汴州等处优游狭邪，晚景凄凉，死于润州（镇江），身后萧条。相传柳永死后，身后萧条，无力埋葬，群妓感他之情，合金葬之。他有近二百首词传世，多是描写山川形胜、都市风光和男女之情。其词音律谐婉，长于白描，层次井然，铺叙委婉，喜用俚语。创制了大量慢词，促进了长调的发展。据叶梦得《避暑录话》载：“凡有井水处，即能歌柳词。”可见柳词流传之广。他是北宋第一位致力于填词的作家。《雨霖铃》、《八声甘州》、《望海潮》、《迷仙引》、《定风波》等是其代表作。与宋初文人相比，其词题材较为广泛,内容较为丰富,境界也有所扩大。

叶梦得《避暑录话》载:“永死旅殡润州僧寺,王和甫为守时,求其后不得,乃为出钱葬之。”据葛胜仲《丹阳集》载:“……近岁水兵统制羊滋命兵士凿土,得柳墓铭并一玉篦。及搜访摹本,铭乃其侄所作。篆额曰:‘宋故郎中柳公墓。’志铭文皆磨灭。止百字可读……”柳永长眠北固山,已近千年,流光易逝,苍桑变迁,墓址已难辨矣。

清代释了璞作《吊柳屯田墓》词云:

> 想生前一官鸡肋,屯田苦把人系。柔情旖旎,浑难遣,下笔宛如花丽。堪歔欷,竟客死江南,荒冢何人记?乱山流水,比杨柳河边,晓风残月,一倍动愁思。
>
> 谁曾听,二八女郎歌细?相思渺渺无际。铭词漫灭难成读,只剩一弯玉篦,无人祭。但衰草寒烟,樵唱悠悠逝。临风洒涕。怅去我千年,清词吟罢,梦想结遥契。

米芾墓

米芾墓在市区鹤林寺附近的黄鹤山,镇江市级文物保护单位。

墓地1亩余,坟包直径4米,外围有护基石,周围植柏树。从山脚到坟包有60级台阶,两边玉带坡,平台3座,边有路牙,宽3.3米,置大理石长条凳,在第2平台台阶两侧,有石坊,额刻“米芾墓”3个大字。石坊由4根石柱支撑,中间两根色淡黄,苔斑苍苍,是原墓残存的石坊柱,上刻联曰:

米芾墓

抔土足千秋襄阳文史宣和笔，
丛林才数载宋朝郎署米家山。

墓前竖石碑，刻当代书法家启功书写的碑文。中刻“宋礼部员外郎米芾元章之墓”；两边刻“1987 年春日重修”，“曼殊后学启功敬题”。

米芾墓址有几种说法：《丹徒县志》说在“丹徒长山下”，但鹤林寺前又有米芾后人、明朝米万钟立的“宋礼部员外郎米芾元章之墓”的墓碑坟包。该处坟包“文革”中已为居民住宅包围，现墓是 1987 年迁修明代米万钟立碑的那座坟墓，在居民区的原墓址，又立石以识。

米芾（1051—1107 年），字元章，世居太原（山西），元祐 2 年（1087 年）定居京口，自号海岳外史。他是一位多才多艺的书画家。书法与苏轼、黄庭坚、蔡襄合称北宋四大家。他的画自成一家，在中国绘画史上占有重要地位。宋徽宗诏他为书画博士。曾任礼部员外郎，所以人称他“米南宫”。米芾钟情镇江，他在《净名斋记》中写道：

江山万里，十郡百邑，临流为隍者，惟吾丹徒。重楼参差，巧若图刻，云霞出没而天光不夜，高三景，小万有者，惟吾甘露。东北极海野，西南朝数山者，谓之多景。

他在镇江居住了数十年。

米芾绘画艺术的成功是与他受镇江秀丽山水的熏陶分不开的，他说他在镇江居住的几处地方，都是“京口佳绝之观”。尤其是镇江南郊，那里“云气弥漫，冈岭出没，林树隐现”，千姿万态的山水奇观使他陶醉。置身于这天然美景之中，他终日领会其奥妙之所在，因此创作出独特的“泼墨画水、水墨点染、烟云掩映，浓浅溶为一体”的米氏云山，为我国的山水画创作闯出了“变古创新”的路子，至今仍然为画坛所推崇。

米芾的传世著作有《画史》、《书史》，书法作品有《苕溪诗》、《蜀素》、《虹具诗》、《向太后挽词》等。《苕溪诗》是他传世墨迹中的著名作品。此卷为纸本,行书,横 189.5 厘米,纵 30.3 厘米,运笔尖劲峭瘦,结体崎险中见稳练,通篇一气呵成,作于宋哲宗元祐三年(1088 年)八月。卷后有其子米友仁跋、明李东阳题识,卷前右下角有项元汴《千字文》"独"字编号。钤宋"睿思殿印"、"绍兴",元"鲜于"、"白几印章",明陆完、吴宽、项元汴,清梁清标、乾隆、嘉庆、宣统内府诸藏印。《珊湖网书跋》、《吴氏书画记》、《式古堂书画汇考》、《郁氏续书画题跋记》、《平生壮观》、《大观录》、《石渠宝笈初编》等书著录。此卷原藏清宫内府,溥仪出宫时携带至东北,流入民间。1964 年故宫博物院从民间征集收藏。

米芾不仅是古代书画大家、书画理论家,还是著名的文物收藏家。他的名字被收入《中国大百科全书·文物博物经卷》。

米芾在大观元年(1107 年)病死于淮阴,大观 3 年 6 月,其子米友仁将其遗体归葬镇江,并在鹤林寺山门外砌房供奉他的遗像和碑位,据说这是遵照米芾的遗愿。他生前曾说,死后愿作鹤林寺当山伽蓝。所以米友仁在牌位上写"当山伽蓝神银青米公之位"。

清余京公吊米芾墓时有《米南宫墓》诗云:

山荒樵径十三松,米老孤坟此地逢。
断陇牛羊青草卧,残碑风雨绿苔封。
像栖破屋春浇酒,魂傍空门夜听钟。
我欲揖君供片石,壶中无复九华峰。

苏颂墓

苏颂墓在镇江西北郊五州山,方位待考。

苏颂(1020—1101 年),字子容,宋仁宗庆历二年(1042 年)与王安石同榜进士,历任推官、知县、通判、知州、转运史、知制诰、提点、右谏议大夫以及主司法审判的知审刑院和掌天下奏状的知通进银台司等职,元祐年间,由吏部尚书升为宰相。他严于律已,为官正直,秉公办事,器局宏远,深受朝廷器重和百官拥戴。皇帝得知他逝世的消息,十分悲痛,停止视朝两日以作悼念,并追封他为司空。

苏颂出生在福建同安,5 岁时,随母离开同安,到在复州作官的父亲苏绅身边生活。庆历六年(1046 年)苏绅在河阳(河南孟县)去世,家人欲将其遗体运归同安安葬,途经京口(镇江)时,因路途难行,故人相留,即葬于京口。苏颂随家人在京口住下,直到庆历二年(1042 年)中进士。苏颂宦海沉浮 50 余年后,告老还乡时就回到京口。1093 年在朱方门外化隆坊(市区丁家巷附近)建宅,这个宅园与沈括住的梦溪园毗邻,两人成为挚友,做了 3 年邻居,直到苏颂去世。

苏颂位高爵显,清廉自奉,博学多才,重视科学,还是一位杰出的科学家。他制造的水运仪象台,开创了机械钟表、现代天文台追踪器械转仪钟的世界先河。在京口居住时他写出了《新仪象法要》,介绍水运仪象台的设计说明,这是一部集天文学、机械制造学等方面研究的有杰出成就、具有世界重大影响的科技著作。英国李约瑟博士评价说:"苏颂把时钟机械和观察用浑仪结合起来,在原理上已经完全成功,因此可以说,他比罗伯特·胡克先行了六个世纪,比方和斐先行了 7 个半世纪。"他还说:"我们借此机会声明,我们以前关于'钟表装置……完全是 14 世纪早期欧洲的发明'的说法是错误的。使用轴叶擒纵器的重力传动机械时钟是 14 世纪在欧洲发明的,可是,中国在许多世纪之前,就有了装有另一种擒纵器的水力传动机械的时钟。"

在医学方面,苏颂校订整理了《神农本草》、《灵枢》、《竹灸甲乙经》、《素问》、《广济》、《千金方》、《外台秘要》等书,在此基础上编成《嘉祐补注神农本草》。该书载药 1 082 种,比《唐新修本草》多 232 种,比《开宝本草》多 99 种。他还调集人才,编成《图经本草》21 卷。这是一部药学专著,内容广泛,涉及到植物学、动物学和岩石学等,图文并茂,形象逼真,是继《唐新修本草》后第二部图文并茂的药学专著。明代李时珍评价其"考定详明,颇有发挥"。

苏颂对经史和诸子百家方面的知识,造诣尤深,对图纬、阴阳、五行、律吕、星官、算法、山经、本草、训诂、文字,无所不涉,而且能"探其源、综其妙",并"验之实事"。范祖禹称他"博闻强识、白首好学,至于详练,国朝典故,尤非诸臣所及"。中国著名科技史学家管成学说:"苏颂的科技成就在世界科技史上永放光芒，他的名字也应该与这些成就一起千古不朽。”

宗泽墓

宗泽墓在镇江东郊京岘山北麓,江苏省级文物保护单位。

墓坐南朝北,周长 28.8 米,高 3.5 米,墓前石碑刻“宋宗忠简公讳泽之墓”。北是墓道,长百米,宽 2.5 米,道旁冬青葱郁。墓道口牌坊两边石柱刻对联：

大宋濒危撑一柱,
英雄垂死尚三呼。

石柱背面亦刻一联：

颁表八百年前勋绩永昭明于日月,
锡垂万千载后珠玑长柄耀乎乾坤。

宗泽墓背依京岘山,面向陈家湾田野,二潭清水分列墓前,古称龙目湖,四周岗峦环抱,绿树成荫,苍松翠柏,庄重肃穆。

宗泽(1059—1128 年),字汝霖,浙江义乌人,宋哲宗元祐进士,累官地方,以廉能著称。徽宗朝,遭人陷害,于宣和元年罢职,闲居京口 4 年。属流寓性质。在此期间,发妻陈氏卒,葬于京岘山旁,他结草庐于山下龙目湖畔,为妻守坟。写有《葬妻诗》云：

一对龙湖青眼开,乾坤倚剑独徘徊。
白云是处堪埋骨,京岘山头梦未回。

钦宗靖康年间，再次起用宗泽为河北义兵都总管，旋被任副元帅,开封府尹,东京留守,这时宗泽已 69 岁高龄了。他带领部队截击金兵,欲夺回二帝,金人敬畏,呼之为“宗爷爷”。他慧眼识才,起用岳飞于军中为大将军,屡败金兵。他曾 24 次上书宋高宗赵构,请求还都开封,均遭到投降派的拒绝,因此忧愤成疾而卒。临死前高吟“出师未捷身先死，长使英雄泪满襟”，并连续三呼“渡河杀贼”。死后，宋廷追谥忠简。岳飞陪同宗泽之子宗颖扶柩回镇江，与发妻陈氏合葬在京岘山。在龙目湖边建功德院管理祭祀，镇江县学设宗忠简公祠祭祀。

清人张九徵吊宗忠简公墓诗云：

宋代园林秋草边，夕阳遗址尚依然。
松衫剥落精灵在，父老悲吟谏疏传。
弹指已成千古事，伤心莫话靖康年。
陆公居地还相望，两地忠魂泣杜鹃。

清沈德潜《吊宗忠简公墓》诗曰：

径走澶渊溯上游，渡河直欲复神洲。
晋元已作南迁计，诸葛空怀北伐谋。
当日庙堂违奏议，只今樵牧护松楸。
请看京砚山边水，日落涛声恨未休。

赵氏佳城

赵氏佳城在大港镇车碾口仙墓山西北，镇江市级文物保护单位。

系赵氏家族墓葬，占地200多平方米。墓前有石坊刻“赵氏佳城”4字。坟包前有墓碑刻“大宋朝散大夫讳子褫志南赵公之墓”。

古代有称墓地为佳城。赵氏佳城是大港乡赵氏始祖赵子褫和他的两位夫人合葬

赵氏佳城

墓地。赵子褫(1089—1157 年),字志南,是宋太祖赵匡胤的次子燕懿王德昭的五世孙。宋靖康二年(1127 年)南渡,居于镇江,建炎三年(1129 年)迁至大港定居。绍兴二年(1132 年)授朝散大夫。当地民间风俗,墓地一般南向,而此墓却背山朝北向。据说赵子褫生前念念不忘收复中原,这是按他的遗愿死后仍要向北方张望,期盼早日收复故土。

太公墓

太公墓在句容茅山朱巷村前山,山上原有石人石马及墓道,今已毁。距墓道五里,过去有一亭,称五里亭。当地人说,此墓以前气势宏大,世称太公墓,已荒芜多年。

据镇江学者笪昌农考证,墓为明代开国皇帝朱元璋曾祖父的陵寝,当地人称曾祖父为太公,故称太公墓。朱元璋祖籍句容,先祖曾住茅山朱巷村。《明史·太祖纪》载:“高皇帝讳元璋,字国瑞,姓朱氏。先世家沛,徙句容,再徙泗州……”明史专家吴晗在《朱元璋传》中说:“朱元璋祖籍是句容,朱家巷还有许多族人。祖父在元朝初年是淘金户,本地不出金子,官府不由分说按年照额定的数目摊派……后来实在赔纳不起,索性丢了房屋田地,逃到泗州盱眙垦荒的。”

《句容县志》载,历史上茅山曾开过金矿,后因蕴藏量不多才停采。明代礼部尚书、状元李春芳在句容《华阳书院碑记》首句中就说:“句容为龙兴之地。”这里的龙是指朱元璋。《明史纪事本末》中也记载:朱元璋祖居句容朱家巷,世为淘金户,到了他祖父一代才逃亡到盱眙去。元朝末年,天下大乱,群雄割据,朱元璋也崛起逐鹿。元朝至正十六年,朱元璋到句容朱家巷和同族“序长幼之节”。至正十九年,朱元璋晋称吴公,追赠祖考,在句容立石,自题为“朱氏世德之碑”。朱元璋自题祖碑亦说他祖上是句容人。

杨一清墓

杨一清墓在润州区蒋乔乡檀山,镇江市级文物保护单位。

墓残，有墓塘、坟包，两旁残存石兽及墓道。也有学者根据陈庆年《横山乡人日记》所述，提出杨墓在京口区芦湾村之说。待考。

杨一清(1454—1539 年)，字应宁，号邃庵，原籍云南安宁。因父死后葬于丹徒，故在丹徒落籍。8 岁时，“以奇童荐翰林秀才，宪宗命内阁择师教之”。成化八年(1472 年)中进士，以副使督学陕西。弘治十五年(1502 年)升都察左副都御史，巡抚陕西，沿黄河之岸修筑墙垣，使北方少数民族不敢入侵，保卫了西北边境的安宁。后被宦官刘瑾诬陷免职。复用后，总制延绥、宁夏、甘肃三镇军务。因计灭刘瑾及其同党立功，升为吏部尚书，兼武英殿大学士。后因江彬等擅权，辞官归京口。嘉靖三年(1524 年)，朝廷任命他为少傅、兵部尚书、左都御史总制陕西三边军务，这是他第三次为边帅总制，且是宰相行边，进为首辅。但又被张璁构陷，去官回乡，故宅在市区钱家山。后在丁卯桥建造别墅，名“石淙精舍”，南郊黄鹤山下另建一宅名“鸿鹤山庄”。

致仕后的杨一清，棲游于山水间，自寻其趣，但因是受诬遭陷而退出政坛，心情并不平静，从他《重游焦山》诗中，可以窥测一斑：

洞口孤云面面生，百年身世坐来清。
一船月色金山寺，十里烟光铁瓮城。
江阁雨余秋水阔，海门风定暮潮平。
青衫潦倒虚名在，耻向沙鸥问旧盟。

杨一清著有《石淙类稿》存世。

茅谦墓

茅谦墓在市郊蒋乔镇大华山村麻雀凹山东麓，镇江市级文物保护单位。

该墓为土坟包，底径约 4 米，高约 2 米。以青石板盖封，棺木吊于墓室，墓四周白石望柱相围。墓前有供桌、石鼓座等物。

茅谦(1848—1917 年)，字子贞，号肺山，镇江人。建筑水利学家，著有《水利刍议》等，是当代著名桥梁专家茅以升的祖父。

茅谦幼年，生活在太平军与清军激战年代，为了避免战火，全家迁徙江北，途经兴化时，忽逢战事，一家冲散，年幼的茅谦流落兴化，在一杂货店当学徒。他酷爱读书，长夜伏案苦读，虽遭店主斥骂，仍手不释卷。后渡江返乡，在丹徒东乡柳巷一破庙里教小孩子识字以糊口，教书之余就伏案苦读。弱冠之年应童子试，名列前茅，进学中秀才后，受业于经学家柳兴恩，又随杨坚学习天文历算。茅谦勤奋好学，进步很快，得到杨坚器重，把女儿嫁与他为妻。40 岁时，茅谦成为镇、扬一带著名学者，湖南学使慕其名聘为幕僚。他在湖南过了一段时间，又回镇江参加乡试，中了举人。这年值中日甲午战争爆发，中国惨败，订立了丧权辱国的马关条约，激起全国人民的强烈反对。中了举人的茅谦进京会试时，康有为发动进京会试的 1 300 多名举人签名上书清廷，反对出卖国家主权的马关条约。因为举人进京乘的是公车，所以时称"公车上书"。茅谦怀着满腔爱国热情，对"公车上书"提了许多好的意见。但这些举人提的条陈，由于戊戌政变的失败，谭嗣同的惨遭杀害而告终。茅谦也只得回到镇江家中。从此他愤世嫉俗，寄情诗酒，教育儿孙，做有志的中国人，自强不息，洗雪国耻，为国争光。

赵伯先墓

赵伯先墓在南郊竹林寺东，江苏省级文物保护单位。

墓占地面积约 33 000 平方米。后依四季葱郁的南山，西有万竿翠竹的竹林寺，周围苍松翠柏，庄严肃穆。进入墓地，首先是三座白石拱桥，小巧玲珑，横跨水上，石栏刻有树花和兽类。下桥南进，是一座石牌坊，横额上刻"浩气长存"，石方柱刻有"绿竹径回环劲节雅似君子德；黄花岗缥缈忠魂是有故人游"、"巨手劈成新世界；雄心恢复旧山河"等对联。穿过牌坊和墓道，便到达墓包，占地约 300 平方米，坟前竖 2 米高的墓碑，上刻"辛亥烈士赵声伯先之墓"，碑前有石供桌，两边蹲一对石狮。

赵伯先病逝后葬于香港茄菲公园。1912 年国民政府临时大总统孙中山追赠他为上将军，归葬镇江。赵伯先墓址之所以选在竹林寺东，是因为他青年时陪友人游竹林寺时，手指山边幽处作诗云“他日行人遥指道，白云深处赵公坟”的缘故。（赵伯先生平见本书《先哲留踪·赵伯先故居》）

古直《吊赵伯先先生》诗云：

当径谁歼白帝子，临风我恸赵王孙。
淮南落木秋无迹，漠北横戈梦有痕。
不信精魂成杜宇，只应毅魄傍轩辕。
出师未捷身先死，一倒声吞五丈原。

柳诒徵墓

原柳诒徵墓在润州区官塘乡严岗村朱家岗，与其父母等葬在一个墓群。现柳诒徵墓已移至南郊赵伯先墓毗邻处，镇江市级文物保护单位。

柳诒徵(1880—1956年)，字翼谋，号劬堂，又号龙山髯，镇江人。自幼颖悟，16岁与赵伯先同案入学考中秀才。他与赵伯先的关系十分密切，曾积极帮助赵伯先筹措辛亥革命经费，并著有《赵声传》。1902年经陈庆年介绍，到南京江楚编译局担任编辑教科书之职，后赴日本考察学校教育。1916年起先后在两江师范、浙江大学、东北大学等校任文史教授。1927年主持江苏省国学图书馆，主编出版了《国学图书馆现存书目》，国内外目录学界对此评价甚高，至今仍为学术界查阅南京图书馆方籍的津梁。他还兼任江苏省通志编纂委员，担任《江苏书院志》、《江苏钱币制》、《江苏礼俗制》等编辑工作，为搜集整理江苏文献资料作出了贡献。解放后，应陈毅之聘任上海市文物保管委员会委员。一生著述众多，重要的有《中国文化史》，胡适称之为“开山之作”。还有《历代书略》、《中国历史教科书》、《国史要义》、《中国教育史》等。

柳诒徵是我国现代著名文学家、史学家、图书馆事业家。

马贡芳墓

马贡芳墓在市郊象山乡禹山西麓高家湾，直径约 11 米。

马贡芳(1847—1939 年)，原名马锦春，江苏丹徒人。早年东渡日本学习军事，结识民主革命家黄兴，经其介绍加入同盟会。后与同乡赵伯先一起奉命回国，赴广东参加新军，任新军步兵第二标二营管带(营长)，宣传革命，组织发动起义。黄花岗起义失败后遭到逮捕，获救出狱后，武昌起义成功，马贡芳担任广东北伐军副总司令，挥戈北上，参加了光复南京之役。1913 年孙中山发动二次革命，马贡芳与黄兴等 6 名陆军将领通电讨袁，这就是近代史上有名的“讨袁七将军”。他出任长江下游宁、镇、澄、淞四路要塞司令，受到袁世凯的明令通缉。奉系军阀从江苏撤退，马贡芳受家乡父老的邀请，出任镇江商埠警察厅长等职。镇江沦陷后，马贡芳隐居山巷，并 3 次拒绝日伪政府高官厚禄收买，1939 年病逝。

王宗培烈士墓

王宗培烈士墓在市区北固山中峰，南距中山纪念林塔 30 米，镇江市级文物保护单位。

墓高 1 米，直径 3.6 米，墓前有白云石墓碑，上刻“王宗培烈士之墓”。

王宗培，镇江西牌岗人，小学教员。1925 年上海发生“五卅”惨案，他满腔义愤积极投身镇江的反帝爱国运动。鉴于当局腐败无能，对帝国主义交涉前景感到失望，为国家民族前途担忧，悲愤交加，决心以死来唤醒大众，抵御列强侵略，洗雪国耻，振兴民族精神，遂于 1925 年 7 月 6 日投江自尽。王宗培在投江之前，给镇江父老乡亲写下遗书。

遗书中说：“英、日肆虐，迭次摧折我青、沪、汉、粤人士，性命等于草芥，蔑视公理，断伤人道……而执政者甘心媚外，竟将诸案延宕至今不决……宗培自恨才力薄弱，不能为国一雪耻辱，以尽国民天职，似此无用废人，尚有何面目立于中华民族天地之间，贻国家羞辱耶！

故决心葬身鱼腹以谢国魂。愿我诸父老前途努力,一致力争……”

王宗培为国难而投江自殉,他忧国忧民,自己又感到无能为力,故以死来谢父老乡亲,唤醒民众一致抗日。王宗培之死在镇江引起巨大震动,激发了人们的爱国热忱。镇江“五卅”后援会立即组织群众举行公祭,抬棺游行,一路高呼抗日口号,散发王宗培的遗书,进行街头演讲,谴责帝国主义的罪行,使镇江响遍反抗侵略、抵御外侮的阵阵响雷,掀起反帝斗争的又一浪高潮。

丁传靖墓

丁传靖墓在镇江南郊招隐山麓,墓地背山面江,西傍听鹂山房,东临如斯亭、鹿跑泉,环境幽静,风光美好。墓圹保存较好,直径5~6米,圹中坟包呈馒头状,顶部略有损坏,底径约3米,高2米。

丁传靖(1870—1930年),字秀甫,号闇公,清末民国初年的著名学者,名载《中国近现代人物辞典》。一生著述颇丰,主要作品有《沧桑艳传奇》、《霜天碧》、《宋人轶事汇编》、《甲乙之际宫闺录》、《史塍》等书。民国后任江苏督军冯国璋的幕僚,后随冯国璋到北京任总统府秘书,为总统代笔撰写书信、对联、文章等。丁传靖在当时文坛颇具影响,北大教授吴梅称他“才名甚盛”,著名学者缪荃孙为其著的《沧桑艳传奇》题词。丁传靖逝世后,墓志铭是宣统的老师陈宝琛撰书的。当时的主要报刊进行专门报导,各界举行悼念活动,家乡亲友纷纷前往吊唁,哀荣极一时之盛。

古街风采

西津渡古街

西津渡古街在市区之西,云台山麓,又称小码头街,镇江市级文物保护单位。

古街范围从五十三坡到待渡亭,长约300米;又从待渡亭到苏北路约500米。在这个区域内布满了历史悠久的文物古迹,美不胜收,有露天博物馆之称。西津渡古街是在西津古渡的基础上沿袭发展而成的。

西津古渡是长江下游著名的渡口，古称西渚，三国时称蒜山渡，唐武德年间，润州（镇江）属金陵区域，故称金陵渡，或说当时润州辖金陵县，故名。晚唐时北固山下建甘露渡，金陵渡在镇江与甘露渡之西，改称西津渡，沿用至今。

西津古渡为历史上的江防要地，江南战事多与此渡口有关。如东晋末年，孙恩率领农民军十万，溯江而上，在西津渡登岸，与南朝宋武帝刘裕的北府兵在蒜山大战，当时刘裕是北府兵的一员将领，他骁勇善战，以少胜多，大败孙恩，暂时缓解了东晋政局危机。南唐烈祖李昪平息广陵之乱，夺取天下时，也是率兵从这个渡口过江，直抵广陵，取得胜利。西津古渡向来是江上南北交通的重要通道。长江天堑，流急浪险，渡江艰难。从西津渡乘船经金山，达瓜洲，再抵扬州，这段江面风浪比较平静，所以过往行人大都选择在西津渡过江。历代名人，如李白、孟浩然、苏东坡、米芾以及意大利旅行家马可·波罗等，均是这个渡口的过江客，并留下许多诗文作证。

唐代张祜的《金陵津渡》诗云：

金陵津渡小山楼，一宿行人自可愁。
潮落夜江斜月里，两三星火是瓜洲。

渡口遗址现存待渡亭，过去是供渡江行人休憩用的。此亭历史上兴毁多次，现存的半亭，是清同治七年重修。上世纪80年代待渡亭残旧将圮，市文管部门予以重新整修，亭内新建了石刻浮雕，记录了古渡昔日风貌。

天有不测风云，古代人渡江带有一定风险。如果江上航行突发险情，位于观音洞对面的救生会就立即施救。

西津古渡的救生会，宋代已经出现，明、清时进一步发展。康熙四十二年（1703年）又在西津渡的观音阁成立京口救生会。这项慈善事业，得到社会支持和群众好评，许多乐善好施的人士积极参与，持之以恒。邑人蒋豫，字介和，是一位热心救生事业的慈善家。他从乾隆初年起,致力于救生会事业。当时规定,救生人员从江中救活一人,赏1 200文;捞获尸首一具,奖赏包括埋葬费1 150文。多年来救生会救人甚多,善举累累。他和他的后人延续七代从事救生事业,历时140年,成为旷古未有的救生世家。救生会也成为古渡历史上著名的慈善机构。自长江主泓道北移,南岸淤涨,古渡救生会逐渐消失其功能。现存的救生会遗址,重建于光绪二十一年(1895年),为青砖民居式,门额存石刻"救生会"3字。

西津渡街入口处在五十三坡,券门上有赵朴初题写的"西津渡街"石额。五十三坡的由来,与佛教善才童子"五十三参"的故事有关。上了五十三坡,有观音洞,原是云台山麓濒江的一个自然岩洞,宋代洞里就供奉观音,幽邃神秘,香烟飘缈。洞前是著名的元代过街昭关石塔,庄重端座,行人车辆均从塔座下穿过。过了石塔,4道依山错立的券门,苍苔斑鲜,古意盎然,呈现着久经风霜的容颜。一、二道券门的眉石,分别刻有"同登觉路"、"共渡慈航"。这组古建筑反映了古代过江行人祈求上苍保佑、平安渡江的心愿。三、四道券门的石额,则是"层峦耸翠"、"飞阁流丹",这出于王勃《滕王阁序》名句,古人以此来概括西津渡的自然美景,用得十分贴切自然。

由于江上航行频繁,古渡来往行人众多,与渡口配套的商店、茶肆、酒楼、客栈以及说唱、娱乐场所等自然形成街道,清代时两边已店铺林立,由渡口向西延伸。民房建筑古朴精致,多为两层砖木结构,飞檐雕花窗栏,丹红色彩,"飞阁流丹"的感觉油然而生。古街现存建筑,以晚清和民国初年为主,古色古香,韵味无穷。

新河街一条街

新河街一条街在市区京口闸东,镇江市级文物保护单位。

街道南北向,200多米长,贴靠古运河,紧依长江。沿街多晚清和民国初年的建筑,雕花门楼,砖木结构,做工精细,颇具特色。街面石子铺路,保持古色。过去这里集聚着镇江社会名流的住宅,有工商界巨头、同业公所、其他社会活动机构等。他们在此约会、交际、谈买卖,非常热闹，街面也很繁华。随着历史的沧桑变化，时代的发展，古运河航道的变迁，新河街的繁华已遂步消失，今日虽然古貌可辨，但多数建筑已陈旧残破，亟须抢修。

新河街一条街

现存的代表性建筑有：

同善堂。在新河街12号与14号之间，存有水磨雕花砖门楼和石门额一块，房屋两进。

米业公所。新河街114号，俗称“牙行”，存前后4进穿堂式建筑，有水磨砖雕花门楼和石门额。

安仁堂。新河街45号，旧为清代的慈善机构，近代为镇江广业公所、私立安仁学校，存6开间房屋3进，门额上存门匾痕迹。

泾太公所。新河街8至10号，是山西(太原)、陕西(泾阳)旅居镇江的商人聚会之所。现有雕花门楼与横门额，大厅为卷棚式，雕梁画栋，东半部分前2开间，1进，后面存有数间旧房；西半部分3开间前后两进。

陈公馆。新河街128号，俗称“九十九间半”或陈二老爷公馆。穿堂式两层楼，结构基本完整，清代建筑。房主的哥哥是清代瓜州兵道。

黄公馆。位于132号，有两层跑马楼1座，卷棚式，雕梁画栋，后有平房1进，共20余间。房屋主人原是上海银行业老板。

徐公馆。位于84号，房主徐宝山，这是他外室的住所。徐是镇江一带著名的盐贩子，外号“徐老虎”，后为两江总督刘坤一的营官。现存房屋3开间及楼上下两厢，前有风火墙，正厅地上有“五蝠盘寿”。

伯先路近代建筑群

位于伯先路西侧京几岭一带，镇江市级文物保护单位。

这条路是以辛亥革命先驱赵伯先之名命名的。多数建筑系清光绪至民国早期建造，类型有仿欧洲古典建筑、西方教会建筑、中西结合形建筑、中国古典民族风格建筑等。现存主要建筑有：

镇江商会原址。在伯先路73号，江苏省级文物保护单位。

1929年，北伐军归还镇江工商联借款20万银元，陆小波等人以其中的4万元建造了镇江商会。该建筑为砖木结构，青砖叠砌，房屋三进，计78间半，占地面积1 891平方米，中西结合形制，典型的民国时期建筑。正门朝南，门额汉白玉石额镌刻“镇江商会”四字，落款“于右任题”。内有三进，第一进面宽3间，中为大厅，迎面中式槅扇，前是走廊、天井，两旁厢房。后面二层楼，走廊、天花、地面，采用西式装饰。第三进是三层楼房。整个建筑，是伯先路现代建筑群的代表作之一。

镇江沦陷时期，商会被日本宪兵队侵占，是残害镇江人民的魔窟。日本投降后，当时国民政府的善后救济总署苏宁分署进驻办公，1949年镇江解放，是镇江市总工会所在地，后改为镇江饭店达20多年，现由镇江市工商联合会收回，作为工商联办公用房。

2004年4月鉴于该建筑年久失修，损坏严重，亟须整治，由镇江市文管会与市商会协商，共同负责修缮，于当年10月完成。经过修缮后的商会建筑，基本上恢复了原来的建筑风貌。

广肇公所。镇江市级文物保护单位。有房屋10多间，面积近600平方米。正门石额“广肇公所”，为陈熽所书，砖石上有“五蝠盘寿”，琴、棋、书、画，福、禄、寿三星和渔、樵、耕、读等浮雕。大厅西向，面阔3间12米，进深9米，檐柱高4.5米。厅前南侧厢房中有《广肇公所记》壁碑一方，高0.55米，宽1.35米，记述了广肇公所的由来及重建始末。

广肇公所由广州、肇庆两府旅镇客商兴建，为议事及洽谈业务之所。原在运粮河旁，光绪三十三年(1907年)由卓翼堂主持迁址重建于此。民国初年，孙中山辞去临时大总统后，从上海至南京途经镇江，在此召见各界人士，发表演讲。

蒋怀仁医院旧址。现为招待所。3层楼西洋式建筑，雕花门楼，大理石栏,房屋有 40 多间,1907 年建成,是镇江首家中国人开办的西医院。据传,蒋介石、蒋经国父子来镇江时曾在此下榻。蒋怀仁是浙江宁波人。

屠家骅公馆。现为江南饭店。原 4 层楼建筑,计 28 间,边门上有于右任书“捷径”石门额一块。屠家骅是民国时期苏、浙、皖邮电受理处处长。

内地会教堂。位于伯先路附近的小街 41 号,现为民宅,两层楼建筑,房屋 20 余间。内地会是英、美等国基督教派遣的传教士在镇江传教的场所,总会在伦敦,镇江内地会是 1865 年英国人戴德生创立的。内地会教堂曾作过基督教会的旅社,抗日战争后,为镇江保安督察处稽察队所用。

世界红卍字会江苏省会旧址。现东半部为京几路小学,西半部为民宅。存高大的门楼和门额,中西合壁式楼房 52 间,顶部为亭台楼阁式建筑。建于 1934 年,系慈善机构,会务由商会的头面人物主持,内供奉儒、释、道诸教神仙。

《新江苏日报》社旧址。现为京几路街道办事处办公处。有 2 层楼计 10 间房屋, 还有会堂 1 座。该报社长包明权是新闻界著名人士,《新江苏日报》是向全国发行的报纸,在社会上有一定影响。

镇江老邮电局。前面为京几路邮电局,后为职工宿舍,西洋式建筑,临街 3 开间,进深 10 间。这是镇江最早的西式建筑邮局。

定福寺。位于宝盖路 320 号,门额上有清同治十年“古定福寺”石刻。天王殿、大殿、偏殿均完整,院中有古柏两株。相传此处原名灶君庙(一说昭君庙),当年有一军阀之妾看破红尘,在此出家,因而重修了这座庙宇。

贾公馆。位于伯先路 83 号,现存房屋 3 进 4 间 4 厢及走廊,雕花门楼及大理石柱比较完整,有一定气派。房主贾士宜,系海关监督。

此外,伯先路还有内地会医院及其他建筑多处。集中多种形式的伯先路建筑群体,在建筑科学上有较高的参考和研究价值。

靳家巷

靳家巷在市区南门大街南端，曾是明代宰相靳贵的府第，当时门宇轩昂，园林雅致，现在遗迹已无。眭石留有《靳园》诗，可见当时靳家宅院内园林的景象。诗云：

相国园亭绕碧流，万峰苍玉乱新秋。
帘衣隐月藤萝冷，杯酒生香鱼鸟留，
敢以小言追大雅，会将后乐识先忧。
江湖白首真吾事，短径修筇任醉游。

靳贵(1478—1520年)，字充道，号戒庵，先世由庐州移镇江。少年师事杨一清，受益甚多。弘治三年(1490年)中进士，为东宫皇太子之师。正德九年(1514年)，进文渊阁大学士，户部尚书，武英殿大学士，与杨一清同心辅政。他多次担任会试考官，后有人说他纵"家人通贿"，于正德十二年(1517年)致仕还乡。正德十五年(1520年)八月初七卒于府第。死后不久，明武宗(朱厚照)南巡到镇江，亲临其柩吊唁，并作了一篇有名的28字祭文，文曰：

朕居东宫，先生为傅。朕登大宝，先生为辅。朕今南巡，先生已矣。呜呼哀哉！

清冷士嵋曾作《过故靳相公宅》诗：

昔日城南韦杜家，而今寂寞付啼鸦。
断垣荒壁斜阳里，落尽前朝一树花。

驸马庄

驸马庄在镇江南郊10公里处。据《谢氏族谱》记载：谢廷宠，生于宋孝宗隆兴年间(1163年)，浙江天台人。东晋谢安的后裔，曾祖父谢大祚随宋高宗赵构南渡长江，建立南宋小朝廷。他聪明过人，文武全才，24岁中状元，宋光宗把女儿宝庆公主给他为妻，封为驸马都尉。

谢廷宠生有二子一女，长子谢士贤封骁骑大将军驻镇江，次子谢士宾封右军司马，守丹阳。女儿谢道清后为宋理宗的正宫皇后，宋恭宗即位，她临朝听政，称太皇太后。

谢廷宠夫妇年老归乡，他的儿子在镇江城里造驸马府，迎父母居住。元兵入侵时被毁，后在城南郊外另造一府，取名驸马庄。清光绪年间驸马庄尚存，门前有石鼓石狮，绣墩马台，府中厅堂房屋还有多间存在，书院藏有书画。府后30余亩园圃，内有莲花池、凉亭等景点。

现在驸马庄绝大部分村民姓谢，自称是谢廷宠后人。这里是一块清静幽丽、无污染的净土，绿畦阡陌，泉水潺潺，用驸马庄命名的茶叶声誉甚好，生产的矿泉水清醇香浓，深受青睐。

古建风范

隆昌寺铜殿、无梁殿

隆昌寺铜殿和无梁殿在句容市宝华山，江苏省级文物保护单位。

从隆昌寺大雄宝殿右面向上走到后院，即是铜殿。此殿原来的梁、栋、栌、桶、窗、瓦、屏、楹悉为范铜，殿后壁还嵌铜一方，日光照射，金光闪耀，后毁。改建时，除殿顶部小瓦为铜制外，其余为砖木结构。重檐歇山顶，面阔4.67米，进深4.2米，高7.15米。前有一亭阁，汉白玉石坛，坛壁四周雕有莲花等图案。铜殿前道旁有两块碑刻，一方刻“万历四十三年敕建宝华山护国圣化隆昌寺观音菩萨铜殿碑”，是焦竑撰文；另一方是康熙年间重修寺宇碑。

铜殿两侧是两座无梁殿。形状与铜殿相同，均为单檐歇山顶，左是文殊，右为普贤，面阔3间7.62米，进深2间5.62米，用一道砖券代替横梁。在两殿的次间，各有梯级17级，宽0.6米。下层正立面有1门2窗，皆为圆拱形，门窗雕刻二龙戏珠、云纹等图形。无梁殿出檐不长，屋角起翘也不高。

铜殿及文殊、普贤无梁殿，均是明代万历三十三年(1605年)建造。

隆昌寺的历史，要追溯到南朝齐、梁时期，当时高僧宝志在此结草庵修行，原名千华社，距今已有 1 400 余年。明万历三十三年(1605 年)朝廷敕赐护国圣化隆昌寺额，更名隆昌寺，康熙四十二年(1703 年)登临此山，赐书“慧居寺”寺额，遂改为“慧居寺”，后仍沿称隆昌寺。康熙、乾隆二代曾多次到隆昌寺礼佛，并赐以重金，故隆昌寺规模宏大，建筑庄重精美，佛家尊崇为“律宗第一山”。清代以来，全国百分之七十僧尼来隆昌寺受戒出家，领取度牒，现在东南亚国家有的佛教徒亦来此朝佛受戒，香火旺盛。

招隐寺、读书台、听鹂山房、虎跑泉

招隐寺、读书台、听鹂山房、虎跑泉，均在市区以南约 3.5 公里处的兽窟山，镇江市级文物保护单位。

招隐寺。始建于南朝宋景元元年(423 年)，原为戴颙住宅，其女矢志不嫁，改宅为寺，拜佛守贞，名招隐寺。唐、宋以后，几经兴废，清咸丰年间，寺毁于火，同治、光绪间重修，抗战时遭日寇毁坏，1981 年重建。

戴颙(377—441 年)，字仲若，是古代著名雕塑家、诗文家、音乐家。他不求仕禄，以游名山大川为快事，宋武帝刘裕多次请他出山做官，戴颙均谢绝。他深爱镇江南郊美景，在此抚琴整弦，研究音乐，创作了 18 部乐曲，其中“游弦”、“广陵”、“止息”三曲为他的代表作，至今仍在流传。他制作的桐木琴“鸽鹏”(即黄鹂)，奏出的声音似黄鹂啼鸣，婉转动人。他听到山中黄鹂啼叫时，往往携双柑斗酒，坐在树林旁，一面喝酒，一面“听黄鹂鸣啼声”。这就是《千家诗》、《幼学注解》等书中记载的“戴颙斗酒双柑听鹂声”的典故。他经过长期的观察研究，领悟了黄鹂鸣叫之音，记入乐谱，他在琴曲中写道：“鹂声一起宫、商、羽。”鹂声，历来受人们喜爱，古今文人咏鹂的诗文不乏其篇，如杜甫的“两个黄鹂鸣翠柳，一行白鹭上青天”，杜牧的“千里莺啼绿映红，水村山郭酒旗风”等。

听鹂山房。戴颙生前的住所，他死后，其女为了纪念他，题名为“听鹂山房”。几经兴废，现在的建筑为 1981 年重建。

读书台和增华阁。读书台面阔 3 间 12 米，单檐歇山顶，四面有回廊，现存建筑为清代同治年间江南提督冯子材重建。室内有石案一具，刻有“普通元年，岁在甲子”。普通元年是公元520年，梁武帝萧衍的年号。门旁柱上有楹联为：

妙境快登临，抵许多福地洞天，相对自知招隐乐；
伊人不可见，有无数松风竹籁，我来悦听读书声。

增华阁在读书台右侧，面阔5间17.5米，单檐歇山顶。门旁楹联为：

景仰古贤风，此地得江山之助；
熟精文选理，斯人与翰墨为缘。

读书台和增华阁是南朝梁昭明太子萧统编著《昭明文选》的地方。

萧统(501—531年)，字德施，梁武帝萧衍的长子。公元502年立为太子。他觉得作皇帝虽然至高无上，但死后泯灭无踪，只有写出好文章才能流芳百世。因此他不求官位，只爱读书，曾游学南朝各地，最后看中镇江的招隐山。这里出尘脱俗，云山相映，是读书的好地方。于是筑读书台，建增华阁，20岁时就定居此山，长达11年之久，编成了中国文学史上第一部文学总集——《昭明文选》。书成后，他心血干枯，双目失明，病逝建康。

虎跑泉。泉池成四方形，边长3米。实为东晋法安禅师所建。明嘉靖年间袁继祖重砌方池，改名“万古长清池”，寓意泉水终年清澈。石壁上有“虎跑泉”刻字，明崇祯年间知府程峋所书。传说昭明太子来此读书，寻找水源，突然一猛虎随风而至，前爪猛刨山洼，留下洞眼一个。虎走后，洞中流出潺潺泉水。太子掬水尝之，清凉香甜，精神畅快，遂吩咐从人砌成水池，取名“虎跑泉”，作为他在招隐山编书时的生活用水。

以上遗迹，大都源于六朝戴颙和萧统的事迹，后人为怀念这两位千古流芳的名士，在入山处立招隐牌坊，石柱正面刻楹联云：

读书人去留萧寺；
招隐山空忆戴公。

名人高隐处，必有雅士访。历代来此寻找戴颙和萧统遗址的人很多，如唐代骆宾王、王昌龄、刘禹锡、张祜等，来此凭吊、探幽，并留有诗作。唐李涉诗云：

两崖古树千般色，一井寒泉数尺冰。
欲问前朝戴居士，野烟秋草是邱陵。

清代诗人王士慎《昭明读书台》诗云：

王孙读书处，梵宇自萧森。
无复维摩室，空余双树林。
荒台梁碣尽，夕景楚江明。
古像今犹在，风流不可寻。

绍隆禅寺大殿

绍隆禅寺大殿在镇江市大港镇五峰山南麓，镇江市级文物保护单位。

绍隆禅寺

此处山崚林茂，远离尘嚣，古佛黄绢，似蓬莱境。寺始建于唐朝宝历元年（825年），曾多经毁兴，现在建筑为清代重建。大殿佛堂内有一块土地，约1平方米，隆出地面，当地人说是龙舌。奇怪的是这块土铲平后又会慢慢隆起长高如原状，以后也不再增长，堪称奇观,现在仍未作出科学解释。绍隆禅寺面积837亩,建筑面积6 979平方米,有210间房屋。主要建筑有天王殿、法华殿、藏经楼、念佛堂等。绍龙寺曾是金山寺的下院,金山寺年老体弱的和尚移居此寺安度晚年。所以寺院旁有高僧逝世后建的塔林约40多座,还有《红楼梦》作者曹雪芹的祖父曹寅写的碑,以及千年古血株树、明代石狮、大钟等一批珍贵文物。

唐代铜钟

唐代铜钟在丹阳市人民公园内,江苏省级文物保护单位。

铜钟连钮通高2.19米,外径1.4米,厚0.11米。截面为圆形,唇6曲,口沿铸以宽郭,钟体分3段浇铸。凸铸弦纹和竖向线条将钟体划分成8个部分,腰箍上下各4。钟钮铸相背连体的双龙,为传说中龙之第5子蒲牢。钟上铭文清晰可见:“女弟子五十四娘请镌智炬如来破地狱真言……敕于本□建铸铜钟一口,重一千五百斤……维唐中和三年岁次癸卯,九月甲子朔,十三丙子,润州丹阳县朝,银青大夫(下泐)……”钟铭记叙了丹阳朝阳寺铜钟于唐中和三年(883年)由信女五十四娘捐资首倡以铸的历史资料。

铜钟原在丹阳城内南大街普宁寺,寺始建于东晋咸康五年,初名显阳,唐更名朝阳,宋祥符间赐额普宁,清咸丰十年(1860年)寺毁废,楼圮钟亦坠地。建国后,钟置人民医院院内,1983年迁现址。经测铜钟重3 012.5公斤,已有1 100多年历史。

钟作为佛教法器,佛教徒在作法事时,击之以召集僧众。禅寺有钟头,专司晓、昏、斋、定炉四时鸣钟之职。另外有打钟行者专职击钟。晨昏叩一百零八声,意指一年十二月、二十四气节、七十二侯之数。又叫打钟,一切恶道诸苦,并得停止。

鹤林寺大殿

鹤林寺大殿在南郊磨笄山西,黄鹤山东北,原名竹林寺,镇江市级文物保护单位。

始建于东晋元帝大兴四年(321年)。据《太平寰宇记》载:"南朝宋武帝刘裕游息竹林寺,黄鹤飞舞其上。"《丹徒县志》亦载:刘裕贫贱时曾在黄鹤山一带种田,砍柴。刘裕称帝后,于永初年间改名为鹤林寺。后有兴废,现大雄宝殿为清同治年间复建,面阔5间,硬山式顶。1991年市文管会进行整修。

鹤林寺在唐朝时盛极一时,僧人众多,香火旺盛。此处山明水秀,风景宜人,是名人墨客雅游之处。历代名人在此留下许多佳作。唐代诗人许浑的《鹤林寺中秋夜玩月》写道:

待月东林月正圆,广庭无树草无烟。
中秋云尽出沧海,半夜露寒当碧天。
轮彩渐移金殿外,镜光犹挂玉楼前。
莫辞达曙殷勤望,一堕西岩又隔年。

唐代诗人李涉《题鹤林寺僧舍》诗云:

终日昏昏醉梦间,忽闻春尽强登山。
因过竹院逢僧话,偷得浮生半日闲。

杜鹃楼与杜鹃花

杜鹃楼在鹤林寺大殿后侧,镇江市级文物保护单位。

杜鹃楼始建于唐代,为唐代相国李德裕任润州刺史时观赏鹤林寺的杜鹃花而建,后毁。现存楼2层,硬山式顶,面阔5间,是鹤林寺僧福登于光绪二十二年复建,楼东上下两层各有窗户4扇,是观赏杜鹃花的绝佳处。

《鹤林寺志》记:"鹤林寺杜鹃花高丈余,春月开花,倾城游赏。"相传唐德宗贞元中,有番僧自天台云游到润州,钵盂中有杜鹃一枝,以药养根,种于鹤林寺,每当春天花开,香艳无比,此时就有两位女子飘然至此,传说那是花神。时有周宝问他的好友道士殷七七说:"鹤林之花,天下奇绝,尝闻能开非时花。今重九将近,能开此以副佳节乎?"

七七于前二日至花所作法，夜半闻女子来曰："妾为上帝司此花，今为道者开之！然此花不久当归阆苑矣！"次日，花渐开，九日盛开如春，周宝惊讶，宴赏数日，后花遭兵火，根株不存。宋成淳八年，寺僧庆清以踯躅花补于旧处，不久枯瘁。元延祐三年丙辰(1317年)，里人戈道恭家圃中发现有此花，移植故处，盛开如昔，蜀郡青阳翼为之记。云：

凡天下事物，失易得难，失而复得尤难，润城古竹院相传有奇卉，由唐末失去。近得之比里戈氏，复归之寺。人谓是花托根禅寂幽忱之境，绝迹尘嚣汗陋之域，固有以见异于世。窃观人之有生，内本外末，有所不容失者，失之或不以为异，而又不知勉力以求复之。则是花之复，可不谓难乎？观者宜有感矣！

唐代李仲有诗赞鹤林寺杜鹃花云：

鹤栖峰下青莲宇，花发江城世界春。
红照日高殷寿火，紫凝霞曙莹销尘。

宋代苏轼有《题鹤林神女》诗云：

上苑夭桃自作行，刘郎去后几回芳。
厌从年少追清赏，闲对宫花识旧香。
欲赠佳人非泛洧，好纫幽佩与沉湘。
鹤林神女无消息，为问何由返帝乡。

清代戴纯有咏杜鹃楼诗云：

林外啼鹃苦不休，我来独倚杜鹃楼。
数声清磬山云破，一树奇葩劫火收。
阆苑只今应伴月，僧居从古寂宣秋。
美人空忆良宵梦，披拂松风与散愁。

华阳观

华阳观位于市郊大港镇东，镇江市级文物保护单位。

始建于东汉，现存前后3进，占地8亩多，建筑宏伟。前进戏楼，中进灵官殿，后进忍静宫。刻于唐仪凤年间的初唐书法妙品《魏法师碑》原藏此观，现已移藏焦山碑林。

魏法师(595—676年)，名降，字道崇，任城(山东济宁)人。生于隋开皇十五年(595年)。自幼慕道，弱冠时，其父为他择偶，他拂衣而走，到茅山拜徐昂法师为师，追随徐昂法师，遍历名山，历时10年。贞观九年魏法师被召入京，唐太宗"嘉而悦之"，由是"蒙度出家"，配居谯山之仁静观(后称华阳观)。传说唐代名相魏征晚年亦曾在此观修道养性。院内3棵古银杏树，高约5米，枝叶扶疏，已有千年历史。

清真寺

清真寺在清真寺街84号，又称西大寺，镇江市级文物保护单位。

大门向西，正门楼面阔3间，进深2间，门楼两侧墙壁成八字形，门匾上书"清真寺"正楷大字。整体由3部分组成：以大殿为主体的拜主中心，以水房为主体的沐浴中心和以殡仪室为主体的服务中心。

清真寺

清真寺现有面积2 500平方米，规模宏大，建筑精致，是省内现存最大最完整的一座清真寺。

大殿坐西朝东，顶硬山式单檐，面阔5间17.2米，前殿进深5檩5.7米，后殿进深9檩

14.5 米。大殿约 440 平方米，是省内最大的伊斯兰教礼拜大殿。清真寺每天五时进行宣礼活动，宗教气氛虔诚浓重。

南侧是南讲堂，是学习教义的场所，著名的伊斯兰教学者达浦生阿訇曾到过这里。这里曾开办过清真大学，研究伊斯兰教历史，培养经学人才，发行汉译经书《天方典礼》、《天方性礼》等十多部，传布全国。

清真寺(西大寺)始建于清康熙年间，道光二年(1822 年)建成，咸丰三年(1853 年)毁，同治十二年(1873 年)重建。1982 年整修，以中国古典建筑与伊斯兰教风格相结合，风格独特，造形宽宏，伊斯兰教的气氛浓郁。

五柳堂

五 柳 堂

五柳堂在市区演军巷东端，镇江市级文物保护单位。

原系民居住宅，占地约 2 000 平方米，前后原有 7 进院落。从演军巷大门入内，第 1 进为楠木厅，明末建筑，木料粗壮硕大，造型古朴，梁有雕花云纹斗拱。第 2 进为清道光前建的斜厅，铺地为特制的菱形砖以对榫，梁架也呈斜形，不同于一般民居建筑。此厅建造方向何以呈斜，待考。第 3 进名游经楼，是 1923 年邑人陶蓬仙建的私人藏书楼，取陶潜诗“游好在六经”之意。陶蓬仙在此楼编写《游经楼初学稿及续稿》、《游经楼间关叠韵唱和集》、《润州唐人集》等书。《游经楼间关叠韵唱和集》与《润州唐人集》多次出版，海内外颇有影响。第 4、5、6 进均为清末民初所建，院落有精致磨砖雕花门楼。这组建筑跨越了明、清、民国等历史时期的民居建筑形制和工艺制作特色，具有古建筑研究价值，现1进倒座与7进已拆无存。

火星庙戏台

火星庙戏台在山巷火星庙内，镇江市级文物保护单位。

戏台坐北朝南，东西两侧有看廊，是贵宾看戏的雅座、包厢，中间为天井场地，是普通观众席，占地900平方米。戏台有前、后台，前台长4.3米，宽3.75米，东、西、南三面檐椽，交叠伸出1米，东、西两角高翘，上有如意云纹绶带缠蝙蝠，银锭，“文王求贤”，琴、棋、书、画，福、禄、寿三星及双童子掌大扇，招财进宝，七仙像等图案、浮雕，栩栩如生，工艺讲究。后台与前台相连，3间房屋，面阔19.4米，高7.6米，进深5.4米，两侧与看台相通，有寿字和牡丹流水纹饰浮雕砖。两侧与看廊各为5架梁房屋，面阔9间，长24.8米，进深5檩4.57米，高6.20米。

戏台及看廊为清代建筑。旧时，每年农历6月23日火星庙举行庙会，演戏、致祭，十分热闹。平时也有戏班子在这个戏台演出，人们也在此集聚、游乐，是一个群众性娱乐场所。

火星庙供奉的是祆神，据说全国供奉祆神的地方不多，镇江的祆神来自西域，镇江人以火神祀之。火星庙始建年代不详，据史记载宋嘉定年间山巷就有火神庙，清乾隆年间重新修建，咸丰3年(1853年)毁于战火，同治初(1862—1863年)重建。1992年市文管会对西看廊进行了整修。

城隍庙戏台

城隍庙戏台在市区第二招待所内，镇江市级文物保护单位。

戏台是楼式砖木石结构，后台硬山式顶，面阔3间16.6米，高8.6米，进深6.6米，朝北两极檐口下墀头嵌有浮雕式水磨砖。前台为歇山顶式，面阔3.9米，高8.9米，进深5.4米，下层为前殿的明间，敞为通道，雕有牡丹、万年青、寿字、如意等饰纹。现为招待所办公室。

城隍庙戏台

该戏台始建于宋代，屡有兴废，清咸丰三年（1853年）毁于战火。同治十二年(1873年)由丹徒知县何绍章主持重建城隍庙大殿及戏台,大殿早毁。过去每年春秋和农历十月初一,百姓在此举行庙会。乡绅名士常到此聚会,经常有戏班演出,是镇江市民集聚之处。

东岳庙旧址

东岳庙旧址在扬中市三跃镇中心小学内，扬中市级文物保护单位。

该庙始建于康熙年间,道光二十年(1840年)重修。现仅存大殿6间,砖木结构,硬山式。正立面有廊,梁柱上绘有人物故事,雕花彩画,部分已剥落,庙内树《重修东岳庙行宫碑记》一方,记载着庙的历史。

唐老一正斋药店

唐老一正斋药店在市区繁华地段大市口东侧，镇江市级文物保护单位。

这是一家建于康熙元年(1662年)的古老药铺,现存建筑有老字号商店的传统特色。店铺为2层楼,楼下是店面,楼高约5米,宽3米。石库门,两边以长条石为基,上铺水磨青砖墙面,两侧圆形白石柱,上下端雕刻卷花纹饰。楼门两旁刻有两付对联,一是:“起首一正斋唐家老店;工商部注册万应灵膏。”另一是:“一心本一德治病救人;

正人先正己一丝不苟。”门楼上方有一大膏药模型。

膏药店创始人唐守义取“一正斋”为店名，其意是：“一”即“一心本一德治病救人”，“正”即“正人先正己一丝不苟”。清代著名书法家王文治书赠“唐一正斋”4字，悬挂在店堂。传袭200年后，一正斋由8世孙唐萼楼主持经营。这时进入唐一正斋极盛时代，名扬四海。经营的膏药，不仅疗效好，患者欢迎，而且在膏药包装上进行改革，将蓝布膏药免费施舍给贫民，红布膏药卖给平民，红木盒装的膏药卖给官府，水晶玻璃盒装的膏药卖给皇室，药品成分不变，仅是包装分了档次，果然热销不衰。

这种膏药治疗跌打损伤、胃寒气痛、痞块、半身不遂、腰酸背痛等症有特效，一贴在身，病痛解除，被称为“万应灵膏”。光绪《丹徒县志摭余·实业》载：“一正膏药，海内驰名。”

康熙五十年(1711年)，河道总督陈鹏年奉皇帝之命，制作“橘井流香”匾额，派员赠给一正斋膏药店，以旌表他们的膏药治愈了黄河工地上几万民工治水时得的有关病症。1871年勒方锜(相当省级官员)又赠予“香粉玉釜”匾额；同年，江南大主考王荣滄赠“济世利人”匾额，一时声誉之大，非同凡响。

抗战时期，药店停业。1945年抗战胜利，唐一正斋膏药店十世孙唐均恢复旧业，重新开张，但营业处于萧条困境。建国初期，唐均、唐坚兄弟俩同操店务，日渐兴隆，1956年公私合营，并入镇江中成药厂，更名为“镇江膏药”。现店堂留有水井一口，是创业时秘制膏药的汲水井，称橘井。

墙上存碑刻数方，其中一方刻有“布店生理，异人传授”。此方石刻记这样一个故事：300多年前，黄河泛滥，药店创始人唐守义随父母从原籍河南逃难到镇江棲身，守义10岁时父母双亡，便在五条街茅造生布店当学徒。一天，大雪纷飞，天寒地冻，他看见门口一位老年乞丐，受着饥寒交迫的煎熬，守义就送给老人一些食物、零钱，还有一件棉衣。以后每见到这个老年乞丐都给予一些舍施。一年后也是一个寒冬，老人送给守义一张纸条并说：“精心泡制，济世利民。”守义一看是张药方，想问个究竟时，老人已飘然离去，既没有留姓名，也没有留住址，以后再无音信。好在药方上对药的制作过程讲得很清楚，于是守义便照方制作，开起了膏药店，济世利民。这个故事告诉顾客，唐老一正斋的膏药不同寻常，是由高人传授的药方。

另一块是“勒石永禁”碑，记叙的是一正斋世代遵循“缺味少药不出门，货真价实不二价”的制药祖训。自唐一正斋膏药问世以后，疗效神奇，利民无数，誉满海内外，但随之而来的冒名假货也屡见不鲜。唐一正斋自康熙54年至光绪十五年(1715—1889年)，为维护信誉，打击假货，前后进行了170多年的诉讼，要求官府打击不法商人冒充一正斋牌子贩卖假膏药谋利，最后终被县、府、道、臬、抚、督六级官府批准“勒石永禁”，告诫不法商人，不得以假货冒充一正斋的膏药，否则将以法惩处。根据现有资料查明，这应是我国最早维护专利权的案例之一。

张家祠堂

张家祠堂在句容市后白乡芦江村。原有3组5进建筑，中轴为家祠，左右两厢为住宅。现存中轴第3进第1个厅，坐北朝南，面阔5间，进深11米，长24米，檐栏高4米，7檩，硬山式顶，屋顶坡度平缓。梁柱均为粗大的楠木，故又称“楠木厅”。厅内立柱有青石覆盆柱础，栏顶作卷刹，构架的联接结构，多采用形式简单的斗拱、蜀柱、垫板，正中明间脊檀左右下侧装饰三角形的简单木雕，其外缘置叉手，梁作月牙状，略有琴面，底沿边刻双线。斗拱外檐二攒一斗三升，内部梁枋间出单拱与重拱，不出挑，内外斗拱坐斗均刻花瓣状，有方有圆。地面皆用方砖斜铺。

该建筑为明代所建，形制古朴，结构简明，用材硕大，装饰没有繁琐之感。在宁镇地区明代建筑中有一定的代表性。

解氏宗祠

解氏宗祠位于丹徒区丁岗镇葛村，建于明崇祯年间，沿中轴线坐北朝南，前后3进，均为3开间，现为葛村小学使用。该建筑现保存第1、2两进，结构完好，做工精细，扣榫严密，用料讲究，并有两块碑志，其中第2进为楠木梁架。

解氏原籍山东葛村，人丁兴旺，人才辈出，一门曾出了5个进士。一支迁至江南镇江的丁岗乡落户，为不忘山东葛村的先祖，故将江南居住地也改称葛村。这对研究镇江东乡的移民史很有价值。

殷家祠堂及殷氏六房旧宅

殷家祠堂及殷氏六房旧宅在丹徒区黄墟镇，镇江市级文物保护单位。

祠堂有正厅与后堂两进，中间为小天井，正厅与后堂均为3开间。前有观仪台，四边有云柱栏杆，整个建筑保存完好，现为黄墟小学图书馆。

殷氏六房旧宅位于黄墟小学东侧，石门内有一座清雍正年间按八卦坤六段图设计的建筑，占地面积约2 400平方米，距今270多年，是当年巨商殷霹雳的六弟所建。

殷氏六房旧宅分为两部分，由一条长100多米的弄堂隔开，东边4进和西边6进是住房，每进3间，进进串通，各有天井、花园，自成院落。令人稀奇的是旧宅没有正大门，仅有二个边门供人进出。东边大厅和天井的门壁上方，是整座壁雕，工艺讲究，做工精细，具有很高的艺术价值。

张家埭砖雕门楼

张家埭砖雕门楼在扬中市三茅镇建设村19组，镇江市级文物保护单位。

门楼后面原有住房，因建筑需要已拆。门楼为清代所建，宽约2.5米，高4米，厚1.2米，门楼的两旁有一对鲤鱼跳龙门的青石坊，上方由46个寿字和两个福字组成，整个门楼做法繁褥，圆润，有当地民俗特点。据其后人说，门楼主人张氏，过去做油坊生意发了财，后又偶得金银，遂建造了这座住屋和门楼。

儒里明清古建筑群

儒里明清古建筑群在丹徒区儒里镇。这组建筑群，包括朱氏宗祠、朱氏住宅和敦睦堂。镇江市级文物保护单位。

朱氏宗祠在儒里镇丁字街北侧，始建于清康熙二十五年(1678年)，距今300多年历史。现有5开间房屋3进17间，砖木结构，门厅、天井、回廊俱全。朱氏宗祠先祖是南宋时代著名的哲学家、教育家朱熹，徽州婺源(今属江西)人，字元晦，生于南宋建炎四年九月十五日。绍兴十七年秋中举人，次年春登进士，先后任左迪功郎、武学博士、朝奉郎、朝散郎、泉州同安主薄、江东转运使、漳州知府、湖南转运副使、潭州知府、湖南安抚使等。他致志于理学，著作甚多，收入《四库全书》的达40部。他学识渊博，集理学之大成，建立了一个完整的客观唯心主义理学体系，是一代理学宗师，对后世影响深远。朱熹的第8代孙朱文通，谱名亨三，生于元代元祐六年，是迁居丹徒区儒里镇的始祖。他随父先旅居焦山，后自徙居于丹徒南乡，围地耕作，兴家立业，朱氏子孙在此繁衍生息，人称朱家圩。由于这里是儒人故居，文化气息浓厚，遂改称儒里。

朱熹后裔住宅在儒里镇西街九号东，称武状元第，呈长方形，坐北朝南，长38.6米，宽20米，前后3进。1、2进为面阔5间的平房，3进是2层楼，每进深9米，均有长方形天井。第1进建筑较矮，为下人住处。大门内有一对多狮抱球的门墩石，砖雕门楼较为精致，上刻福、禄、寿文字图案。2进为大厅，屋宇高敞，7开间，是住宅的精华部分，前带卷棚。卷棚梁架刻莲叶、象鼻及鲤鱼纹，门下有一对门墩石，上刻麒麟等图案，石基有海水、鲤鱼、海龙等图案，整个雕刻生动粗犷。雕砖门额刻"紫阳世泽"，门额的砖雕部分已残，两边尚存一些孔雀等花纹，门额雕的33个寿字和两边照壁墙的28个篆刻寿字，造型各异，很有特色，保存得比较完好。3进为2层雕栏砖木楼，槅扇做法考究，应是家属居住的内室。

敦睦堂是儒里百乐村的张氏宗祠，占地面积1 600平方米，前后3进，前2进为5开间，后进为7开间，屋脊古封式。祠堂中进梁柱为楠木。古色古香，俱有江南家祠特色。

大港镇赵氏住宅

大港镇赵氏住宅在市郊新区大港镇(赵甫琪、赵定邦两处住宅)，镇江市级文物保护单位。

赵甫琪住宅，在大港镇东街伯先里28号，由前厅(吹鼓厅)、天井、大厅和2层雕栏砖木楼组成。砖木楼于清咸丰年间烧毁。前厅与大厅之间有一雕砖门楼，上刻龙凤、戏文人物故事，几何纹镂空砖雕。雕刻细腻、圆润，在镇江市发现的雕花门楼中属上品，具有较高的文物艺术价值。大厅为大式建筑，面阔3间，檩加置卷棚，梁柱用料讲究粗硕。厅堂高敞，原悬挂匾额，地面罗底砖呈斜铺状，装修部分已有变化。据宅主口述，祖辈是大港富商，属清代前期的建筑。

赵定邦住宅，在大港镇东街12号西南。宅院前后原有3进，现存2进。第1进分为前后两院，2进、3进各有天井1个，前后院之间设院门1座，内院为牌科式墙门。东边为住宅正门，用将军门第，以表显其身份。后院第1进为正厅，面阔3间，8檩。明间为抬梁式。大厅屋宇高敞，明间两缝5架，3架圆作，用料硕大，有拔亥连机。3架下有镂雕梁垫，金、童柱呈梭状，不施油漆，呈现本色，应是楠木，立柱有侧脚。后进，用料较小，院墙外西边还有偏房5间。这栋建筑为典型明式官家住宅。初步鉴定大厅及前后院建于明末清初，2进为后增添的住房，系晚清建筑。宅主赵定邦在清同治年间曾知浙江长兴县事，是诰封通奉大夫赵鹳楼次孙，秩从四品。

大港镇东街古民居

该古民居在市郊新区大港镇，镇江市级文物保护单位。

共3进，即：旌德里9号是赵颂平塾师先兄的住宅，建于清代晚期；旌德里53号，冷德成住宅，建于民国初年；太平里44号，赵子云住宅,建于清代晚期。这3处古民居均为当地富户的豪华住宅。其建筑的结构、形式、布局各具个性,反映了古代豪富住宅的审美观念及工匠们的高超技艺。

陈氏住宅

陈氏住宅在市区大杨家巷15号,宅主姓陈,据说此屋原是清代一位道台建的宅院。房屋较完整,前后3进,大门已毁,朝北墙仍在,二门朝东,为磨砖砌成的雕花门楼,做工精细讲究。宅院后大门用上好的硬木做成,石门槛较高。厅堂建筑坐南朝北,面阔3间,屋宇高敞,柱子、檩用料较小,前檐置设卷棚。明间与次间采用屏风式格扇隔断,其上可置装字画,以示主人爱好与风雅。厅堂上悬挂“忠恕堂”匾额,佚失。该民居经初步鉴定,建于清代中晚期,为镇江市区内保存得较好的一处典型民居大宅形制。

楠香斋

楠香斋在宝塔山公园祈天池旁。原是西门桥畔一座明代住宅的楠木大厅。1994年仓巷片区房屋改造时发现,为了更好地保存这座古建筑,1996年迁移至宝塔山公园,基本上用原有材料按原式样复建而成。梁架圆作,全部楠木,鹰嘴状童柱,讹角形大斗,具宋元古制。厅前悬镇江学者许图南写的“楠香斋”匾额,现已成为宝塔山公园里的一个明式建筑景点。

镇江古建筑资源丰富,市区和各县市,还保存有价值的古代建筑多处。如金山、北固山、焦山、圌山、南郊、宝华山、茅山等处和市区部分民居老宅的古建筑群,或雄伟壮丽,或秀逸雅致,或古朴简洁,各具匠心,魅力无穷,有着重要的历史研究和艺术欣赏价值。

近、现代建筑撷英

老气象台旧址

老气象台旧址在北固山中峰小山上,镇江市级文物保护单位。

老气象台坐北朝南，凸字形，平顶，2层楼中间为4层凸出向上拔起矗立的建筑，显得高峻壮观。底层石刻有“中华民国二十三年十月七日江苏省建设厅北固山气象台奠基”，“中华民国三十六年七月重修”字样。占地约160平方米。现为镇江市国画院使用。

育婴堂旧地

育婴堂旧地在大市口东梳儿巷，镇江市级文物保护单位。

现存房屋3进，硬山式。大门刻有“育婴堂”3字。第1进深5檩，阔3间，2、3进均面阔3间，进深7檩。大门北面专设一窗门，给弃婴者投放婴儿之用。育婴堂始建于清康熙年代，嘉庆年间重建，历史悠久，记事碑石尚存。

江苏省镇江潮水位站

江苏省镇江潮水位站又名北固山潮位站，位于北固山北麓，观音洞前的江水里，镇江市级文物保护单位。

清光绪三十年(1904年)由镇江海关测候所设立，用于观测长江水位。民国二十五年(1936年)，由扬子江水利委员会建造岛式自记水位计台，全部采用钢筋混凝土框架式建筑。自记台为5.5×4.6米，高3.3米，引桥长16米，宽1.2米，高3.3米，安装了德国OTT厂生产的周记式水位计。上世纪60年代开始使用上海气象仪厂生产的HJC-1型日记式水位计，90年代安装遥测装置，全天候自动记录潮水位变化。

镇江潮水位站观测长江潮水位的变化，是江苏省最早的潮水观测站之一，保存着近百年来完整的水文记录，是见证长江水位历史演变的一个年代较久的水利建筑。

瓦木公所

瓦木公所在市区拖板桥小学内，镇江市级文物保护单位。

坐北朝南，面积400平方米，前后两进两厢，中为天井，两侧各有厢房2间。建于清光绪年间。

瓦木公所房屋内保存记事石碑2块，记载着瓦木公所团结瓦木工人为争取工人阶级的利益,团结起来,不畏强暴,挺身而出,与清朝统治者斗争,并取得胜利的那段历史记录。

立于清光绪二十九年闰五月二十八日的一块碑,全文有300字,其中有“因物价上涨,瓦木工匠养家,生活艰难,邀集东伙公改,以后工资照米价涨落付给,一律永远,各匠亦不得酗酒滋事”等语。说明瓦木工人为了防止物价上涨,工资受损,经过斗争,资本家允诺工人工资今后折米价结付。

立于光绪三十二年六月的石碑,碑文长达2 500余字。其中一段为:“因瓦木工为涨工价把技聚众停工,出示严禁,并议定条规,为司务者涨钱二十文，即每工给钱一百二十文，徒工循照旧章给钱一百文,满师后再行照涨,今后再聚众把技停工,概不准用。”记录了瓦木工人罢工,要求增加工资,并取得胜利的历史档案。

广肇公所

广肇公所在市区伯先路,镇江市级文物保护单位。(详见本书《古街风采·伯先路近代建筑群》)

福音堂

福音堂在大西路343号,镇江市级文物保护单位。

坐南朝北,面阔11米,进深5间19米,正面墙上挂十字架,堂前居中有攒尖形照壁,壁后过廊。东面设门,由门折入向南,正面入口处两侧各竖木柱1根,与两壁柱形成倒八字支托楼座。南头向外披出,进深2.80米,披出处两侧各1间住房,中间建成半拱圆形,向前凸出成讲坛,台桌上设十字架。

福音堂始建于光绪十年(1884年),为基督教新派系耶稣教传教之场所。

教堂南有2层楼,1918年建,原为教堂执事住处,现为市基督教

“三自爱委会”办公室。

四益农场育种场暨岗楼

四益农场育种场暨岗楼在镇江市郊四摆渡，镇江市级文物保护单位。

清末民初镇江开始发展蚕桑业，民国十五年，中国合众蚕桑改良会在镇江创立，带动了一批私营制种厂的兴建。抗日战争胜利后，国民政府中国蚕丝公司接收蚕业试验场，改组为蚕丝研究所，把原来的益民、均益、三益等4个场合组为“四益农场育种场”，严惠宇任总经理。蚕种场年产蚕种20万张，行销苏南、浙江、安徽、山东等地。解放后四益农场育种场改建为江苏省蚕种场，蚕丝研究所改为中国农业科学院蚕桑研究所，在蚕桑事业上作出了重大贡献，他们培育出制种容易、产量高、丝质优良的蚕种，得到国内外的好评。原来民国年间建造的一些四益农场育种场的场房，保存基本完整，有一定历史价值。如以前四益农场在公时山建的2座岗楼，高3层，用清水、青砖砌叠。3层四周设有枪眼，顶层建有瞭望雉堞墙垛，岗楼原为护场守卫之用。今岗楼保护尚属完好，这种形式的岗楼今已少见。

镇江自来水厂

镇江自来水厂在长江路28号，又名江边水厂，镇江市级文物保护单位。

原有面积11.36亩，5栋建筑：大门东2栋，主楼1栋，滤水间1座，泵房1座，另有岗楼1座。镇江自来水厂是江苏省创立最早的自来水厂。开始由地方士绅集资，解决城西商业区防火消防之用，名镇江第一救火会自来水厂。嗣因设备简陋，供水不足，于1931年扩建，1934年竣工。水厂门口的2幢房子为镇江现存唯一的日式建筑，可作建筑方面的参考资料。

私立京江中学旧址

私立京江中学旧址在市区中山路东端大学山镇江市第一中学内,镇江市级文物保护单位。

京江中学初建于民国二十六年(1937年)四月,创始人有陆小波、冷御秋、严惠宇等。学校董事会推陆小波为董事长,张海澄为校长。是年八月,经省教育厅立案批准开办,九月开学,十二月镇江沦陷,学校辗转江都、上海,一路艰苦办学。民国三十年(1941年),太平洋战争爆发,学校停办。抗战胜利后复校,严惠宇任校长。解放后,1952年学校由人民政府接管,改为公立镇江市第三中学,1953年3月,改为镇江市第一中学。60多年来,该校历届师长认真教书育人,学生奋发读书,攀登知识高峰,为国家培养了大批有用之才,现为江苏省重点中学。

大学山保留原私立京江中学校舍3栋,均为砖木结构,青砖叠砌。学校为了不忘当年艰苦创业精神,老校舍按原样保护维修,作为当年艰辛办学的教材,激励师生:珍惜今日良机,为国家培养有用之才;为社会的进步,民族的振兴,好好读书。

箴庐

箴庐在市区健康路4号,体育场对面,镇江市级文物保护单位。

该建筑为纪念镇江女子蚕桑职业学校的创办人之一唐儒箴而建。为西式别墅2层小楼,现由其后人居住。

上世纪20年代,镇江受五四运动影响,提倡女子解放,男女平等,推广新文化。为此,邑人冷御秋等人力主倡办女子学校,唐儒箴热情支持,把健康路北26亩地捐给中华职

箴 庐

业教育社，作为创办女子学校的经费。1926年10月，由黄炎培、冷御秋、唐儒箴联名发起，创办“私立镇江女子职业学校”，并组成校董会，冷御秋为董事长，决定先办初级蚕桑科。唐儒箴捐赠的26亩地作为蚕桑科养蚕实习桑园。招收初级蚕桑科女生两班，学制3年。到抗战开始，毕业10个班，计324名学员，后来，她们大都成为发展我国蚕桑事业的骨干。1937年日寇入侵镇江，学校停办。

省庐

省庐在市区中山路京口饭店内。1929年2月原国民政府的江苏省会迁至镇江，“省庐”是专为省主席而建造的住所，陈果夫、王懋功等人任省主席时均住在这里。该楼为别墅式楼房，中西合璧，原来是2层砖木石结构。

大康、合作、尚友3处近代别墅群

大康新村，在市区健康路9号，2层楼小洋房，现存3幢，原是镇江知名人士严惠宇的公馆。合作新村原是镇江银行家的住所，现仅存一栋在中山路小学内。尚友新村，为旧武庙所在地，20世纪30年代，镇江教育界名流赵吉士、张海澄、法度、包明叔4人在此合建寓所，用孟子“以友天下之善士为未足，又尚论古之人”之意，取名尚友新村。今法度的寓所存在，砖木结构的西式2层别墅楼，做法讲究，布局合理。在法度寓所前还有数座西式青砖平房，一座为镇江古琴家刘氏后代的居屋。

原国民政府江苏省参议会旧址

原国民政府江苏省参议会旧址在中山西路省冶金经济管理学校大门东侧，镇江市级文物保护单位。

2层楼房，坐南朝北，系砖木结构，建于1946年。邑人冷御秋任原国民政府江苏省参议长时曾在此办公。

王家花园

王家花园在谏壁镇南3华里月湖村，京杭大运河东岸。原名“爱吾庐”，俗称“王家花园”，为镇江籍金融家王耀宇的住宅。王家花园始建于民国十九年(1930年)，落成于民国二十二年(1933年)。建筑面积3 835平方米。花园与住宅并列3条中轴线，共有79间房屋，4个花园，6间花房。中、东轴线之间有一条长43.8米、宽1.36米的夹弄。进大门向左进仪门即到对厅，由此间向北进入“燕誉堂”正厅。宅院内楼房17间6厢，其余为平房。花园内原有八角亭、假山竹园、荷花池及名贵花木等。王家花园全为砖木结构，设计周密，构造精巧，建筑讲究，质量坚固，门楼精雕细刻，内室雕梁画栋，其规模、质量、式样、气势、内部陈设、花园景点配置诸方面，堪称镇江市近代私家园林住宅之代表作。

老存仁堂药店

老存仁堂药店在市区大西路476号，是镇江百年老字号药店，镇江市级文物保护单位。

该店由浙江余姚大族许氏创于同治年间，初名为“诚仁堂施药店”。现有店堂前后房屋3进，店面刻“老存仁堂”4字，经营的中药丸散兼西药在顾客中有一定信誉。

原中国人民银行镇江分行旧址

原中国人民银行镇江分行旧址在市区长江路，镇江市级文物保护单位。

该行1949年4月在扬州组建，4月23日镇江解放进驻镇江，接管原国民党的银行，在此设立中国人民银行镇江分行。上世纪50年代，在原址进行新建，混砖结构，立面呈长方形，平顶，2层楼加地下室，现为市工商银行的分支机构。

交通银行旧址

交通银行旧址在长江路友谊服装厂内,镇江市级文物保护单位。

建于 1913 年,房屋占地 500 多平方米,3 层西式洋楼,平顶,青砖砌筑,外墙水泥抹面,内壁粉草灰泥,石灰粉面。面宽 20 米,进深 18 米,高 18 米,四周筑有 80 公分高的矮墙,外饰图案,简洁大方。1915 年正式对外营业。1949 年 4 月,镇江解放,交通银行由人民政府接管,经清理复业。1983 年并入建设银行镇江中心支行。

扬中长江大桥

扬中长江大桥横跨在丹徒区大路镇与扬中市新坝镇的长江夹江之上,镇江市级文物保护单位。

这座跨江大桥是目前长江上唯一一座全部由群众集资建设的长江大桥。1992 年 5 月 8 日正式施工,1994 年 9 月 28 日竣工,同年 10 月 6 日通车。大桥全长 1 168 米,宽 15.4 米,净空高 10 米,30 孔,其中主桥 5 孔通航。主桥为 50 米+80 米+100 米+80 米+50 米预应力混凝土连续箱梁,五孔一联,以直径 11.2 米的沉井支撑。设计抗震烈度为 7 度。整体工程总投资 1.52 亿元。大桥由铁道部大桥工程局勘察设计院设计,大桥工程局第四桥梁工程处施工。建设资金全部由扬中的父老乡亲筹集,人人当主人翁,个个为建设大桥出力,从领导到群众,从老人到儿童,有钱出钱, 有力出力, 捐款 2 501.29 万元, 集资 3 894.48 万元。1994 年 7 月 18 日大桥合拢,扬中百名实业家又为大桥资金缺口捐款 170 万元。大桥建成后,改变了扬中孤立江心、交通不便的不利条件,为经济发展铺开了通道,拓展了广阔的空间。

镇江体育馆

镇江体育馆在市体育场北侧,镇江市级文物保护单位。

1977 年 5 月在原市体育场的阴雨球场旧址动工兴建,1978 年 5 月 1 日竣工。钢筋混凝土结构,占地 8 820 平方米,建筑面积 5 785 平方米,顶高 14 米,长 55 米,宽 45 米,看台有座椅 4 410 个,是一座电声齐全、设备较完整的现代体育馆，代表镇江市20世纪70年代的建筑水平。现在可供篮球、排球、乒乓球、羽毛球、体操、举重、摔跤、击剑、武术、柔道比赛和训练之用，国内外一部分重要体育比赛在此举办，许多中外著名演员的演唱会也在这里举行。

洞、泉、桥、园

莲花洞

莲花洞在润州区蒋乔镇檀山白龙岗北坡，镇江市级文物保护单位。

该洞为一岩厦，系沿三迭青龙灰岩的裂隙溶蚀而成。主洞长12米，宽3~6米不等，另东、中、西3个方向各有较小的支洞伸向山中。洞踞飞岩峭壁上，嶙峋怪石间，周围杂草丛生。洞前有120多平方米台地一块。明万历年间楚僧奇然结茅舍于冈上，入洞得“龙骨”数石（化石），以为龙潜其中，脱骨而去，因名白龙洞。洞前有一石，状如莲萼，又名莲花洞。

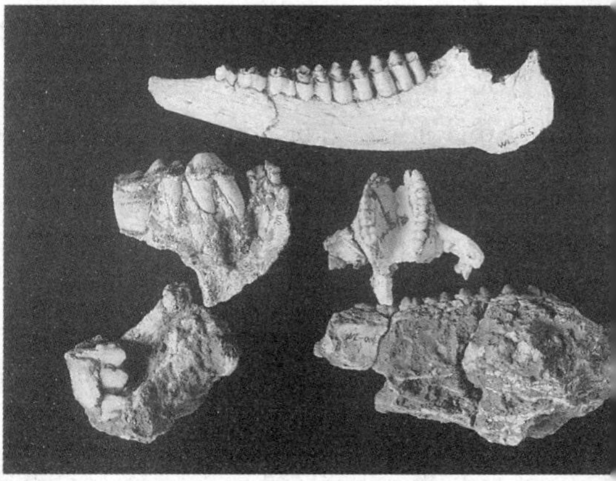

莲花洞智人化石和动物化石

1981年3~6月，南京博物院、镇江博物馆和丹徒县文管部门对该洞进行了考古发掘。在洞的东部，出土一枚智人右下第三血齿，另有鬣狗、豪猪、棕熊、水牛、獾、猪、貉、梅花鹿、弥猴、中国犀等20多种哺乳动物化石。时代属晚更新世中后期，距今约10万多年。这是继深水神仙洞以后在苏南地区的又一重大发现，对研究我国古人类的分布，长江中下游第四纪动物群的划分和我国更新世动物群的迁徙、演变等，有着重要价值。

《京口山水志》和《丹徒县志》有“乡人入洞得龙骨”的记载。

清程兆熊有《分赋南山诸胜得莲花洞限江韵》诗：

不觉入山远，清钟闻一撞。
栗林风簌簌，石涧水淙淙。
古洞飘金粟，枯藤绕佛幢。
何时携杖笠，高卧此幽窗。

华阳洞

华阳洞，在句容市茅山，是一个天然溶洞，与玉柱洞、仙人洞相连。《茅山志》载：“此洞极深远，有五便门达于洞外……”洞口上“华阳洞”3字，传为苏轼所书。清康熙皇帝南巡时曾在此题“华阳洞天”4个大字。由于这里遍山净绿，洞壑幽奇，因此历代游人纷至沓来，寻胜探幽。洞壁上留有唐代以来许多文人的题词石刻百余方，十分珍贵。最近批准为江苏省级文物保护单位。游人来此沉醉于华阳胜景，放歌高吟。如唐代刘长卿作《华阳洞》诗云：

渐临华阳口，微路入葱茜。
七曜悬洞宫，五云抱深殿。

明代郭茅作《寻华阳洞》诗：

华阳古洞藏幽深，高峰排空万木森。
斗敧石楼人卧处，时时风雨作龙吟。

明代庄昶《游华阳洞》诗：

桃花流水放溪平，偶到华阳洞口寻。
过客我非朱仲晦，仙人谁是葛长庚。
尼山柱下家虽别，天上人间眼独明。
醉笔欲将乘兴识，野人无姓亦无名。

天下第一泉

天下第一泉在金山之西约1里，又名中泠泉，镇江市级文物保护单位。

泉水四周有白石栏杆，泉池呈正方形，边长约10米，池南壁刻清代镇江知府王仁堪写的“天下第一泉”5字。

泉水原来与金山一样在长江激流之中，后长江北移，清咸丰年间泉水登陆。泉水在江中时，江水从西流来，受到石排山和鹘山的阻挡，水势曲折转流，形成三曲，即南泠、中泠、北泠(泠是水曲之意)。天下第一泉在中间水曲中，故名“中泠泉”。此泉唐代已天下闻名，唐时评茶专家陆羽品中泠泉水为天下第一，以后唐名士刘伯刍分天下水为七等，把中泠泉列为第一。过去要汲取中泠泉水十分困难，泉水隐没在滔滔江水中，泉眼难找，必须选风平浪静之日，驾一叶扁舟到江心，找准泉眼，把特制的铜壶由绳索系着壶梁和壶盖，慢慢垂下，到一定深度找到泉眼，然后用绳子揭开壶盖汲满泉水，吊上江面，所以数量很少，而且带有神秘色彩，名声远播。

池南有解放后建的一座八角亭，名曰“鉴亭”，是取以水为镜、以泉水为鉴之意。池北建有一座两层楼房，楼上为茶楼，下层左壁，有常镇通海兵备道沈秉成于同治八年(1869年)书“中泠泉”石刻，右侧为同治十年沈秉成撰《中泠泉记》和同治十一年陈兆熊书《中泠泉辨》石碑。

历代名士对天下第一泉十分向往，留下名诗佳作甚多。南宋民族英雄文天祥于1276年被元军押解大都(北京)途经镇江时，曾在中泠泉喝茶，写下了一首豪情奔放的诗篇《饮中泠泉》：

扬子江心第一泉，南金来此铸文渊。
男儿斩却楼兰首，闲品茶经拜羽仙。

清代诗人李渔《饮第一泉》诗：

莫向名山汲，中流自有泉。

石形皆北顾,水势独南旋。
雷雨春生液,蛟龙夜吐涎。
《茶经》多忽略,我欲补长笺。

紫金泉

紫金泉原在解放路236号内,由于城市房屋拆迁,现在大市口广场旁,镇江市级文物保护单位。

泉井在高出地面约0.70米的石平台上,泉栏为等边六角形,底部边长各0.38米,口沿边长各0.32米。泉栏东北上阴刻双勾线,内纵刻两行楷书:“至正十年岁次庚寅(1305年)春良日里巷里正立。”为元代书法家赵孟頫题写。

赵孟頫(1254—1322年),字子昂,号松雪、欧波、水晶宫道人,湖州(今浙江吴兴)人,元代书画家。官至翰林学士,承旨,封魏国公,谥文敏。他在书法、绘画、诗文等方面造诣很深。书法篆、隶、真、行、草无不冠绝一时。

泉南石碑,刻“紫金泉”3字,为万历二十六年(1598年)丹徒知县庞时雍题写。该泉原在紫金山下,故名紫金泉,曾被称为“天下第二泉”。北宋时紫金山削平,明万历年间庞时雍为泉建坊立石,现在泉水尚清澈不涸。

古泮泉

古泮泉在市区东门坡,镇江市级文物保护单位。

古泮泉至今有1 000多年历史,是镇江城内一口著名古井。地面有花岗岩长条石,上有井栏一对,其下共一井穴。井水清澈,两井栏相距0.10米,呈南北向并列。井东建半亭,飞檐立柱。占地约15平方米。

古泮泉原在镇江府学内,北宋元祐年间润州郡守林市凿井挖土时,发现“泮泉”石刻,府学教官杨迈便于泮泉处建亭保护,用“泮泉”石刻为亭额。元代元贞年间教授徐硕改书为“育德”匾额。明代景泰年间，镇江府学迁至对面定波门西（今解放军 359 医院一带），古泮泉遂流于民间，供市民作生活用水。至万历 26 年（1598 年），丹徒知县庞时雍重修缮古泉，书题“古泮泉”三字，并撰写建井碑记，勒石泉边，至今犹存。但建井碑记已识读不清。

古泮之名，来源久远，早在西周时，诸侯之学，即有泮宫。此后说经者，多以泮宫为学宫。科举时代称生员入学为入泮。学宫内（府学、县学）的泉、井，多以泮名称之。

丁卯桥

丁卯桥在镇江城南郊丁卯村，镇江市级文物保护单位。

晋元帝（司马睿）之子司马裒镇守广陵（扬州），运粮出京口，因河水浅涸，在此立埭，后建桥；桥建成于丁卯日，故名丁卯桥，距今有 1 600 余年历史。原为单孔石拱桥，两旁桥栏石板中央，一面刻有“丁卯桥”，另一面刻有“更新桥”。清乾隆、道光年间两次修缮。1980 年，丹徒县为泄洪拓宽河道，桥的大半边被拆，桥旁新建公路桥。残存的丁卯桥东叠石，金刚墙，桥基础叠石，桥拱圈石及南闸门凹等，保存在原处。丁卯桥作为出入镇江的一个水上古道，历史上船只来往，人气旺盛。1980 年在丁卯桥洞基建工地上，发掘出宋时窖藏银块 20 铤，是古代的一种货币，其中 2 块有用墨汁写的“净重伍拾壹两”字样，墨色鲜艳，字迹清楚。1982 年初，又出土唐代金、银器窖藏 950 多件，有银烛《论语》酒令筹等珍贵文物。由此可见，历史上在丁卯桥居住过的人，决不尽是平常之辈。

丁卯桥紧依南山，濒临江口，山光水色，风景宜人，交通便利，是名人雅士青睐的寓居之处。唐代诗人许浑在此建有房屋，著述吟诗。他出身进士，文才横溢。官至监察御史，曾任睦、郢两州刺史。他把一生中写就的 500 多篇诗文，在此编撰成集，取名《丁卯集》，流传至今。“山雨欲来风满楼”就是他的诗句。

许浑对他在丁卯桥的淡泊生活很感兴趣，作诗曰：

月凉风静夜，归客泊岩前。
桥响犬遥吠，庭空人散眠。
紫蒲低水槛，红叶半江船。
自有还家计，南湖二顷田。

晚唐诗人韦庄吟许浑诗曰：

江南才子许浑诗，字字清新句句奇。
十斛明珠量不尽，惠休虚作碧云词。

宋代陆游《读许浑诗集》云：

裴相功名冠四朝，许浑身世落渔樵。
若论风月江山主，丁卯桥应胜午桥。

许浑之后，在丁卯桥的著名建筑，有宋代的南园，明代宰相杨一清建的“石淙精舍”，都很有特色。

明代王守仁赞“石粽精舍”诗曰：

绿野青深地，山阴夜静时。
冰霜缘径滑，云石向人危。

清代宰相张玉书的祖父也在丁卯桥建乐志园，安度晚年。丁卯桥文风绵延，千年不绝，文化积淀深厚，是镇江历史文化宝库的一个组成部分。

韩桥

韩桥位于郊区大港镇北3公里处，宋代民族英雄韩世忠建。当年的桥基、桥石仍有遗存。

宋建炎二年（1128年），北方女真族金兀术率军渡江直抵临安(杭州)，宋高宗赵构逃跑。金兵大肆掳掠。建炎四年，金兵北撤带了大量抢来的金银物资等，要在镇江渡江。时任浙江制置使的抗金名将韩世忠，扼守镇江江防，与金兀术在金山、焦山一带激战，韩世忠夫人梁红玉帮助韩世忠“擂鼓战金山”，传为千古佳话。金兵败北，有一部分向圌山方向逃窜，韩世忠骑马率军追赶，被一条入江山涧挡住去路。他挥鞭指着涧水狭处下令架桥，于是军民齐动手，抬石块，填沟壑，铺地平，不一会就架起一座简便石桥，宋军大队人马跨过石桥向金兵继续追去。以后百姓称此桥为“韩桥”，并流传了“韩世忠立马造韩桥”的口头禅和“韩世忠立马造韩桥——七上八下”的歇后语。韩桥下立有碑，铭刻此事。如今这一带与韩世忠有关的历史遗迹和传说故事较多。如靠韩桥的村子名韩桥村，圌山有“韩阙”，有韩世忠当年驻兵的大营盘、大校场、点将台等，这一带还出土许多“韩瓶”、“韩砖”等文物。

明末诗人朱祐《韩桥有感》诗云：

黄叶西风古塞傍，行人下马说蕲王。
水流潮汐空残垒，南渡山河又夕阳。
满目烽烟连建业，惊心霜霰到钱塘。
阎公几日开新局，愁向沙鸥问战场。

孩儿桥

孩儿桥又名鸿鹤桥，在市区南门外大街大觉寺东南，建于南宋宝庆三年(1227年)。桥为单孔花岗岩拱桥，高5米，跨度8米。昔日桥拱上置石栏板，因其石柱形似孩童，故名孩儿桥。为镇江市现存唯一的宋代石桥，十分宝贵。

虎踞桥

虎踞桥亦称老南门桥，在南门大街南端，镇江市级文物保护单位。

虎踞桥为单孔石拱桥，跨度11米，宽10米，全长30余米，双层结构。一层用拱石并列式砌置，二层用联锁式砌置。桥上两侧有石栏板。

该桥原为砖石桥，明万历四年(1576 年)镇江知府张纯改为木桥。万历二十二年(1594 年)知府苏兆民又改建成石桥，并取名“泰运桥”。清代太平军拆毁桥面，同治九年(1870 年)重修。1961 年和 1980 年进行了改造。此桥为市区仍在使用的唯一明代石桥。

梦溪园

梦溪园在市区梦溪园巷内，镇江市级文物保护单位。

这是我国宋代杰出科学家、政治家沈括晚年居住的地方。

沈括(1031—1095 年)，字存中，杭州人。自幼好学，喜研究自然科学。父亲沈周一度做过润州刺史、浙西观察史。沈括小时曾随父在镇江居住过，对镇江有良好的印象。成年后他历任地方小官，勤奋尽职，为人所知。中进士后，进入中央政府任职，做过提举司天监，主持改订历法；判军器监，加强国防武备；疏浚汴河水道，视察两浙(江苏南部及浙江全省)农田水利等事。又出使辽国，办理外交，镇守鄜郡，防御西夏侵犯，对宋王朝作出了很大贡献。沈括在政治上支持王安石变法，王安石罢相，沈括也为仇家陷诬遭到一再贬谪，退出政治舞台，并被限制居住自由。元祐三年，朝廷对他放宽了政策，许他“任便居住”，沈括就举家迁至镇江，建梦溪园居住。他在此园生活了 8 年，写成了闻名世界的科学巨篇《梦溪笔谈》。现在的梦溪园仅是原址的一角。当年梦溪园约占地 10 亩，布置得典雅淡逸。沈括在《自载》中对梦溪园作了记述：

> 巨木萧然，水出峡中，停荣杳冥，缭绕地之一偏者，目之曰梦溪。溪之上耸然为丘。千本之花缘焉者，百花堆也。覆堆而庐其间者，翁之栖也。轩之瞰，有阁俯于阡陌，巨木百寻哄其上者，花堆之阁也。据堆之颠积茅以舍者，岸老堂也。背堂而俯于梦溪之颜者，苍峡亭也。而花堆环以激波者，竹坞也。度竹而西，介途滨河，锐而垣者，杏嘴也。竹间之所燕者，萧萧堂也。荫竹之南，轩于水滥者，深斋也。封高而缔，可以远眺者，远亭也……

从沈括对梦溪园的记述看，园内除梦溪水外，主要建筑有岸老堂、萧萧堂、壳轩、深斋、远亭、苍峡亭等。其中岸老堂是其全家的住屋，壳轩是沈括的卧室。当然这些建筑都很简陋，仅是竹篱茅舍而已。但是由于主人是名士，布置得当，所以当时名僧仲殊来园观赏时，大加赞扬，写有《沈内翰宅百花堆》词云：

> 南徐好，溪上百花堆。宴罢歌声随水去，梦回春色入门来，芳草遍池台。

梦溪园是我国古代名园，迄今已近800年了，由于它凝重的历史文化，曾牵动过许多人的心弦。沈括死后，园日渐荒芜，宋代范仲淹任镇江知府时，重新修缮，后又废。南宋嘉定年间，郡守赵善湘支持沈氏后人予以修复。《至顺镇江志》记载："郡为开浚荷池，展拓基地立内翰祠于池之中……两岸栽植花木，结亭为游憩之所，与民同乐。"

此后园址为伍姓所有。元代又转属真州都督颜泰壹，后归严家作为祠堂，几易其主，历尽沧桑。1985年市人民政府为纪念沈括逝世890周年，把梦溪园原址遗存的严氏宗祠2进房屋，约400平方米，按原貌重修，恢复了沈括纪念馆。陈列沈括生平介绍，梦溪园原貌模型，沈括画像，以及沈括在科学方面的部分成就等，供游人参观。

伯先公园

伯先公园在城西云台山南面，镇江市级文物保护单位。

公园建成于1931年，占地面积约120亩，为纪念辛亥革命先驱赵伯先而建。园门朝南，门上有宋庆龄题写的"伯先公园"4字，东门柱嵌田恒于辛亥革命70周年前夕撰写的"伯先传略"刻石。入园台阶上有一块平地，赵伯先的全身铜像，安在3.5米高的花岗岩台座上，身穿戎装，注视远方。铜像两旁山坡上，各有小径，通向后山。山上有"五卅"演讲厅、绍宗藏书楼，山巅原有伯先祠，1967年拆毁，后山下有防空洞。公园设计端庄大方，楼台亭阁，山溪洞壑，巧妙安排，韵味无穷。(赵伯先生平事迹，见本书《先哲留踪·赵伯先故居》)

鼎石山公园

鼎石山公园在镇江市区南，依鼎石山设计建筑。山上有明代建的宝塔，以高僧僧伽之名命名，称僧伽塔。据史记载：僧伽和尚是西域人，唐龙朔元年(661 年)到长安、洛阳等地云游，后到江淮，在泗州建隆兴寺。圆寂后弟子建塔纪念，称“泗州僧伽塔”。南宋绍兴年间，寺僧为避金兵南下作乱，奉僧伽像来镇江，先建塔于寿邱山供奉，旋移于鼎石山。后此塔成为古代人们从东南方向进入镇江时首先看到的一个城市标志。上世纪末，日本仓敷市友人参与鼎石山建设，将一部分建成中日友谊梅樱园，与红梅阁隔水相望。公园内有天桥、瀑布、喜雨潭等景点，植有雪松、腊梅、香樟、广玉兰等名贵花木，四季常青，花香四溢。山左有清代龚自珍诗碑，当年龚自珍经过这里的都天庙时，作抨击时弊、抒发感怀的《乙亥杂诗》：

九州生气恃风雷，万马齐喑究可哀。
我劝天公重抖擞，不拘一格降人才。

显示了鼎石山公园深厚的文化底蕴。

七峰亭

七峰亭在金山寺妙高台西侧的金鳌岭上，为一木构飞檐式的凉亭。

南宋高宗绍兴年间，爱国名将岳飞抗击金兵捷报频传，正要直捣黄龙，收复失地，夺取完全胜利时，宋高宗赵构听秦桧谗言，传说连下金牌十二道，令岳飞星夜赶回京城临安汇报军情。岳飞途经镇江，到金山寺看望道月大和尚。交谈之中岳飞向道月说：“昨夜梦见两犬抱头而言，不解其意。请法师解之。”道月心想：两犬对言乃狱字，岳元帅此次返京城，可能有牢狱之难。即赠诗云：

风波亭下浪滔滔，千万留心把舵牢。
谨防同舟人意歹，将身推落在波涛。

岳飞回到临安,被加以“莫须有”罪名锒铛下狱,不久被杀害于风波亭下。

镇江人为了纪念岳飞,宏扬“精忠报国”的民族精神,在金鳌岭造了七峰阁。因为金鳌岭原有七个峰,故以七峰名之。该阁毁于清咸丰年间兵火。光绪二十五年(1899 年),金山寺方丈隐儒大法师集资重建,1948 年又毁于金山寺大火,建国后重建为七峰亭。

中山纪念林塔

中山纪念林塔在北固山中峰,镇江市级文物保护单位。

中山纪念林塔

塔基为正方形,大理石混凝土结构。塔高 3.56 米。四周分别刻有“总理遗训”以及“有了森林,天气中的水量便可以调和,便可以常常下雨,旱灾便可以减少”、“要能够防水灾,便先要造森林,有了森林,便可以免去水灾”、“我们研究到防止水灾与旱灾的根本方法,都是要造森林”、“中华民国十九年三月十二日,江苏省会造林运动委员会建”、“中山纪念林”等文字。

1930 年春天,镇江各界人士在革命先驱孙中山逝世五周年时,组成数万人造林大军,种植了大片树木,为了纪念这次植树活动,牢记中山先生关于植树造林的号召,建造了中山纪念林塔,以志不忘。

芙蓉楼

芙蓉楼在金山公园塔影湖旁,镇江市级文物保护单位。

芙蓉楼原建于东晋孝武帝时期，是晋代刺史王恭在月华山西北建的一座名楼,原址在今青云门鼓楼岗一带,后毁于战乱。唐代王昌龄任江宁丞期间,到镇江芙蓉楼玩赏,作《芙蓉楼送辛渐》诗:

寒雨连江夜入吴,平明送客楚山孤。
洛阳亲友如相问,一片冰心在玉壶。

为使名楼重现昔日风采,1992 年在金山塔影湖旁复建，占地面积近 1 000 平方米,由芙蓉楼、冰心榭、掬井亭、备茶间及 3 座石塔组成。新建的芙蓉楼是重檐歇山式顶的 2 层仿古建筑,楼西悬江泽民题写的芙蓉楼匾额,楼东挂“千秋江山”长匾。楼中雕刻大型壁画群,由《千秋江山图》、《平明送客图》、《芙蓉楼话雨》、《王昌龄送辛渐诗意图》、《水芙蓉》等组成,整个建筑群环境幽雅,引人入胜,再现了当年芙蓉楼的意境之美。

下篇：永恒的辉煌

我国是世界文明古国，拥有非常丰富的文物资源，这些文物资源是中华民族的物质文化遗产，也是国家的文化财富。文物是历史的载体，它具有时代性、不可再生性和不可替代性。同时，文物是文化发展的见证物，是古代先民心灵智慧的结晶，是历史上各个时代文化进程的缩影。在众多的各类古文物中，不论是出土的、传世的或流散于民间的，我们均可窥探其在源远流长的历史发展中，各时代所呈现出的不同生活风貌及所孕育出的博大文明。这些文物充分体现了中华民族古代文明的高度发达，也是中华民族对人类文明与进步产生过巨大影响的历史见证。

在社会主义事业迅速发展的今天，文物对于丰富广大人民群众的精神文化生活，陶冶人们的思想情操，促进国家之间和地区之间的文化交流，仍然具有重要的现实意义和作用。文物体现着一个民族的历史，国家的形象，人民的创造力；它同样也表达出一个城市、一个地区的文化底蕴及历史轨迹与发展道路。

代表着华夏文明精粹的古文物、古遗址、古建筑、博物馆越来越受到人们的青睐，文物也逐渐成为文化旅游的重要资源。文物的多学科性、知识性、趣味性、教育性，将永远在人们实现终身教育的进程中发挥重要的作用。因此，文物的价值和作用是永恒的，文物的艺术魅力是无穷的，文物所展现的历史是辉煌的。

镇江是中国历史文化名城，我们应建设好地方博物馆，使其成为展示镇江地方文化的重要窗口，成为城市文化的品牌。这一工作得到镇江市委、市政府的高度重视，2002 年决定投资对镇江博物馆进行扩建，并对新老馆区进行整体改造。2005 年 4 月，一座被称为“国内一流的花园式博物馆，一座诗化了的艺术殿堂，一个独具魅力的文化旅游景点"落成开放，使这个1996年国务院批准公布的全国重点文物保护单位更是锦上添花，成为镇江历史文化名城在西区绽放的一朵鲜花。

目前，镇江博物馆珍藏有3万余件从新古器时代至近代的精美文物，其中较具特色的文物主要有：西周至春秋时期的吴国青铜器、六朝青瓷器、唐代金银器、宋代丝绸服饰、明清书画及清代官窑瓷器。现将镇江博物馆馆藏主要精品文物分类作一介绍，请读者和我们一起进入这座辉煌灿烂的地方历史艺术宝库，共同鉴赏这些艺术精品，一起领略先民们巧夺天工的伟大创造，深入了解镇江文物的意蕴内涵，在潜移默化的艺术熏陶和精神启迪中去拓展眼界，增长知识，开发智力，激发民族自豪感和自信心，从中获取奋发、进取、向上的力量，使我们的爱国主义精神得到升华和发扬。

泥火交融呈异彩(陶瓷器文物)

红陶带盖甗(一级文物)

陶器是人类最早的一项发明，在人类的生活中具有很重要的作用，它不仅是生活的必需用具，而且加强了定居生活的稳定性。在新石器时代，我国制陶技术已发展到很高水平，陶器的种类有彩陶、黑陶、灰陶、泥质红陶、夹砂红陶，至夏商时期又出现了白陶和釉陶。

镇江博物馆收藏的这件红陶带盖甗，距今已有5 000多年历史，属新石

红陶带盖甗

器时代中期崧泽文化遗物。1981年出土于句容城头山新石器时代遗址中，通高40.5厘米，口径22.8厘米。这件甗为夹砂红陶，粘土中掺和砂子制成陶器，可以耐高温而不易烧裂，适合于制造烧煮食物的炊具。甗有分体和连体的两种，是甑与鬲(或釜)的结合体，甑与鬲之间设有箅，可以蒸煮食物，功能如同“饭锅+蒸笼”，下层煮，上层蒸，十分适用。器盖既是甗盖，翻转过来又可当盘使用，充分体现了远古先民的聪明才智，其别致的造型，是5 000年前制陶技术已趋成熟的有力例证。

红陶浅盘三足匜(二级文物)

红陶浅盘三足匜，口径32.6厘米×34.4厘米，通高14.6厘米。1981年6月出土于句容城头山新石器时代遗址中。

该匜为泥质红陶，器身为浅盘形，前面设计有流，流口部向前平直伸出，以便于水的倾注，浅盘下配有三个扁形宽足，足面刻有短竖条纹作装饰，盘为素面无纹饰。

匜是古代洗手、洗脸时的盛水用具，一般和盘合用，匜用以盛水，盘用来接水。洗手、洗脸时，一个人拿着盛水的匜，倒水到另一人的手中，用以冲洗，流下来的水则由盘接住。这就是《左传》中所说的“奉匜沃盥”。

宽鋬带流黑陶杯(二级文物)

宽鋬带流黑陶杯，口径9厘米×11厘米，底径8厘米，通高10.4厘米。1983年5月出土于丹阳王家山新石器时代遗址中。

杯为泥质黑皮陶，灰胎，侈口，有流。杯腹部饰三圈泥条状凸棱，平底，置矮圈足。杯身设半环状宽鋬(把手)，鋬面近口处有镂刻并列的双孔，两侧刻划两组竖线纹。杯有盖，盖孤面，与杯口等形，圆形钮，钮面微凹。

杯为饮水器，此杯造型设计轻盈而匀称，宽鋬与长流彼此呼应，构成和谐与美的统一，具有十分突出的稳定感与实用性，是新石器时代陶器中的艺术精品。

红砂陶鬲(二级文物)

红砂陶鬲,西周中期器。口径31.2厘米,通高32.6厘米。1974年11月出土于句容天王公社浮山果园一号土墩墓中。

此鬲质地为夹砂红陶,器形较大,圆口微敛,唇沿外侈,腹部略鼓,弧档较高,三个袋形足,圆椎状足根。器表素面无纹饰,器底残留有烟薰痕迹,说明此鬲在当时曾被作为炊具使用过,后作为殉葬品。

陶鬲是江南土著文化和北方中原文化融合的地方青铜文化——湖熟文化的主要器型之一,在湖熟文化炊器中始终扮演着主要角色。

几何印纹硬陶瓮(二级文物)

几何印纹硬陶瓮,西周。腹径47.5厘米,通高40.5厘米。1975年11月出土于溧水水乌岗西周墓中。

此瓮为硬陶,小口,卷沿,短颈,鼓腹,下腹部内收,平底。瓮颈部刻弦纹数道,通体拍印回纹,在肩部及上腹部拍印有仿青铜器纹饰三周,间隔于回纹之间。

这件几何印纹硬陶瓮,器形较大而规整,通体纹饰十分精美,可以看出是用刻有纹饰的陶拍拍印上去的,十分具有观赏性,给人一种原始的艺术美感。

原始瓷棘刺纹鼎(二级文物)

原始瓷棘刺纹鼎,西周,丹阳导土公社出土。高7厘米,口径15.5厘米,腹径16.5厘米。鼎为浅腹,束颈侈口,圆底,底置三短实足,腹内有螺旋纹,腹外部有扉三条和三组棘刺纹布满器身,器内外施釉,釉色青黄。

原始瓷创烧于商代中期,以高岭土作胎,施青釉,经1 200℃以上高温烧成,它是硬陶向瓷器过渡的产物,所以称为原始青瓷。

此件原始瓷棘刺纹鼎,其纹饰最具地方特色。所谓棘刺纹,就是剔划而成的密集的细而短的芒刺纹饰，这是南方青铜器和原始瓷上所特有的装饰纹样。这件棘刺纹鼎以其玲珑精致的外观，纤巧秀美的纹饰，显示出独特的地域性文化风采。

原始青瓷罐(一级文物)

原始青瓷罐

原始青瓷罐，春秋。1976年在高淳永宁公社出土。口径13.8厘米，腹径21.6厘米，高17.5厘米。敛口，侈唇，狭肩，鼓腹，肩部有双系，口沿下刻划有水波纹，器身满拍印仿青铜器纹饰，内外均施釉，釉色青中泛黄，底部无釉。

这件原始青瓷罐胎质较细腻，釉面光亮平滑，器形十分规整，器壁厚薄均匀，釉色可与六朝青瓷比美，达到春秋时期原始青瓷的最高制作水平，是一件不可多得的精品文物。

原始青瓷圆腹罐(一级文物)

原始青瓷圆腹罐，春秋。1973年8月出土于丹阳皇塘公社大庄大队。口径23.3厘米，高26.4厘米。罐大口，折肩，鼓腹，平底，肩上贴有装饰性泥条双系，并刻划水波纹。腹部为窗格纹，内外施釉，釉色青中泛黄，底部无釉。在罐的内底心和器壁上明显见有双手拉坯时留下的一圈圈螺旋纹，外底部有一道道切割的线痕。这是采用了拉坯成型法的工艺，改变了商周时期的泥条盘筑法，使生产效率和产品质量有了进一步的提高。此罐器型较大，纹饰精美，造型古朴，制作水平上乘，施釉均匀，属精品之作。

重檐庑殿式双层陶屋(二级文物)

重檐庑殿式双层陶屋，高淳固城东汉墓中出土。此屋分上下两层,重檐庑殿式,这是我国传统建筑屋顶形式之一。屋顶由四个倾斜的屋面、一条正脊(平脊)和四条斜脊组成,屋角和屋檐向上起翘,屋面略呈弯曲。下层的居室外围,设计有回廊,造型别致,为汉代的楼式建筑。

这座陶屋模型,是件明器,专为随葬而制作。汉代墓葬中,常见有陶楼、陶灶、陶鸡屋、陶猪圈、陶犬栏、陶井、陶猪、陶狗、陶鸡、陶磨等明器出土。这表明汉代人将生前占有的产业制成模型带入墓中,应了当时“视死如视生”的说法。这件陶屋对研究汉代建筑具有一定价值。

釉陶虎子(一级文物)

釉陶虎子,东汉。1972 年出土于金坛县香草河。身长 24.5 厘米,高 21 厘米,腹径 14.5 厘米。通体作伏虎状,四肢屈曲,虎尾上翘弯曲至头部成把手。通常虎子以虎口为流,而此虎子流为圆口,在流的右侧塑一虎头,张口露齿,全面满施黄褐色釉,刻以线条组成的虎纹。

有趣的是，这只虎子与南京博物院在江苏新沂唐店发掘的一座东汉早期墓葬中出土的一只釉陶虎子,造型安全相同,只是虎头在流口的左侧,两只虎子的虎头方向相反,真可谓是孪生姐妹。

虎子的用途,历来有二种说法,一说是盥洗之器,一说是尿壶。但据 1955 年南京光华门赵士岗东吴墓中曾出土过的一件刻铭文虎子,铭文为“赤乌十四年会稽上虞师袁宜作”。我们可以想到,如果虎子是尿壶,任何工匠也不敢将帝王年号刻在尿器之上。“袁宜”为工匠名,那么工匠也不会将自己的名字刻在供从便溺的器具之上，而且此虎子出土时与生活用具共存。另外,镇江谏壁王家山东周墓也曾出土过一只铜虎子,此虎子在近尾处有一排气管,如是尿壶,流口上仰,壶中的尿就会倒流出来,因此,不能作尿壶使用。

可以推断,虎子在当时应是盥洗之器,是用以盛水的,虎子演变成尿壶，当是后世的事，就如同古代酒尊，演变成现在的痰盂一样。

釉陶带流瓿(二级文物)

釉陶带流瓿，东汉，镇江市南门出土。器高 19 厘米，腹径 26 厘米，口径 10 厘米。瓿质地为硬陶，施以青釉，腹上部一侧为兽面纹单耳，另一侧设有方流，造型别致，在国内汉墓中较少见。

瓿为古代盛水或盛酒器具，通常瓿均是鼓腹，敛口，双兽面纹耳，也有少量方瓿，而像这件单耳带流的陶瓿，较为罕见，它除了增添美感之外，更加方便于倒水。

黑釉瓷小罐(一级文物)

黑釉瓷小罐，东汉。1973 年出土于丹阳大泊公社瓜渚大队永元十三年纪年墓中。口径 3.5 厘米，高 3.7 厘米。罐口圆唇，直颈，鼓腹，腹下内收，平底。颈部有两个对称的穿孔，可系绳以挂。全器施黑釉，乌黑光亮，底部无釉，胎紫红色。此罐为汉代鸟食罐。

我国汉代养鸟之风十分盛行，据《李义山杂纂》中记载："至汉而养鹦鹉者纷纷矣。"可见以养鸟为观赏、娱乐之事由来以久。此鸟食罐亦是养鸟之风的佐证。

黑釉瓷器，是浙江上虞窑一带在东汉时期的创新产品，这件黑釉小罐较小，看上去好像不显眼，但它在《中国陶瓷史》一书中被称为我国目前发现最早的，有纪年可考的黑釉瓷器。永元十三年，为公元 101 年，距今已有 1 895 年历史。

灰陶五联罐(二级文物)

灰陶五联罐，东吴，出土于高淳化肥厂东吴墓中。口径 6 厘米，高 25.2 厘米，腹径 24.9 厘米，底径 11.6 厘米。五联罐是由五只小罐对称置于大罐的肩部、口部之上，其造型在东吴墓中较少见，具有汉至东吴魂瓶的过渡特征。

五联罐是谷仓罐的演变,又称魂瓶,东吴时出现有青瓷堆塑罐,叫法不一,用途一样。叫它谷仓罐,是因为放盛粮食而定名;叫魂瓶,它是死者灵魂的出入之所,有引渡灵魂升天之意;叫堆塑罐则是以堆塑工艺而命名。

这件五联罐,造型别致,对研究魂瓶的演变、古代的葬俗、人们的宗教观念都具有一定价值。

上虞窑青瓷扁壶(一级文物)

上虞窑青瓷扁壶

上虞窑青瓷扁壶,东吴。1970 年 8 月出土于金坛县白塔公社惠群大队东吴墓中。通高 23.2 厘米, 口径 6.3 厘米,腹径 21 厘米。此扁壶造型继承了汉代扁壶风格,直颈,小平口,扁圆腹,圈足扁圆外侈, 肩部塑造两只飞鼠形系。釉色青中泛黄。腹部上方刻划一装饰图案,下方刻写“紫是会稽上虞范休可作坤者也”十三字。另一面腹部上方也刻划一装饰图案,下方刻写“紫是鱼浦ŧ也”六字。

此壶的刻写文字“紫是”就是“此是”,在浙江方言中“此”音读“紫”。“会稽上虞”是地名,现为浙江省上虞县,意指浙江上虞窑。“范休可作坤者也”意即作坤的人叫范休可,为工匠名。有学者考“坤”字为“埤”字,而此字并非“埤”字。在江西省九江地区曾收集到一件汉代铜扁壶,铸铭文“钾”。湖北省江陵纪南城凤凰山 167 号汉墓中出土一件漆扁壶,名为“柙”。浙江省上虞县百官镇西晋墓中出土一件青瓷扁壶,壶腹部刻划飞鸟和奔兔,足底刻写“且姑坤”一枚。由此可见,汉代和三国两晋时期,扁壶正名叫“钾”、“柙”、“坤”,它是根据扁壶的质地不同而偏旁各异。铜扁壶为“钾”,漆扁壶为“柙”,

瓷扁壶为"坪"。故"坪"字当是"坪"字。扁壶之名系宋朝以后的称谓，宋代《博古图》中曰："形制特匾，故因其形而名之。"由此证明"紫是鱼浦ŧ也"为"此是鱼浦ŧ也"。"鱼浦"是上虞县境内的湖名，叫鱼浦湖，现改称"白马湖"。此铭文意为造扁壶的土取自鱼浦湖。

此扁壶既自铭产地、窑口，又有工匠名，是一件不可多得的上虞窑珍品。

青瓷飞鸟百戏堆塑罐(一级文物)

青瓷飞鸟百戏堆塑罐，出土于金坛唐王公社东吴墓中。通高47.5厘米，口径8.8厘米，腹径28.5厘米，系浙江越窑东吴晚期烧造的青瓷产品。其总体造型为一盘口鼓腹大罐，上有楼台百戏、飞禽走兽及小五联罐。此罐塑有飞鸟68只，狮子、猴、鹿、犬、海兽、龟、飞鼠、蜥蜴等走兽、水畜、爬虫69只，还塑有三层楼台1幢，舞乐杂技人物10人(皆胡人形象)。罐腹一周有模印同样带背光的造像七尊，堆贴在器身上。目前对此造像，考古界普遍认为是佛造像。但笔者认为不能单以"背光"推断是佛像，我国道像也有背光。此像第一不是莲花座，而是松针座；第二，其服饰不是佛教服饰，而是道教的九叠衣；第三，在我国传统葬俗中尚未见有以佛像陪葬，佛像仅供奉于寺庙或居室中的佛堂，

青瓷飞鸟百戏堆塑罐

或刻于名山大川之摩岩、石窟。此像当为句容茅山道祖茅盈,他是玉皇大帝册封,分管江浙一带生死籍,并赐给他“节与幡”引渡人的灵魂升天的仙人。对此问题将有专文进行考证。

此堆塑罐各种人物、飞禽走兽的神态极为生动有趣,寓意深刻,有人谓“所堆之物,取子孙繁衍,六畜繁息之意,以妥死者之魂,而慰生者之望”,都表达了道教死而复生或引渡灵魂升天成仙的思想。同时,这件堆塑罐反映了在东吴时期,我国青瓷工艺和雕塑技术已达到很高的艺术水平。

青瓷羽翼纹虎子(一级文物)

青瓷羽翼纹虎子,西晋。1960 年 2 月出土于丹徒。长 30 厘米,口径 7.4 厘米,高 20.4 厘米。青瓷虎子作蹲伏状,四肢伏地,虎首塑造得形象逼真,虎口圆张为流口,胸腹雕刻卷毛,股上贴塑虎尾,背部有弧形提梁,腰部两侧刻划羽翼纹,将山中之王塑造得勇猛雄壮。整个器形稳重美观,静中寓动,富有生机。

此虎子满施青釉,釉色光亮匀称,系浙江越窑产品。其制造工艺和装饰雕塑艺术都有了很大的进步。代表了越窑在西晋时期的制瓷工艺水平。

青瓷虎头罐(二级文物)

青瓷虎头罐,出土于镇江市丹徒林机厂西晋墓中,腹径 26.5 厘米。青瓷罐在六朝墓葬中比较常见,但虎口罐则很少见。此罐扁鼓腹,口底尺寸相等,肩部设银锭式双系,两系的正中部位塑一雕刻精细的虎头为流口。虎张口而啸,虎目圆睁。与虎头的对称处,堆塑一虎尾,两相呼应。此罐的设计形式完全来源于四系青瓷罐,只是去掉两系,以虎头与虎尾来代替,这样使罐更具有装饰性与实用性,这也是古代制陶艺人在设计理念上的一种创新。

青瓷狮形烛台（二级文物）

青瓷狮形烛台，西晋。1973年出土于镇江丹徒华墅公社。长12.5厘米，臀宽6.1厘米，高9.3厘米。该器为一雄狮造型，四肢伏地，颈部披长毛，胸部塑卷毛，背脊两侧刻细长毛，臀部塑卷毛尾，四肢大腿部肌肉微鼓，显得肌肉发达，强壮有力。背部有一管状孔。其造型生动逼真，栩栩如生。全器施青釉，为浙江越窑产品。

此类器，过去被称为"水注"。通过大量考古出土物的印证，证实此类器形为古代烛台，背部管状插孔，即用来插蜡烛或插多头的"丁"字形、"球门"形的多头蜡烛支架。如单器使用，即用"丁"字形支架；如双器使用，可用"球门"式支架，可插很多支蜡烛。

我国用烛照明的历史十分悠久，《楚辞》中即有"室中之观多珍怪，兰膏明烛华容备"之句。战国秦汉之时，多见铜烛台，三国两晋时期多生产青瓷狮形或羊形烛台。

青瓷羊头盘口壶（一级文物）

青瓷羊头盘口壶，东晋。1961年6月镇江市农机学院内东晋墓出土。高30厘米，口径18.1厘米，底径12.5厘米。全器施以青绿色釉，釉色匀润光亮，系浙江越窑产品。壶为浅盘口，喇叭颈，鼓腹，平底，肩部塑一山羊头，羊首两角弯曲，嘴下巴塑山羊胡，神态宁静安祥，温驯可爱。肩塑对称双银锭系一对。造型端庄自然，稳重大方，器身柔和的弧线和羊首的结合，更增添一种祥和的氛围，通体洋溢着浑厚质朴、秀丽清新的魏晋风范。

以动物造型为器物的装饰，是六朝时期瓷器制造的主要工艺手法之一，如虎子，狮形烛台，羊形烛台，鸡首壶，虎头罐，蛙形水盂，兔形水盂等。羊首盘口壶，则是以羊头塑于常见盘口壶上而得名，较为少见。在中国古代"羊"字同"祥"，所以人们往往把羊作为吉祥的标志物，以羊首作为器物装饰，既能满足人们期求吉祥的心愿，又符合日常生活的审美需求。

青瓷龙首把直流尊(一级文物)

青瓷龙首把直流尊,东晋。1979年出土于镇江冶炼厂东晋墓中。通高16.7厘米,口径13.5厘米,腹径17.4厘米。尊为高直口,鼓腹,平底,颈部设双半环形系。尊口部至腹部塑伏首衔沿式龙首把。在龙首对称的口沿部设有一半圆式短流。器身压印凹弦纹,通体施青釉,釉色光亮而匀润。器形饱满稳重,装饰简洁和谐,工艺精致,为浙江越窑精品之作。

在常见的直口尊上添置了流和雕刻精细的龙首形鋬（把手),既有助于改变呆板的形制,赋予器物以动感,又便于握持倾倒,构思巧妙,融观赏与实用于一身。

青瓷羊形烛台(二级文物)

青瓷羊形烛台,东晋。1980年12月出土于镇江谏壁砖瓦厂东晋墓中。长16厘米,高14.7厘米。青瓷羊作昂首跪伏状,山羊造型,神态安祥,臀部设小尾。羊的眼、鼻、须施有褐彩,肌肉的突出处施以褐斑。腹的两侧各刻一羽翼纹。羊头顶部有一小圆孔,可插蜡烛支架。通体施青釉,造型优美可爱。其多处施褐彩起到了画龙点睛的艺术效果。

日本世界画坛巨匠、东京艺术大学教授平山郁夫先生1985年来镇江欣赏了这件文物后，被青瓷的艺术魅力所感动，当场绘了一幅"青瓷羊形烛台图",送赠镇江博物馆珍藏。

青瓷褐斑鸡首壶(二级文物)

青瓷褐斑鸡首壶,东晋。腹径16.5厘米,底径10.5厘米,高20厘米,出土于镇江跑马山东晋墓中。壶盘口,长颈,鼓腹,平底。腹肩部鸡首高昂,短冠,鸡尾呈蠕体卷尾状,有桥形双系。釉色清绿淡雅,晶亮,褐斑施于腹身多处,褐色斑块釉色晕化,浓淡相宜,为浙江瓯窑产品。

此鸡首壶与常见的鸡首壶造型不同,有独特的艺术风格。常见鸡首壶均有把手，而此壶无鋬，可持颈部倒酒。其造型首尾呼应，褐色斑块增加了赏心悦目的美感，卷曲的鸡尾更是首见，是瓯窑的上乘之作。

褐釉瓷鸡首壶(二级文物)

褐釉瓷鸡首壶，东晋，出土于镇江市阳彭山东晋墓中。器高 29.5 厘米，腹径 25.2 厘米，口径 12.7 厘米。壶盘口，短颈，鼓腹，平底。上腹前装有鸡首，引颈高冠，后有龙首衔沿式圆柱形把手，肩部有对称的桥形双系。满施黑褐色釉，釉色光亮如漆，器形优美。

鸡首壶为古代酒器，此件褐釉鸡首壶系浙江德清窑精品。

陶牛车(二级文物)

陶牛车，南朝。1973 年 4 月出土于镇江市何家门自来水厂工地南朝墓中。牛车质地为灰陶。车、牛通长 45 厘米，车高 22 厘米，车宽 27 厘米。车为蓬式，有二只仿木轮，双辕杆架于牛颈之上。车、轮、牛为分体式，可以拆装。

牛和车的组合出土，反映了牛车在六朝时期很流行，不仅民间广泛用牛车作为交通运输工具，就是王公大臣、士大夫贵族也都乘牛车出行，所以人们把牛车制成明器，作为殉葬之物。

陶马(二级文物)

陶马，南朝。1973 年 4 月出土于镇江市何家门自来水厂工地的南朝墓中，与陶牛车同墓而出。高 21.7 厘米，长 21.7 厘米，宽 11 厘米。马为灰陶雕塑品，马首高昂作嘶叫状，马首系有双缰绳，脖悬挂銮铃，背配马鞍、马镫，四肢前伸，似奔跑状。马颈粗壮，前胸宽阔，显然是一匹良马。

马在我国分布很广，是人类喜爱的家畜，用于驮载重物，驾车，骑乘，用于交通运输及战争中骑兵坐骑。此件陶马明器，则是骑乘之马的造型。

青瓷虎子(一级文物)

青瓷虎子

青瓷虎子,南朝。1984年在宜兴县出土。高20.4厘米,长30厘米,口径7.4厘米。虎子前身大而耸峙,腰部收小,前后腿部微微鼓出,四足呈俯伏状,显得矫健有力,背有绹索形提梁。虎子的口部作45度角上仰,须髯俱张,虎牙交错,整体造型将兽中之王的威武凶猛、欲待猛扑的姿态刻划得栩栩如生。此件虎子胎色白中泛黄,釉色青中泛绿,玻璃质感较强,特别光亮,系浙江瓯窑的精品。像这样外形美观、造型独特的虎子,在全国的出土虎子中比较少见。

绞胎盘(一级文物)

绞 胎 盘

绞胎盘,唐代。1973年在邗江出土。口径21.6厘米,高4.2厘米。盘为卷沿,浅腹,平底。绞胎是我国古代陶瓷工艺在唐朝创烧的新品种,盛行于唐、宋两朝。宋朝以后渐趋绝迹,可能是工艺失传,直至现代又出现仿古绞胎制品。

绞胎也称搅胎,因绞胎器的花纹,似木纹、大理石纹的效果,故西方人称绞胎器为“大理石纹陶器”。绞胎的制作方法有两种:一种是将深、浅两种颜色的瓷土,相间揉和在一起然后拉坯成型,再施釉焙烧,即成绞胎器。这种绞胎器,从胎里到胎外，均是两色瓷土相绞面成。另一种工艺为贴面绞胎器，是将两色瓷土搅和后，切成片状，一块块贴于制成的瓷或陶的器皿之上，再施釉焙烧而成，称贴面绞胎器。常见的绞胎料有白、褐相间或褐、黄相间。

此件绞胎盘为陶胎，胎土为紫红色，为贴面绞胎盘。其色彩为褐、黄相间，纹路似木纹，又似行云流水，纹饰自然而和谐，非常美观，是一件不可多得的精品。

青瓷团花带盖注子(二级文物)

青瓷团花带盖注子，五代。1975 年 3 月出土于镇江市何家门五代墓中。口径 4.9 厘米，高 20 厘米，底径 7.9 厘米。注子为球腹，直颈，丰肩，圈足，葫芦形盖。肩部设双带式把手及细长流，流口与注口相平。注身刻四组缠枝团花与折枝花图案，肩部刻一圈卷叶纹，颈部、把手刻流云纹，器盖刻有云纹和羽状纹。壶满施青釉，釉色匀润光亮。

注子又称执壶，古代酒具或茶具。这件注子为浙江越窑产品。唐代诗人陆龟蒙《秘色越器》诗曰："九秋风露越窑开，夺得千峰翠色来。"可见唐代越窑瓷器的烧造水平已达到高峰。五代越窑是在唐代基础上发展起来的，在造型和纹饰上延续了唐代风格。这一时期，大多数器物纹饰运用不多，这件注子通体装饰繁密而精细的花卉、卷叶、云纹等图案是比较少见的。

琉璃建筑模型(一组)(一级文物)

琉璃建筑模型(一组)，北宋。1978 年 2 月出土于溧阳竹箦公社中梅大队元祐六年(1091 年)北宋墓中。

琉璃陶楼一座，上下两层。高 46 厘米，宽 41 厘米，深 29.5 厘米。楼为重檐歇山式顶，屋面坡度较高，正脊两端为鸱尾，岔脊上各有三个上翘的尖角，上层檐柱六根，两边檐柱均向内斜，形成"柱侧脚"，楼下靠左山墙有一楼梯通往楼上。楼下屋中设一桌一椅，两旁站有男女侍俑各一。陶楼除屋面瓦楞施绿色琉璃釉外，余皆为姜黄色琉璃釉。

琉璃水榭一座，3 件，分前后两进，中间以小桥相连。水榭为水上建筑。前进为歇山顶高台建筑，高 25 厘米，宽 24.7 厘米，深 16.5 厘米。正脊两端为鸱尾，檐下无柱，有左右山墙，前后相通，高台前有三层台阶。后进亦为歇山顶高台建筑，高 47 厘米，宽 30.4 厘米，深 36.5 厘米。屋面坡度较陡，正脊两端为兽头。垂脊下为坐狮，檐下四根圆柱，其上部均微向内倾斜，莲花柱础，左、右、前方均通，仅后方有墙。屋内设一桌一椅，两旁站男女侍俑各一，前后两进之间，有一拱形小桥相连。水榭屋面及台基施绿色琉璃釉，余皆施姜黄色琉璃釉。

琉璃凉亭一座，高 38.5 厘米，宽 32.5 厘米，深 28 厘米。凉亭为歇山顶高台建筑，屋面坡度较陡，正脊两端为兽头，垂脊两端有坐狮，岔脊上有三个上翘的尖角，檐下四圆柱，莲花柱础。亭三面无墙，仅后方有墙，亭内设一桌一椅，男女侍俑各一。高台四周设有栏杆。屋面施绿色琉璃釉，余皆姜黄色琉璃釉。

宋代是我国古建筑发展史上的重要时期，它承前启后，对后代建筑形式影响较大。该模型展现了一个显具江南特色的较为完整的地主庭院布局，正如墓志铭中记载，墓主李彬“好治居处，圜以楼亭轩榭，被以嘉木杂卉，远而望之，奂丽屹然，貌廛闬绝尘埃”。

这套建筑模型，做工精致，布局合理，比例协调，是宋代建筑风格的真实写照，为研究宋代建筑、墓俗、雕塑艺术和社会生活提供了实物资料。

琉璃陶肩舆与舆夫(一级文物)

琉璃陶肩舆与舆夫，北宋。1978 年 2 月出土于溧阳竹箦公社中梅大队北宋元祐六年（1091 年）李彬墓中。

琉璃陶肩舆与舆夫

肩舆，也就是俗称的轿子，1 件。高 17.5 厘米，杆长 32 厘米。舆的造型简洁宽大，仅为一张靠背椅,两旁扎有双竹杠,作为轿杠。椅子与普通坐椅不同之处,就是在椅子四腿的下方有 2 块木板状横撑,一是为了落地平稳,二是前横撑可作坐椅人的双脚支撑,使人坐得舒服。

舆夫,即轿夫俑,两人。高 22 厘米。两俑一前一后作抬轿姿态,舆夫头戴小帽,着交领短衣,腰束巾带,其面容饱满,体态矫健,显得精干利索。肩舆与舆夫均为陶塑,施深绿色琉璃釉。

肩舆与舆夫均为明器,但它是北宋时期现实生活中实物的真实写照,同时也展示了宋代陶塑的艺术魅力,为研究宋代的代步工具及平民服饰提供了实物例证。

陶四神(一级文物)

陶四神,为青龙、白虎、朱雀、玄武,北宋。1978 年 12 月出土于溧阳竹箦公社中梅大队北宋元祐六年(1091 年)李彬墓中。

青龙,东方之神,代表春季,四神之首。长 68 厘米,高 44 厘米。青龙昂首翘尾,四肢站立,张口怒目,矫健勇猛,龙体遍刻鳞甲,身施绿色琉璃釉,背鳍施黄褐色琉璃釉。

白虎,西方之神,代表秋季。长 60 厘米,高 41 厘米。白虎,名曰虎,却冠以猫首龙身,猫首双眼圆突,神态逼真,机灵可爱,虎身如青龙,周身刻鳞甲,虎尾上翘,虎身施黄褐色琉璃釉,背鳍施深褐色琉璃釉。

朱雀,南方之神,代表夏季。长 29 厘米,高 26 厘米。朱雀为鸟首高冠,展翅翘尾,身以粗线条刻出羽毛,雕工精细,展翅欲飞之态刻划得栩栩如生,通体施朱红琉璃釉。

玄武,北方之神,代表冬季。长 21 厘米,高 17 厘米。玄武为龟蛇合体之形,龟伏地作爬行状,蛇盘绕龟体。龟首上昂与蛇首相对而戏,刻划极为传神。玄武为红陶,无釉。

青龙、白虎、朱雀、玄武,通称四神。自秦汉以来常见于墓葬之中,当属镇墓祛邪之物。陶四神在墓中出土时的排列位置,青龙在左,白虎于右,朱雀居前,玄武在后,符合四神东、西、南、北方位。

陶四神造型生动，雕工精美，技艺高超，凝聚着宋代陶塑工匠的智慧，展示了宋代雕塑的精湛技艺。

影青瓷梅瓶(一级文物)

影青瓷梅瓶，北宋。1973 年 4 月出土于镇江磷肥厂北宋墓中。高 36.7 厘米，腹径 20.8 厘米，口径 10 厘米，底径 10.5 厘米。梅瓶为盘口，短颈，丰肩，鼓腹逐渐向底部收敛，暗圈足。此瓶器形较大，但瓶体制作规整，各部分比例匀称，修长清秀，给人以亭亭玉立之美感。全器施牙白色釉，积釉处微微闪青，釉色润泽匀净，胎白微黄，为景德镇窑“南定”产品。

紫定梅瓶(一级文物)

紫定梅瓶，北宋。1974 年 7 月出土于镇江市南郊水泥制杆厂北宋熙宁四年(1071 年)章岷墓中。高 23.3 厘米，腹径 16.2 厘米，口径 6 厘米，底径 8 厘米。梅瓶卷口细直颈，丰肩鼓腹，下腹内收，圈足，胎质洁白精细，外施酱色釉，瓶内满施白釉。此瓶制作规整，造型挺拔秀丽，稳重大方，是一件十分珍贵的上乘之作。

紫定瓶为定窑的珍贵产品。定窑是宋代五大名窑之一，以生产白瓷为主，少量生产酱釉、绿釉、黑釉产品，被称为白定、紫定、绿定、黑定。

苏州泥塑童戏像(一级文物)

苏州泥塑童戏像，宋代。1976 年出土于镇江市五条街小学宋代遗址中。泥塑童戏像五件，高(或长)10 厘米左右，神态各异，充满稚气，天真活泼，顽皮可爱。童戏像均为泥塑，经过

苏州泥塑童戏像

烧制，外表无釉，个别地方略施彩绘。泥塑童戏像分别为：一个袖手站像，颈戴项圈，目视前方，憨态可掬；一个歪首侧视作站立状，两手比划，一副不屑一顾的神态；一个为侧首坐地像，两膝屈起，右手搁膝，左手上举前伸作招手状，神态似呼唤状；一个为伏地爬像，四脚伏地，屁股蹶起，右臂弯曲，左手前伸，两眼凝视着右前方，作向前爬行姿态，满面微笑；一个为仰天跌倒像，仰面倒地，两手张开，两脚朝天，头向上昂起，面带笑容，虽摔了个屁股墩，仍是一副顽皮逞强的神情。这五个泥塑童戏像除技艺高超之处，全在于传神，个个活灵活现，从神态、姿态、表情就能体会到他们各自的性格特征，甚至心理活动。

尤其珍贵的是，童戏塑像的背后有清晰可见的楷书阴文戳记“吴郡包成祖”、“平江包成祖”、“平江孙荣”。吴郡、平江均为古代苏州旧称，这就向我们提供了泥塑童戏像的产地和工匠的姓名。

宋时，每逢七夕，人们都喜欢购买泥塑娃娃送给新婚人家，恭贺早生贵子。此种风俗源自西域，将泥塑童戏像称之为摩喉罗。宋代泥塑童戏像在宋时即十分珍贵，流传至今，存世较少，是不可多得的珍贵文物。

青花云龙纹瓷罐(一级文物)

青花云龙纹瓷罐

青花云龙纹瓷罐，元代。1966年4月出土于金坛洮西公社湖溪大队。口径22.2厘米，腹径35.5厘米，高26厘米。罐直颈，方圆唇，鼓腹，平底。罐颈外饰青花斜方格纹，肩部画一周变形莲瓣纹，莲瓣中填杂宝及花卉。腹部刻、画双云龙纹，龙小头细颈,身肢矫健,四爪强劲,腾跃于云中。器身下部一周饰仰莲纹。胎骨较厚重,青花釉色呈灰兰,有黑褐色斑点。此罐腹部云龙纹,采用先刻后画的工艺手法,颇具特色。该罐出土时,罐内装有一批元代银器,其中一只银盘,刻有阿拉伯文的回历纪年铭文,为回历七百一十四年一月,即元仁宗延祐元年(1314 年),为元代中期器,它为考证此罐大约年代提供了依据。

青花高足杯(二级文物)

青花高足杯,六只,元代。1962 年 9 月丹徒县大路公社照临大队元代窑藏出土。口径 11.2 厘米,高 9 厘米。杯身为半球形,接以竹节形喇叭状高足,其中 5 只杯腹画青花“梅月”纹,一只画青花“松竹”纹。杯内底心画青花花卉图案,有梅花或火焰。杯内外施釉,仅圈足内无釉,釉色白中泛青,青花色彩浓重。这种青花钴料为进口“苏麻尼青”,此料含锰量低而含铁量高,故而呈色更显浓艳靛蓝。

此六只青花高足杯为元代景德镇产品,其造型清秀典雅,画面简洁生动,一枝梅,一枝松,一根竹,一弯月,仅仅用勾、染、点画而成,笔锋酣畅有力,且笔划边缘略有晕散,具有国画韵味。

青花带盖梅瓶(三级文物)

青花带盖梅瓶,明代,传世文物。口径 2.2 厘米,底径 6.4 厘米,通高 18 厘米,有盖,盖呈将军盔形。瓶小口直颈,溜肩,鼓腹向下内收,假圈足,底微外撇。器内满釉,底无釉,盖与器底均有螺旋纹。盖外壁绘青花缠枝花卉。颈部与肩部有三道弦纹,腹部绘三组狮子云纹。腹部下面有二道弦纹,底的边缘有一条弦纹,弦纹之间绘三组折枝梅花。梅瓶造型丰满浑厚,青花淡雅,釉色光亮。

此件梅瓶的纹饰具有明代正德时期特征,开始转变了成化、弘治时期纹饰纤细的风格,当为明代正德时期景德镇产品。

青花葫芦瓶(三级文物)

青花葫芦瓶,明代嘉靖器,传世文物。口径 4.2 厘米,底径 9 厘米,高 23.8 厘米。瓶为葫芦形,平底,满釉。口沿下为“大明嘉靖年制”青花款。上腹部为四朵青花“壬”字形云纹。束腰部为青花梅花纹。下腹部的上层与底层为如意头纹,中间为两条追逐火珠的龙纹,双龙隙地加绘朵云。龙在飞舞,云在飘动,整个画面充满了生机。青花色泽浓艳,青中泛紫,所用青花钴料为西域的回青料。

青花长方形花盆(二级文物)

青花长方形花盆,清宫旧藏,康熙官窑器。口径长 24.5 厘米,宽 13 厘米,高 7.2 厘米,底径长 20.5 厘米,宽 8.7 厘米。花盆呈长方形,上绘果树。口沿下为“大清康熙年制”楷书官窑款。底部设如意云头形四足。腹部绘山水人物图,可分为四组:第一组为《深山乘蹇图》,峭拔的山峰,淙淙的溪流,两位意态闲适的老人骑着毛驴,一前一后在交谈,欣赏大自然的美景;第二组为《观瀑图》,三位高士站在岩石上,观看瀑布,千山静寂,只见瀑布飞泻而下,犹如巨龙吐水,冲到湖中,激起层层浪花;第三组为《待渡图》,远山近树,骄阳流云,仙鹤在空中翱翔,山角下小河旁,两位高士在等船待渡,身后一童子手拿古琴;第四组为《回归图》,云烟缭绕的山林,山下的小石桥上,走着两位游兴未尽的高士。此件花盆胎质细密,造型挺拔浑厚,青花色泽鲜艳,层次分明。绘画技法高超,无论远山近水,层峦叠嶂,人物动态,均得心应手,犹如高手笔下的幅幅山水小品,是康熙青花器中的佳品。

陈鸣远紫砂竹根笔筒(二级文物)

陈鸣远紫砂竹根笔筒,清康熙时制作。1962 年镇江博物馆从大收藏家严惠宇先生处收购。笔筒高 12.4 厘米,口径 7 厘米,腹径 7.4 厘米。笔筒造型为一段竹根,系白泥制作而成,一眼望去,简直是一段破竹根,雕工精妙绝伦,不经一语道破,谁也不信这是紫砂工艺品,观

陈鸣远紫砂竹根笔筒

者无不称奇叫绝，叹为鬼斧神工。紫砂笔筒的雕工，无论是竹节，竹子的根须，竹子的干裂痕，还是断裂破皮处的竹丝痕，无处不雕得惟妙惟肖，就连竹子的色泽，也似一段枯竹，达到了以假乱真的境地。笔筒内底部有一方形图章戳记，为“陈鸣远”三字篆书款，真不愧是名师上乘之作。另外，笔筒被收藏家配以紫檀木雕四足圆型底座，也被刻成竹根形，雕工极为精细，真可谓是相得益彰，珠联璧合。

明清以来，制造紫砂器的高手辈出。康熙年间，紫砂杰出名家，当首推陈鸣远。陈氏号“鹤峰”、“壶隐”，宜兴人。他所制作的茶具和陈设品色泽、款式精美绝妙，尤其是他制作的瓜果之类的像生紫砂器，形态色泽十分逼真，人们称之为绝品。有诗赞其曰：“古来技巧能几人，陈生陈生今绝伦。”可见陈鸣远的紫砂作品是技艺超群、独具匠心的。

黄地素三彩龙纹大盘(二级文物)

黄地素三彩龙纹大盘，清宫旧藏，康熙官窑器。盘口径 40.3 厘米，高 7.2 厘米，足径 26 厘米。盘为折沿，曲腹，圈足。圈足外底心有“大清康熙年制”双行楷书双圈官窑款。此盘为素三彩器，在涩胎上先刻好纹样，再用彩填绘，全器色彩有黄、紫、绿、白、蓝等。整个画面不用红彩，一般称为素三彩。此盘折沿上绘云龙、火珠纹，盘内腹绘有梅花、菊花、荷花、牡丹花。内底部绘二龙戏珠纹，龙一紫一绿，四周祥云缭绕。外腹绘龙戏火珠纹。全器黄地彩绘，色调温润鲜艳，器大而规整，是瓷器中的精品。

斗彩瓜楞瓶(二级文物)

斗彩瓜楞瓶，清宫旧藏，雍正官窑器。瓶口径 1.2 厘米，高 10.5 厘米,底径3.4厘米。直颈,溜肩,瓜楞形腹,浅圈足。圈足内有“大清雍正年制”双行楷书双圈官窑款。通体先以淡描青花勾出纹饰轮廓线,再填以黄色、红色、绿色彩料,红色油润鲜艳,绿色似水般莹亮明澈。瓶颈部与肩部绘穿花龙纹,腹部绘松、竹、梅等植物花卉和玲珑石图案,纹饰布局简洁幽雅。

斗彩是指釉下青花和釉上填彩相结合的工艺,是在瓷胎上先画好青花图案,再施釉,入窑焙烧成青花器,再在釉上用彩,在青花图案的轮廓线内填绘后,入低温窑炉内烘烤,即成斗彩。此瓶胎质细腻,釉色滋润,花纹纤细精美,造型隽秀典雅,小巧玲珑,为雍正时期官窑的上乘之作。

祭红盘(二级文物)

祭红盘,清宫旧藏,雍正官窑器。盘口径20厘米,高4.3厘米,底径13厘米。敞口,平底,圈足。圈足内有“大清雍正年制”双行楷书官窑款。全器内外施祭红釉,口沿呈一圈清晰整齐的白边,俗称“灯草口”,底部为白釉,釉面有橘皮纹。祭红是红釉的名称之一,这种红釉颜色鲜红,人们就称之为鲜红;又由于这种红釉象红宝石一样美丽,又称为宝石红;此外还有“霁红”、“积红”等名称。因这种红釉器常作祭祀用器,故称之为祭红。

此盘釉色鲜红滋润,光亮如红宝石,非常艳丽娇美,是红釉中的精品。

茶叶末釉绶带葫芦瓶(二级文物)

茶叶末釉绶带葫芦瓶,清宫旧藏,乾隆官窑器。口径2.8厘米,高26.2厘米,足径8.2厘米。瓶呈葫芦形,小口,直颈,细腰部有箍形装饰。葫芦两侧有对称的弯曲绶带形装饰。圈足内有“大清乾隆年制”篆书官窑款。葫芦瓶满施茶叶末釉,圈足处釉色略深,足部釉与露胎相接处有刮削时无意留下的轻微跳刀痕。

茶叶末釉是我国古代铁结晶中重要的品种之一,属高温黄釉。釉

茶叶末釉绶带葫芦瓶

呈失透的黄绿色，在暗绿的底色上闪出犹如茶叶细末的黄褐细点，这些黄褐色细点是釉中的铁、镁与硅酸化合而产生的结晶。茶叶末釉始于唐代，从传世实物来看，以清雍正、乾隆两朝产品最为多见。雍正时是有茶无末，乾隆时则茶末兼有。

乾隆一朝，是清代社会发展的鼎盛时期，在继承和发扬康熙、雍正瓷器艺术的基础上，把清代制瓷业推向创造性的阶段，无论在数量或质量上都达到了历史上的顶峰时期。此葫芦瓶造型端庄规整，胎质精细，釉色纯正，细润如脂似玉，是茶叶末釉中的极品。

青花双耳瓷扁瓶(二级文物)

青花双耳瓷扁瓶

青花双耳瓷扁瓶，清宫旧藏，乾隆官窑器。瓶高 49.1 厘米，口径 8.2 厘米，足径 16.2 厘米。小口，直颈，双耳，扁圆形腹，扁圆形圈足。圈足内有“大清乾隆年制”三行篆书官窑款。颈部饰云雷纹一周及缠枝莲图案。双耳以卷草卷曲成似回首夔龙的造型。扁壶腹部的两个侧面有圈足上亦绘缠枝莲。扁圆形腹两面的图案完全相同，在圆腹中央，两面各有一个圆形凸起，上绘花卉、云头、灵芝组成的类似“万花堆”的图案，凸起的边缘一周绘云雷纹。由此向腹部延伸，绘二十四瓣小莲瓣组成一环形，小莲瓣外绘一周由八个花形大莲瓣组成的环形图案，八莲瓣内各绘“法螺、法轮、宝伞、白盖、莲花、宝瓶、金鱼、盘肠”佛八宝图案，亦称“八吉祥”。它们分别代表着“具菩萨果，妙音吉祥”，“大法轮转，万劫不息”，“张驰自如，曲复众生”，“遍复三千，净一切药”，“出五浊世，无所染着”，“福智圆满，具备无漏”，“活泼坚固，解脱坏劫”，“回环贯彻，一切通明”。圆腹的边缘亦绘一周云雷纹。

此青花扁壶绘佛教题材图案，寓意吉祥，青花色泽艳丽，釉色光亮，造型十分规整，是乾隆官窑中的精品之作。

吉金铸就吴器魂(青铜器文物)

青铜凤纹尊(国宝级文物)

青铜凤纹尊，西周早期器。1976 年 12 月出土于丹阳司徒公社窖藏中。尊高 34 厘米，口径 41.4 厘米，腹围 107 厘米。尊侈口，垂腹，圈足，通体纹饰精美华丽。口沿下有四组瓣形饰，每瓣形饰中各有一对相向的长卷尾鸟，颈部以两道弦纹作栏，弦纹之间以两乳钉、两牺首为界，分成四个片区，每片区内饰两两相背的四只分尾小鸟。腹部主纹饰区，以一道 S 形纹饰带为栏，下饰两对大型凤鸟纹，每对凤鸟相向、顾首、展翅挺立，眼睛作圆形凸起，使目光更加炯炯有神。两鸟之间各有一只雌雄相异的蛙纹。

青铜凤纹尊

商周青铜器是中国艺术的瑰宝，也是世界文化的珍贵遗产，具有无与伦比的艺术魅力。中国青铜器的魅力还在于其文化风格因地而异，呈现出浓厚的地方风格，如中原地区、巴蜀地区、楚、吴、越等青铜文化异彩纷呈，各展风姿。地处江南水乡的吴国青铜器，以器体轻小薄巧、

纹饰朴素简洁的清新风格瞩目于世。它既继承了中原青铜器的风格，又融入了地域文化特色，在青铜配方上，以铜、铅、锡合金铸成且铅的含量大于锡而异于中原地区青铜器，在青铜器的色泽上也有别于其他地区的青铜器。这件青铜凤纹尊体形硕大厚重，纹饰精美华丽，是吴国青铜器的瑰宝。

青铜鸟盖变形兽纹壶(一级文物)

青铜鸟盖变形兽纹壶

青铜鸟盖变形兽纹壶，西周早期器。1982 年 9 月出土于丹徒大港母子墩西周墓中。通高 49 厘米，口径 20 厘米×13.8 厘米。壶椭圆口，斜颈，壶身为扁圆形，颈两侧有对称的半环形双耳，下腹微鼓，椭圆形圈足有直裙，器盖作鸥鸟形，呈昂首展翅翘尾，欲向上飞翔之态。壶体横截面为圆角长方形。正面纹饰以方枚绊带纹和圈点纹带划为四个梯形块区，各区内饰云纹形变形兽面纹，花纹形态各不相同，线条流畅自如，中下部各有一枚乳钉，或为两对兽目。

壶为古代盛酒或盛水之器，吴国境内青铜壶出土较少，而此壶体型较大，鸟形盖构思巧妙，具有观赏性；出土时，壶中尚保存有酒，可谓珍贵。

青铜雷纹鼎(二级文物)

青铜雷纹鼎，西周早期器。1982 年 9 月出土于丹徒大港母子墩西周墓中。通高 21.2 厘米，口径 17.8 厘米。鼎敛口，折沿方唇，直耳，耳内面饰一道凹纹，下腹外鼓，坦底，三柱足。沿下饰一周方雷纹带，由三道凸竖粗线间隔成三组。

雷纹在中原地区青铜器上通常作地纹使用，在纹饰中作陪衬和烘托主体纹饰的作用。这件铜鼎将雷纹作主体纹饰，上下间隔弦纹，朴素简洁，一改从属的地位，同样起到了意想不到的效果。所以，吴国青铜器独特的地方风格除去其独特的器形外，更多的是通过大量的独特纹饰的施饰方式来展现的。认识这一点，对研究吴国青铜器尤为重要。

青铜雷纹鼎，自口沿至足留有凸起的三范铸痕，底部也留有三角形合范铸线，可知此器铸成后未经打磨。鼎底足部有烟炱痕，亦可知此器在入葬前曾被使用过。

青铜鸳鸯形尊(一级文物)

青铜鸳鸯形尊，西周早期器。1982年9月出土于丹徒大港母子墩西周墓中。高22.2厘米，口径18.3厘米，腹深17厘米。尊为古代酒器，此尊造型独特，整体作鸳鸯形，昂颈平视，头顶一冠，鸟身丰腴，扁形尾略下垂，鸳鸯背部设一直颈喇叭形口，双脚并立与后部一螺旋状支柱共同支撑全器。全器素面无纹饰，鸳鸯造型写实逼真，反映了极强的地域性文化特色。

青铜鸳鸯形尊

这种仿鸟兽形状的像生器在商周青铜器中是一种特殊的形制，常见的有鸟尊、羊尊、牛尊、虎尊、象尊、猪尊、鸭尊等，而此件用南方水乡的鸳鸯作尊的形制，较为少见。

青铜雷纹鬲(一级文物)

青铜雷纹鬲，西周早期器。1982年9月出土于丹徒大港母子墩西周墓中。通高39.5厘米，口径32厘米，腹深15.3厘米。鬲为直口，平折沿，竖耳，腹壁坚直，高弧裆，锥形袋足，柱状实石根。耳内面有二道凹纹，口沿下饰条带状方雷纹两周，由三道铸痕间隔成三组。器大凝重，器表未经打磨，铸痕明显，在一足的上部空心处有一大块器铸成后即进行修补的痕迹。裆、足部满积烟炱痕，为使用过的器皿。

青铜提梁卣

鬲为古代炊器，用于烧煮食物。青铜雷纹鬲，纹饰简洁，造型优美。

青铜提梁卣(一级文物)

青铜提梁卣，西周早期器。1982 年 9 月出土于丹徒大港母子墩西周墓中。卣带梁通高 34.5 厘米，口径 17.7 厘米×13.5 厘米。卣横截面为椭圆形，有盖，腹倾垂，圈足有直裙。盖面斜直，盖纽为一只小立鸟。扁提梁，两端有牛头形兽首。器颈部及盖顶面均饰以平行细绳相间的小圈点纹带，圈足饰斜三角云纹，提梁饰两行圈点纹。

卣为古代酒器，该器造型、纹饰特征均接近于中原西周早期器，但斜直的盖面，小立鸟的盖钮，以圈点纹作主纹的装饰风格则具有地方特色。小立鸟盖钮亦常见于本地原始青瓷上，起到画龙点睛的作用，富有生机。这件提梁卣可谓是吴国青铜卣中的代表之作。

青铜双耳簋(一级文物)

青铜双耳簋，西周早期器。1982 年 9 月出土于丹徒大港母子墩西周墓中。高 14 厘米，口径 22.2 厘米，腹深 11.5 厘米。簋为直口，深腹，卷沿，圈足。腹部有兽首双耳，耳下部下垂小珥。口沿下饰几何形勾连纹，中间并附饰蝶形浮雕牺首。腹部为饕餮纹，圈足上亦为几何形勾连纹。

簋是盛放食物的器皿，在商周奴隶社会，簋和鼎一样，也是标志贵族等级的器物。据史书和考古发现，簋往往成偶数出现，四簋与五鼎相配，六簋与七鼎相配，八簋与九鼎相配。这件青铜双耳簋，纹饰优美，铸造精良，具有地域文化特色。

青铜方鼎(二级文物)

青铜方鼎，西周早期器。1975 年出土于溧水乌山公社岗沿山二号墓中。通高18厘米，口径16厘米×13.3厘米。双直耳，方沿，四只柱形足，鼎腹长方形，饰两周云纹带，两端为雷纹，四角有扉棱。

我国古代青铜器种类较多，造型多样，一些器类不仅有圆形造型，同时，方形器亦有不少，如方形鼎、方斝，方壶、方彝、方尊等，而以方鼎稍多一些，著名的如司母戊方鼎、杜岭方鼎、人面纹方鼎、德方鼎等。“三足鼎立”的圆形鼎的外观给人以稳固、坚不可摧的形象，而四足方鼎的外观亦给人以雄健浑厚、庄重威严之感。虽如此，方鼎在数量浩大的青铜器中毕竟只占少数，中原地区如此，吴国境内更少。这件方鼎体形小，工艺粗糙，纹饰简洁，但在吴国青铜器中，方鼎很少见。

青铜乳钉纹簋(一级文物)

青铜乳钉纹簋，西周中期器。1976年12月出土于丹阳司徒公社窖藏。簋高14厘米，口径21厘米。侈口，束颈，腹圆鼓，圈足有较高直裙，双兽耳下有钩形小珥。腹饰斜方格底的乳钉纹，乳钉小而密集，乳突平坦，且行列稍有歪斜，与口沿及颈部纹带不平行。地纹为套方格纹，颈腹之间有一条圈点纹边饰，与腹部的乳钉纹同属于圆形类纹饰，两者同施于一器，互相呼应。

青铜乳丁纹簋

该簋在形制、纹饰上皆与中原西周早期器相近，但又稍有区别：中原器的乳钉纹，乳突长而尖，以云雷纹为地纹，而此簋乳钉纹，乳突圆滑，以套方格纹为地纹，故该器也是一件具有地方风格的青铜器。

青铜乳钉纹瓿(二级文物)

青铜乳钉纹瓿，西周中期器。1976年12月出土于丹阳司徒公社窖藏。瓿高16.2厘米，口径18.8厘米，腹围104厘米。瓿敛口，卷沿，扁圆腹，矮圈足，两个环形耳饰在肩部，肩上有凹弦纹一条，腹上部遍饰细密的小乳钉纹,上、下以两条凸弦纹为边饰。

瓿是古代酒器或水器。此瓿造型别致,铸造精良,纹饰奇特,凹凸弦纹错落有致,主次分明。

青铜双弦纹矮足鼎(二级文物)

青铜双弦纹矮足鼎,西周中期器。1976年12月出土于丹阳司徒公社窖藏铜器中。该器为窖藏26件青铜器中最大的一件鼎,通高41.8厘米,口径49.2厘米。鼎平析沿,立耳,深腹,腹下有三个矮柱形空足,足断面呈半圆形,向里一面形成空缺,足仅高11厘米,腹饰两道凸弦纹。

此鼎纹饰简朴,除两道凸弦纹外并无其他纹饰,而且鼎大而足矮,这种造型的鼎在其他地区均不见,具有吴国青铜器的独特风格。

青铜单弦纹矮足鼎(二级文物)

青铜单弦纹矮足鼎,西周中期器。1976年12月出土于丹阳司徒公社窖藏铜器中。鼎通高41.8厘米,口径40.5厘米,是该窖藏11件鼎中的第二大鼎。鼎深腹,下部垂大,双立耳,三个柱形矮足。腹上部仅饰有凸弦纹一道,别无其他纹饰。鼎足部有烟炱痕迹,证明该鼎作为炊器使用过。

该窖藏共出土铜器26件,出土时堆叠放置,两只大鼎并列放在最底部,鼎内放铜簋、铜瓿、铜盘,再放上小铜鼎,大小铜尊放大鼎旁侧,一只大铜盘盖在大尊上。此件鼎器形较大,造型端正、华贵,铸造精良。

青铜夔纹鼎(一级文物)

青铜夔纹鼎,西周中期器。1976年12月出土于丹阳司徒公社窖藏铜器中。通高26.5厘米,口径26.5厘米。鼎双立耳,半球形腹,蹄形足,

青铜夔纹鼎

膝部为夔首。腹部饰夔纹一周,为顾首两头龙纹,龙无角,无冠,兽目亦不明显,下腹凸弦纹一道。该鼎蹄形足之膝部以夔龙额、鼻之中线为脊,以各种短直线、短弧线、环状线等构成夔首之角、额、吻、鼻翼等部位,似具随意性,表示双目及颌部骨节之乳钉同样大小,难作区别。与中原器之兽膝似是而非,左右不尽对称,形制独特。

该器在形制、纹饰上既具中原风格,又呈现地方特色,当为吴国仿中原之器而铸,其铸造精美,纹饰独具风格。

青铜乳钉弦纹矮足鼎(二级文物)

青铜乳钉弦纹矮足鼎,西周中晚期器。1976 年 12 月出土于丹阳司徒公社窖藏铜器中。通高 27 厘米,足高 7.5 厘米。鼎折平沿,双附耳,倾垂腹,下接三尖锥状矮足。腹上部饰两道凸弦纹,弦纹之间夹有四组双乳钉,乳钉圆滑,形似简化兽目。

该鼎在形制与纹饰上较多呈现中原商代青铜鼎的特征, 如尖锥形足,弦纹中夹兽目状乳钉纹,一耳与一足相对呈直线,另一耳对应于另两足中间等,唯两附耳的时代特征较晚,因而使全器呈现出独特的地方风格。

青铜弦纹盘(二级文物)

青铜弦纹盘,西周晚期器。1976 年 12 月出土于丹阳司徒公社窖藏铜器中。盘高 11.5 厘米,口径 30.7 厘米。盘直口,浅腹,圈足略高,两只附耳贴于腹上与口沿平齐。整器以凸弦纹为唯一装饰,腹部饰四条弦纹,圈足饰两条弦纹。

盘为古代水器,盛行于商代至战国时期,盥洗之时,以盘接水。此盘造型大体与中原的铜盘相似, 但其纹饰以中原地区的陪衬弦纹作为主体纹饰,显得简朴端庄。

青铜带环簋(一级文物)

青铜带环簋,西周晚期器。1976 年 12 月出土于丹阳司徒公社窖藏铜器中。高 10.9 厘米，口径 18.7 厘米。簋侈口卷唇，束颈鼓腹，圈足，无耳。腹部为两道变形夔纹和细小密集的小乳钉纹相间排列，上下界以圈点纹，所饰变形夔纹类似中原地区窃曲纹的变体。综观全器，圈点纹、乳钉纹的规整、静态正好映衬出变形夔纹华丽流畅而又富于变幻的动态美，别具特色。

此簋的特别之处，是在器底之下有一个半圆形环，推测是悬铃所用。同样的情形亦见于陕西宝鸡纸坊头所出土的方座簋，方座底内有环悬一铃。此器如悬铃于环上，则会凸出于圈足之外，可能该簋原应置于某种座上。

青铜络纹罍(一级文物)

青铜络纹罍

青铜络纹罍，春秋晚期器。1979 年 3 月出土于丹徒谏壁粮山东周墓中。通高 39.5 厘米，口径 30.5 厘米。罍折平沿，短颈，鼓腹，平底下承三个短蹄足。肩部有一对顾首兽形双耳，下套葫芦形环。肩部及近底部饰三角雷纹，腹部满饰交织套结成网格状的络绳纹，将腹部分成三层方格小区，各方格区内填满纤细的蟠螭纹，纹饰个体简化，仅剩螭纹首尾，状如密集的羽翅。

罍为古代酒器或盛水器。该罍器型比常见同类器都大，所饰络绳纹逼真，器下三个短蹄足的设计别具一格，此种短蹄足亦常见于本地区一些盘、鉴的底部。该器纹饰精美，不愧为吴国青铜重器中的一件佳作。

青铜带流甗(一级文物)

青铜带流甗，春秋晚期器。1979 年 3 月出土于丹徒谏壁粮山东

青铜带流甗

周墓中。通高58厘米。器形为合体式,上为甑,下为三足釜,口沿凸出一圈可以承盖,两旁鼓出双耳,上扣两个吊链,腹上有凸弦纹三道。釜作扁圆形,三个短蹄足,在甑釜相接的内壁有八个凸出的半圆形托,用以托箅,外部有一注水口。釜底有很厚的烟怠痕迹,器盖与箅均无,可能属于竹木制品,已腐烂无存。

甗为古代蒸器,上为甑,盛放米或食物,下为鬲(或釜),盛水,中有箅,通蒸气,使用时置于火上,将鬲(或釜)中之水烧开,利用蒸气将甑中之米或食物蒸熟。通常甗有分体式和连体式。此件甗为甑釜连体,从其耳上之吊链,注水管(流)及短蹄足来看,此甗当系悬吊使用。这种推测基于下述理由:(1)吊链必起悬吊作用,否则形同虚设;(2)釜足过于矮小,若置于地上,离火太近,火力势必太弱,甚至将火压死,而悬吊使用则可增强火力;(3)置于地上使用或悬吊使用都会面临一个注水、倒水的问题,与其吃力地搬动器物,不如设计一个注水管(流)来得方便,既可事先直接由注水口加水,又可在途中随时添水,防止水烧干,还可在食物煮好后,将釜中剩水通过此注水管倒出,起到流的作用。这也是古人的聪明智慧之处。

本地区青铜甗出土较少,同样器形者仅见于六合程桥三号墓,可谓是设计科学合理,巧夺天工。

青铜棘刺纹尊(一级文物)

青铜棘刺纹尊,春秋晚期器。1976年12月出土于丹阳司徒公社窖藏铜器中。高27.8厘米。尊侈口,高圈足,扁鼓腹。颈的下部和圈足的上部饰密集的锯齿纹和几何纹,腹部饰带有纤细而密集的青铜

青铜棘刺纹尊

芒刺的棘刺纹，颈、腹、足间界以圈点纹。

尊原作为铜器的共名。在铜器铭文中常将“尊彝”二字联用，是为礼器的共名，宋代才将尊作为盛酒器的专名。其形大口，中腹外鼓，圈足，中原地区盛行于商和西周，春秋战国时少见。吴国境风的情况有所不同。当西周晚期后尊类器在中原大地上逐渐退出历史舞台时，本地区的尊则以新的面貌展现出独特的风姿，形制不断演变，具体表现在器形增大，腹部更加扁鼓、膨出，纹饰更为繁缛，如勾连纹、棘刺纹等，延用至春秋晚期。

青铜带盖鼎(二级文物)

青铜带盖鼎，春秋晚期器。1979 年 3 月出土于丹徒谏壁粮山东周墓中。通高 37.5 厘米，口径 30.4 厘米。器带盖，双附耳，深腹，圜底，下为三兽蹄足。盖面微鼓，中央套铸一环，周边有三只半圆形顾首兽钮，盖面饰重环纹、双线 S 形纹、绹纹等六圈纹饰。腹饰上下两组双线 S 形纹，间以绹纹。外耳面、盖钮均施纹饰。三蹄足下部外撇，膝部饰蟠螭纹组成的兽面纹，腿足芯内填黄色沙芯。器底有烟怠痕迹，为实用器。

该器具有浓厚的楚式鼎特征，与长江中游一带的楚墓所出的鼎形制相同，亦与长江下游苏皖地区所出楚鼎相近，后者常有越式鼎伴出，这也反映出在春秋

青铜带盖鼎

晚期本地区在青铜器铸造、装饰等方面的文化交融现象。

青铜带盖鼎造型别致，纹饰精美华丽。

青铜蟠虺纹双耳三足盘(一级文物)

青铜蟠虺纹双耳三足盘，春秋晚期器。1966年5月出土于溧阳社渚公社许大山界。直径44.3厘米，高15.5厘米。盘敞口，浅腹，直壁，腹外双附贴耳，下有圈足，在圈足下另加三只外撇形附足。器身及圈足遍布纤细的蟠虺纹，间以圈点纹。

春秋青铜器花纹，已从过去的粗花变为工整的细花。蟠虺纹，是春秋时常见纹饰之一。蟠是缠绕叠压，虺为小蛇，形成蟠屈纠结、穿插缭绕的纹样，具有繁缛华美的艺术效果，纤细生动地浮在器物的表面，极具规律，代表了时代的潮流。

该盘端庄稳重的造型与秀丽纤细的纹饰，相得益彰，体现了强烈的地域风格和清新感。

青铜蟠虺纹鉴(二级文物)

青铜蟠虺纹鉴，春秋晚期器。1964年7月出土于金坛薛埠公社东进大队。通高13厘米，口径32厘米。此鉴平折沿，方唇，短直颈，腹下部渐收，平底，下承三只短蹄足，双附耳。器通体饰纹，唇部饰一周方折雷纹，颈饰蟠虺纹、绹纹，腹饰两周雷纹、绹纹，夹以蟠虺纹，下腹饰两道三角纹带，耳部亦有透雕蟠螭纹兽面铺首。

鉴为水器，古代用来盛水或盛冰。在铜镜未普遍使用前，亦用来盛水照影，“镜鉴”由此得名，后人故将铜镜亦称鉴。史载“灵公有妻三人，同鉴而浴”，又表明鉴之大者亦可用于沐浴。

鉴一般形体较大，似盆，大口深腹，平底无足或圈足，多有两耳或四耳，盛行于春秋战国时期。此鉴形制较为矮小，器壁亦较薄，当仅作盛水之用。颈、腹部所饰蟠虺纹，非常细密，有无数圆目突出于器表，开如颗颗珠玑，甚为华丽，亦较罕见。平底下承以三矮蹄足的风格在鉴类器中亦少见，而为吴器的盘、罍类器所常用。

青铜人面纹錞于

青铜人面纹錞于(一级文物)

青铜人面纹錞于，春秋晚期器。1985 年 4 月出土于镇江市谏壁王家山东周墓中。一套三件，大、中、小成序。大者肩长径 32 厘米，口长径 24.5 厘米，通高 56.5 厘米；中者肩长径 25 厘米，口长径 22.3 厘米，通高 49.6 厘米；小者肩长径 26.5 厘米，口长径 20.8 厘米，通高 43 厘米。目前一大一小于保存在镇江博物馆，中号錞于调北京中国历史博物馆。

青铜人面纹錞于，器皆圆弧顶(无盘)，顶端有虎形钮，圆突肩，斜弧腹渐内收，近口处稍外侈，口呈椭圆形。侧观錞于，器体上部向前倾斜，下部内收，背面圆鼓，具有不对称特征。三件錞于纹饰基本相同，出土时大号及中号錞于均损坏，后修复完整。小号錞于保存完好无缺。纹饰描述以此为例。虎形钮上饰雷纹，顶间纹饰分三圈，内圈为云纹，外两圈为斜三角纹，正面肩腹间突出处饰一浅浮雕的人面纹，人面纹下的腰部饰一个兽形扉棱，扉棱下有一方框，框内有四处变体云纹。以人面纹、兽形扉棱、方框为中心，两侧各有三行凸出的圆螺弦纹共九枚，每行之中间饰以两组三角云纹，其下饰一鸟纹和变体云纹，背面为素面。在器身的腰部有两个三角形矫音孔以矫正音调，从而得知每个錞于的音阶频率皆有不同。

錞于，是古代乐器，常作为钟、镈的配器在宴饮祭祀时演奏，它主要用于军队作战时，作为指挥进退的军乐器。此种特异形制的人面纹錞于在我国考古中是首次发现，是研究我国錞于演变和发展的珍贵实物资料。

薄胎刻纹铜盘(二级文物)

薄胎刻纹铜盘，春秋晚期器。1985 年 4 月出土于镇江市谏壁王家山东周墓中。盘口径 25 厘米，高 4.8 厘米，底径 17.5 厘米。直口微敛，弧腹内收，腹上侧有对称的双连环耳，平底。器表光素，器内浅刻纹饰，腹内壁以两道横向双线分成三个层次。第一层为渔猎场面，可见者 8 人，皆短发。自左向右的前 4 个人持弓搭箭，第 5 人肩扛一猎物，第 6 人手持一长柄戈，第 7 人手持一物在奔跑，第 8 人双手拉网，网内有两条鱼。第二层为宴饮歌舞场面，乐舞者 15 人，分上下两层，上层奏乐，下层舞蹈。乐舞画面右侧为一重檐双层式建筑，上层堂内设案，案两侧各一人在饮酒，下层有立鹤 3 只。这幅画记录了当时贵族钟鸣鼎食骄奢的生活情景。第三层为双线三角纹带。此盘胎薄仅 1 毫米，其刻纹细如毫毛，精细流畅，成为江南地区青铜艺术珍品，但因系修复完整，定为国家二级文物。

薄胎刻纹铜匜(二级文物)

薄胎刻纹铜匜，春秋晚期器。1985 年 4 月出土于镇江市谏壁王家山东周墓中。匜口径 24 厘米，底径 10 厘米，高 7.5 厘米。直口，平沿，弧腹内收，设半圆形流，后有环形鋬，底近平，器表光素，器内刻有极细的纹饰。内壁纹饰以三道线分成 4 层。第一层为树木；第二层为鸟和树；第三层为宴饮图，中设案，上置二酒瓮，两侧左 3 人、右 4 人皆举豆，地面也置豆；第四层为云气纹带。流内刻 3 条鱼，鱼下为水波纹带。纹饰刻划细腻、精美。

此匜与前一件刻纹铜盘是相配使用的盥洗器。由于也是破残修复，定为国家二级文物。

青铜虎子(一级文物)

青铜虎子，春秋晚期器。1985 年 4 月出土于镇江市谏壁王家山东周墓中。此虎子作卧伏状，长圆形身，前有一向前凸出微上翘的圆形口，口上无虎头装

青铜虎子

饰，全身素面无纹饰，仅有4只虎足微凸附贴于腹下，一圆柱弧形提梁自口与尾部相连。这只虎子是目前国内发现的最早的铜虎子。

虎子因其形似卧伏之虎而得名，关于虎子的用途，在古代文献中有各种解释，一说是盥洗之器或酒器，一说是便溺之器。从这件青铜虎子出土时的位置来看，它是与青铜盉、青铜匜、青铜盘、青铜人面錞于等放置一起，应是属于水器、酒器类的器皿。

这件虎子造型简洁，是早期虎子的初生形态，对研究虎子造型演变与发展提供了实物资料。

青铜句鑃(一级文物)

青铜句鑃，春秋晚期器。1975年出土于高淳顾陇公社松溪大队。一组七件，依大小排列，通高91厘米~21.5厘米，柄长22厘米~8.2厘米，口径24.5厘米×18厘米~11.3厘米×7.2厘米。器壁较厚，口部微凹成弧形，顶有一长柄，全器素面无纹饰。

青铜句鑃为古代打击乐器，用于宴飨和祭祀。有3件为一组，有7件为一组。在浙江绍兴战国墓中曾出土一套原始青瓷句鑃，一组11件，当为句鑃的最高组合。

句鑃与编钟同为打击乐器，但它们的使用方式各有不同，编钟是悬挂在架上敲击，而句鑃是器口向上，倒插在架上敲击。成组的7件句鑃较为少见。

银黄共舞人间艳(金银器文物)

金佛像牌(一级文物)

金佛像牌，东晋。1979年4月出土于镇江市跑马山一号东晋墓中。金牌长5.1厘米，宽2.1厘米，厚0.1厘米，重21克。金佛像牌，阴线浅刻佛像。佛系裸体全身站像，头顶有肉髻，脑后刻灵光两圈，胸前双乳突起，两臂下垂至膝，手心向前方伸开，双腿分开站立，脚趾朝外

金佛像牌

成一字形。佛像位置在牌上偏左，牌背刻画有半个“回”纹。金牌边缘有被剪痕迹，估计此牌原刻两尊佛像，背刻完整“回”纹，被从中剪开，推测为墓主人夫妇二人各持一半。

金佛像牌应为浴佛金像。浴佛习俗，根据《过去现在因果经》卷一记载：“摩耶夫人怀胎临产前，出游兰毗尼园，行至无忧树下，生下悉达多太子。难陀和伏波难陀龙王吐清净水，灌太子身。”因此，后世佛教徒为纪念佛陀诞生日，在四月初八举行“浴佛”或称“灌佛”仪式。他们在佛堂中或露天净地设置灌佛盘，盘中安置释迦太子金像，再用十几种香料配制成香水浴佛。当佛像灌香水时，诵偈：“我今灌沐诸如来，净智功德庄严聚；五浊众生今离垢，愿证如来净法身。”浴佛者灌佛后，则取少许洗像之香水淋于自己头上，并烧香以为供养。

金虎饰(二级文物)

金虎饰，东晋。1966 年出土于镇江市阳彭山砖瓦厂东晋墓中。金虎长 2.3 厘米，宽 0.8 厘米，高 1.3 厘米。金虎为圆雕纯金饰件。虎呈俯伏状，雕刻工艺细腻，形态逼真。虎首双耳竖起，两目圆睁前望，四肢蹲伏于地，在腰腹部钻有一孔，可以穿系配带。

此虎虽小巧，但形象威武凶猛。古人视虎为兽中之王，并敬之为神兽，以为佩戴虎饰，能起到驱邪避恶的作用。这件金虎饰在东晋墓中是较少见的。

金手镯(二级文物)

金手镯，南朝。1977 年出土于句容县陈武公社戴家大队第十四生产队的南朝墓中。手镯直径 7 厘米，重 27 克。手镯环形弯曲成花状,外边满錾一道道横条纹,内边光滑无纹。此金手镯成色较差,硬度较大,不易弯曲变形,由此推断,花形手镯是原设计造型,不是受压变形所致。

黄金、白银是贵重金属,历来被人们视为珍宝,并将二者合称为“银黄”,人们将其制成工艺品、装饰品和实用器皿。早在商代,我国已使用黄金作装饰品。到了六朝时期,由于社会动乱,经济萧条,金银器生产相对衰落,在工艺上也远不如西周至秦汉精美,大件器皿出土甚少,但手镯、钗、簪、环、戒指、饰花仍有部分出土。此手镯形制特异,纹饰新颖。

长干寺舍利金棺(一级文物)

长干寺舍利金棺,唐代。1960 年 5 月发掘于镇江市甘露寺铁塔塔基下地宫中。盖长 6.4 厘米,底长 5.1 厘米,头宽 1.9 厘米,尾宽 1.6 厘米,头高 2.8 厘米,尾高 2.1 厘米。棺以纯金锤鍱而成,除底部外,遍体浅刻精细花纹。棺头以鱼子纹为地纹,上部刻如意云纹图案,中部刻直线纹,类似栅栏,下部刻门扉,左右各有乳钉三排九枚;棺尾以鱼子纹为地纹,刻由下面共出的如意云纹五朵,上托一轮慧日(或称智珠);棺身两侧亦以鱼子纹为地纹,各刻两个高髻人首人手鸟身、鸟脚鸟尾羽人,前者两臂伸张,后者双手合捧果盘,周围遍饰如意云纹图案; 棺盖也以鱼子纹为地纹,錾刻仙鹤三只,翱翔于如意云纹之中。棺内存放素面小金棺一只,内盛释迦舍利子 11 颗。

长干寺舍利金棺

此棺为唐代润州刺史李德裕所施舍。据地宫中所出碑文记载,李德裕为了替穆宗皇帝造冥福,瘗埋了金棺、银椁、释迦舍利子等敬佛之物。金棺、银椁的原料系“差人于淮南收买,旋到旋造”。由此可知,金棺、银椁是润州金银工匠所制,其精湛的工艺,反映了唐代金银器工艺的制作水平。

长干寺舍利银椁(一级文物)

长干寺舍利银椁

长干寺舍利银椁,唐代。1960年5月于镇江市甘露寺铁塔塔基地宫中发掘。银椁盖长11.5厘米,底长9.6厘米,头宽4.3厘米,尾宽3.0厘米,头高4.9厘米,尾高3.9厘米。椁以纯银锤锞而成,形似棺。除底部外,遍体錾刻精美的纹饰。头部以鱼子纹作地纹,下侧中间刻门扉,门扉下各有乳钉三排十二枚,门扉上为栅栏,两边饰卷草纹,门上双线界内间以卷草纹,界上两侧亦刻卷草纹,中间拥托慧日一轮;椁尾亦以鱼子纹为地纹,錾刻共出的如意纹十朵;椁两侧各刻双头迦陵频伽像一身,间以纤细的缠枝花纹;椁盖饰飞天二,高髻,裸上身,着长裙,前者左手张开高举,右手持花盘,作转身回顾状,后者双手持果盘,作行进状。飞天身体柔软,姿态自然,借风飘而起舞,借流云而飞翔,二飞天前在如意宝珠四周衬以花朵流云,图案极其美丽动人。

此椁内放长干寺金棺,素面小金棺,释迦舍利子。

禅众寺舍利银椁(一级文物)

禅众寺舍利银椁,唐代。1960年5月于镇江市甘露寺铁塔塔基地宫中发掘。银椁底长9.7厘米,底宽8厘米,通高12.4厘米。椁为纯银锤锞而成。椁作带座箱形,遍体以鱼子纹为地纹,錾刻精美纹样。椁头刻门扉,下部各有乳钉七排,每排五枚、四枚不等,并有门环一对,突出于平面外,上挂一精致银锁,锁匙可取卸;椁尾刻鸿雁一对,间以如意云纹；椁身两侧各刻高髻、双翅、人头鸟身的迦陵频伽像一身，一作合掌状，另一个作双手持盘供养状，均飞翔于缠枝花叶之间；椁下为须弥座，饰破式海棠及蔓草纹；椁顶饰仙鹤一对，间以如意云纹。

此椁内存放禅众寺金棺(失窃)，金棺内存放舍利子156颗。此椁造型及纹饰十分精美，不愧为唐代金银器中的佳品。

银鎏金“论语玉烛”龟形酒筹筒(一级文物)

银鎏金“论语玉烛”龟形酒筹筒，唐代。1982年元旦出土于丹徒丁卯桥唐代银器窖藏中，该窖藏出土唐代银器950余件。酒筹筒为纯银制成，通体鎏金。龟长24.6厘米，通高34.2厘米，筒深22厘米。此器由龟形底座和圆形酒筹筒两部分组成。龟昂首曲尾，四肢着地，作爬行状，背部隆起，阴刻龟甲纹；龟背中央插一双层仰莲的圆柱形酒筹筒，筒上有盖，宛如龟背上竖立一支金色蜡烛；筒身以鱼子纹为地纹，上部刻龙凤纹各一，间以缠枝花卉，龙凤之间的长形方框内刻双线“论语玉烛”四字，下部饰四个瓜果形开光，内皆錾刻相啄飞鸟一对，筒身底部外突，侧壁刻一周菊瓣图案，筒内置涂金论语酒令筹五十根；筒盖亦圆柱形，以子母口与筒身相扣，盖面刻卷边荷叶纹，莲蕾形纽上刻重瓣仰莲纹，盖侧壁一周刻鸿雁两对及卷草纹、流云纹，鱼子纹作地，盖钮颈部有银链一根与筒盖边沿相连。

银鎏金“论语玉烛”龟形酒筹筒

这件酒宴上饮酒行令的用具，是国内首次出土的唐代饮酒行令的筹令用具，非常珍稀。“玉烛”一辞，始见于《尔雅·释天》，谓“四时和气，温润明照，称为玉烛”。该器形制与筒身自铭“论语玉烛”四字相合，以古代祥瑞之物神龟为座，以龟负玉烛象征四时祥和。该器对研究唐人的民风民俗、思想观念及饮酒风尚具有较高的研究价值。

银涂金论语酒令筹(一级文物)

银涂金论语酒令筹，唐代。1982 年元旦出土于丹徒丁卯桥唐代银器窖藏中。筹长 20.4 厘米，宽 1.4 厘米，厚 0.05 厘米。酒令筹出土时置于银鎏金“论语玉烛”酒筹筒中，共 50 根，形制大小相同，均为长条形，顶端切角边，下端收拢为细柄状。每根筹正面錾刻酒令辞句，令辞上半段采自《论语》语句，下半段是酒令的具体内容，如“后生可畏，少年处五分”，“四海之内皆为兄弟，任劝十分”等。50 根筹酒令辞均不同样，字上皆涂金。筹上可见饮酒的方式有“自饮(酌)”、“伴饮”、“劝饮”、“处饮(罚)”、“放(皆不饮)”、“指定人饮”等六种。酒令中还规定有饮酒的量，分“五分(半杯)”、“七分（大半杯)”、“十分（一杯)”、“四十分（四杯)”、“随意(劝意到)”等五种。

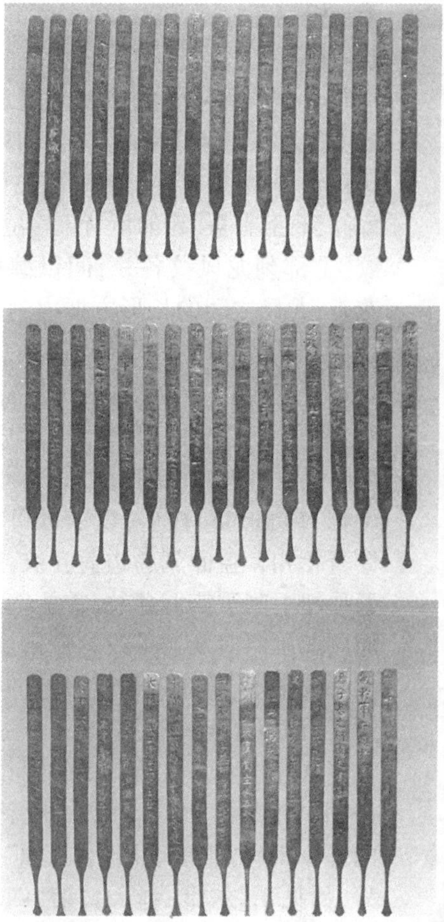

银涂金论语酒令筹

在出土银器中尚有一根银旗和一根银长矛称为酒令旗和酒纛。这是和酒令筹配套使用的酒宴执法工具，尤如足球比赛用的黄牌和红牌，如有人不胜酒力，违反酒令拒饮，则投旗在其纛面前，以示警告，如再犯酒令拒饮，则旗纛俱下，令其退席。

酒令是酒宴席上的一种劝酒艺术，通过饮酒行令可以活跃酒宴气氛，调节人的思想感情，促进人际交流，起到丰富人们文化生活的作用。这套酒令工具的出土，对于研究唐代饮酒风尚有较高的价值。

鎏金双凤纹大银盒(一级文物)

鎏金双凤纹大银盒(一对)，唐代。1982 年元旦出土于丹徒丁卯桥唐代银器窖藏中。盒高 26 厘米，腹径 31 厘米，足径 25.6 厘米。

银盒通体鎏金，身与盖分别为仰覆四出莲瓣组成，盒身下部为喇叭形高圈足。盖面高高隆起，似一朵覆盖的莲花，锤刻的凸花以衔草翱翔的双凤为主体纹饰，边缘一周环绕 8 对相向的飞雁，并间以缠枝莲和鱼子纹地。盖口沿錾刻 8 对奔鹿，均为雌鹿在前奔跑作回首状，雄鹿在后昂首急追，互相呼应，神态生动。盒身上腹部亦刻 8 对奔鹿，与盖口沿纹饰相同，下腹部刻 8 朵牡丹团花。高圈足一周刻 10 只大雁，足边缘刻变体莲瓣纹带。盒外底部刻有“力士”及“伍拾肆两壹钱贰字”錾文，标明“力士”银酒具品牌及银盒的重量。

银盒的花鸟动物图案反映了人们的吉祥观念，具有浓厚的生活气息。如图案中的双凤、对雁、雌雄双鹿均寓意为夫妻，莲花又称荷花，因“盒”与“合”、“莲”与“年”、“荷”与“和”谐音，此盒图案即寓意夫妻恩爱，百年好合。又因牡丹花古人称之为富贵花，它与缠枝莲相配，又象征“富贵万年”，还因为是刻成牡丹团花，又代表了“富贵团圆”之意。

鎏金双凤纹大银盒

此盒造型华丽端庄,工艺精湛,錾刻的花鸟动物图案羽毛毕现,神态生动,动感极强,顾盼之间有呼之欲出之感,体现了唐代金银器制造工艺的高超水平。

鎏金鱼化龙纹大银盆(一级文物)

鎏金鱼化龙纹大银盆,唐代。1982 年元旦出土于丹徒丁卯桥唐代银器窖藏中。盆口径 34.5 厘米,底径 24 厘米,高 7.3 厘米。此盒形体较大,通体鎏金,敞口,腹部五曲,平底。底刻水波纹地,錾刻 1 对展翅翘尾、睁目张口的龙首鱼身的鱼化龙纹,龙首嘴前各 1 颗火焰宝珠,间以莲花、荷叶和 7 条游鱼(鲫鱼、鲇鱼);底腹及腹沿之间,刻草叶和卷草纹带,腹内一周五曲区间内刻 5 对珍禽,衬以涡轮状卷草纹和鱼子纹地,沿面刻瑞兽 5 只,间以石榴花及鱼子纹,外底錾刻有"力士"字样。

这件大银盆在花纹的装饰上比较独特,其龙首鱼身的造型,有人考其为印度神话中的摩羯纹,笔者认为此龙首鱼身的造型不是外来文化的摩羯纹,而是中国传统文化的鱼化龙纹。因为印度的摩羯是鱼、象、鳄的化身,而此盆中的图案是龙首鱼身,龙首上有龙角,而且陪衬纹饰是莲花、鲫鱼、鲇鱼,均是河塘之物,不是海洋生物,故此纹饰是中国古代神话中鲤鱼跳过龙门变化为龙传说中的鱼化龙纹。此图案是古人借此故事鼓励子孙发奋读书,力图上进,有待来日,一跃龙门而出人头地。

此盆金光灿烂,纹饰精美,线条流畅,动感极强,是唐代银器中的精品。

鎏金压花双凤菱形银盘(一级文物)

鎏金压花双凤菱形银盘,唐代。1982 年元旦出土于丹徒丁卯桥唐代银器窖藏中。盘长 21 厘米,宽 15.6 厘米,高 4.3 厘米,重 200 克。为四出花瓣式菱形盘,宽沿,平底,矮圈足。盘内底压花鸾凤鸟 1 对及火焰宝珠 1 颗,宽沿面上锤 鍱 8 只飞鸟和缠枝莲花,以鱼子纹为地纹,圈足无纹饰。银盘的鸾凤、宝珠及凸起的边缘处皆鎏金。

此盘造型较独特,在成型工艺上较有难度,给人以新颖奇巧的感觉。

鎏金莲瓣形银盒(一级文物)

鎏金莲瓣形银盒,唐代。1982年元旦出土于丹徒丁卯桥唐代银器窖藏中。盒腹径9.5厘米,足径6.5厘米,高7.5厘米,重112克。盒盖与身为四出莲瓣形。盖面圆弧状高高隆起,顶面锤刻1对衔草鹦鹉纹,间以缠枝莲花和鱼子纹地,莲瓣形直口的边缘饰以缠枝菊花纹带,下腹部为圆弧形,无纹饰,盒身下为四出莲瓣形高圈足,为素面无纹。盖与身以四出花瓣形子母口相接。通体鎏金。

此盒外观如金器一样,金碧辉煌,纹饰华丽精致,盖、身、圈足均为四出莲瓣形,非常美观大方。

荷叶形银盖(二级文物)

荷叶形银盖,唐代。1982年元旦出土于丹徒丁卯桥唐代银器窖藏中。盖口径25.6厘米,通高4厘米。此银盖出土共3件,但不见可与此盖相配的器身。银盖呈翻卷边荷叶形,盖面用双线条勾刻了荷叶的叶脉线饰,盖顶中心,有一圆形蒂和一根卷曲的茎壮钮,盖下面的底边处等距离焊接有3条小鱼作为器盖的子口。整个器型形象逼真,线条流畅,犹如一个真荷叶,下面3条小鱼仿佛游动于荷叶之下,创造了一个荷塘清趣的意境,惜器身朽烂无存。

鎏金鹦鹉纹银盒(一级文物)

鎏金鹦鹉纹银盒,唐代。1982年元旦出土于丹徒丁卯桥唐代银器窖藏中。高8.5厘米,口径11厘米。盒为圆形,盖面高高隆起,中心锤刻1对衔草鹦鹉,并饰莲瓣纹一周,圈外饰飞雁10只,间以缠枝莲花。口沿垂直呈宽边状,刻菱形和破式菱形纹,纹盒身平底,一周也是直壁呈宽边状,纹饰亦为菱形和破式菱形纹,盖与身以子母口相合。

盒身下为圆形圈足，圈足底沿刻变体莲瓣纹带。通体以鱼子纹为地纹。窖藏中同出此式银盒4件,外底皆錾刻“力士”二字,其中一件还刻有“二”符号。此盒刻花处均鎏金,光彩夺目。

银执壶(二级文物)

银执壶,唐代。1982年元旦出土于丹徒丁卯桥唐代银器窖藏中。银执壶窖藏中共出土2件,均为素面,侈口,束颈,弧腹,矮圈足,肩部设有长流及宽带状圜形錾,其中一件有盖,一件无盖,为唐代酒壶。一件残损,口径为8.4厘米,腹径为10厘米,底径为7.8厘米,高22厘米,重500克,外底部刻有“力士”二字,还浅刻一“庆”字。另一件执壶口径为6.6厘米,腹径为10厘米,底径8.5厘米,高19厘米,重300克,外底部刻“力士”二字。这2件执壶的外型线条简洁流畅,使得这壶似乎和这长流里倒出的酒水一样自然、滑顺,为银器中的佳品。

提梁银锅(二级文物)

提梁银锅,唐代。1982年元旦出土于丹徒丁卯桥唐代银器窖藏中。银锅口径25.6厘米,高10厘米,重725克。提梁银锅为宽沿,素面,口沿面有一对方形竖立耳,立耳上穿环形扁提梁,锅身为圆腹、圜形底。此银锅造型简洁而优美,反映了唐代食用灶具的真实面貌。

鎏金婴戏图小银瓶(二级文物)

鎏金婴戏图小银瓶,唐代。1982年元旦出土于丹徒丁卯桥唐代银器窖藏中。银瓶口径3.8厘米,腹径6.6厘米,高7厘米。瓶侈口,束颈,鼓腹,圜底。下腹部有等距离三处焊接痕,原应有三足,出土时足已佚。该瓶通体鎏金,遍布纹饰。颈部分别刻有连珠纹、折带纹及蔓草纹;腹部以鱼子纹为地,用卷草纹构成三组

鎏金婴戏图小银瓶

莲瓣形开光,开光内刻三组婴戏图,开光间饰以串枝花;腹底一周錾刻十二花瓣。

三组婴戏图的内容分别为:第一组为二童对坐斗草。斗草,又称斗百草,以谁的草斗断为败者,这是一项民间儿童游戏。第二组婴戏图为三童子表演"胡旋舞",一童子双臂外张,一足勾起,一足尖立于圆形花毡上,似在旋转起舞,一童子单膝跪地,双手执拍板,一童子坐于地上吹箫,为舞蹈者伴奏。第三组婴戏图为三童子表演杂剧"参军戏"。

此婴戏图小瓶,采取满地装式的构图法,使器物更具华丽的艺术效果,图案形象生动,儿童天真活泼,亲切可爱,富有浓郁的生活气息。

银鎏金鱼纹小盒(二级文物)

银鎏金鱼纹小盒,唐代。1982 年元旦出土于丹徒丁卯桥唐代银器窖藏中。盒通高 5 厘米,长 9 厘米,宽 5.5 厘米,重 75 克。鱼纹小盒呈海棠形,顶面凸起,锤刻四条精美的小鱼在一片荷叶上,荷叶卷边。叶面錾刻的叶脉似放射的光芒。盖边是垂直海棠形宽带状边,上面錾刻连续菱形花纹,菱形内刻"米"字形花纹,交叉的双线菱形内以鱼子纹为地纹。盒身为弧形底,上腹亦是垂直的海棠形宽带状边,上面錾连续的三线组成的波浪纹, 大波浪中刻有短线条组成的密集小水波纹,圈足为圆形喇叭状,底边錾刻一周花瓣纹。盒身通体鎏金,圈足部仅花瓣鎏金。盖与身以子母口相扣。

鱼纹小盒金光闪闪,灿烂夺目,精致小巧,整体纹饰生动活泼,具有生活气息。

银鎏金蝴蝶纹小盒(二级文物)

银鎏金蝴蝶纹小盒,唐代。1982 年元旦出土于丹徒丁卯桥唐代银器窖藏中。盒长 9 厘米,宽 3.5 厘米,高 5 厘米,重 75 克。小盒呈蝴蝶形,盖顶面凸起,锤刻蝴蝶纹,盖边垂直,錾刻双线连续菱形纹,菱形内刻"米"字形花纹,双线内以鱼子纹为地纹。盒身底为圆弧形,上腹边缘亦是垂直的蝴蝶形宽带状,带状纹饰与盖的边饰完全相同。盖与身以子母口相扣。圈足为圆形喇叭状，无纹饰。盒身与盖通体鎏金，圈足未鎏金。

此盒小巧玲珑，錾刻的蝴蝶造型，纹样精致得和真蝴蝶一样，是唐代金银器中的佳品。

鎏金鹦鹉纹银碗(二级文物)

鎏金鹦鹉纹银碗，唐代。1982 年元旦出土于丹徒丁卯桥唐代银器窖藏中。碗口径 21.3 厘米，足径 14 厘米，高 11.5 厘米。碗口为五曲花瓣形，敞口，深腹，高圈足。碗口呈破式海棠形，内底心刻 1 对鹦鹉纹，鹦鹉勾喙，足趾锋利，展翅欲飞，纤细的羽毛清晰可见，形象逼真，栩栩如生，周围间以缠枝莲花和鱼子纹地，边缘有联珠纹一周。腹内壁的曲处饰以花结，衬托五组团花。圈足的外边缘刻变体莲花纹装饰带。此器出土时残破，经修复完整。圈足内刻有“力士”二字。此碗刻花处皆鎏金，余皆银器原色。

此碗虽经修复完整，但其刻工精美，造型独特而大方，在碗器内属于大器。

银酒瓮(二级文物)

银酒瓮，唐代。1982 年元旦出土于丹徒丁卯桥唐代银器窖藏中。口径 26 厘米，腹径 42.5 厘米，底径 29.3 厘米，通高 55 厘米。此酒瓮直口，广肩，鼓腹，平底。盖为圆盆式，盖顶有一火珠式钮，盖边与瓮口有银环链相连。底外中部竖刻楷书“酒瓮壹口并盖锁子等共重贰百陆拾肆两柒钱”。

酒瓮是唐代这个银器窖藏中最大的一件银器，通体素面无纹饰，反映了唐代饮酒风气之盛。金银是贵重金属，用近 300 两银子打造一只银酒瓮，真是不惜工本，如此大的酒瓮，确实是不易打造的银器精品，惜出土时破裂多处，经修复完整。

墨书计重银铤(一级文物)

墨书计重银铤,唐代。1980年出土于丹徒丁卯桥附近,共出土20笏,保存完整,其中两笏铤面墨书"重伍拾壹两"字样。银铤长36.2厘米,宽7.6厘米,厚0.6厘米,重约2 050克或2 060克,平均每两合40.3克。

出土时墨书字迹清晰,计重银铤的出土为研究唐代货币、度量衡提供了有力的实物资料,是不可多得的珍品。

舍利小金棺(二级文物)

舍利小金棺,宋代。1960年5月于镇江市甘露寺铁塔塔基下地宫中发掘。金棺盖长2.9厘米,底长2厘米,底宽0.7厘米,头高1厘米,重5克。棺身为长方形,棺盖盖面圆弧形,两头为圆角,盖两头均飞出棺身,遍体素面无纹饰。出土时,内盛释迦舍利子11粒,放置于长干寺舍利金棺内,外套长干寺舍利银椁。

唐代碑文中并无记载有此小金棺,李德裕瘗埋后,到了宋代曾被寺僧发掘出土过一次,于元丰元年加入宋代敬佛之物重新瘗埋,建造铁塔以为供奉。此棺造型不似唐代金棺造型,而且没有纹饰,又套放于唐代金棺中,因此推断为宋代加放的敬佛之物。

银函(二级文物)

银函,宋代。1960年5月于镇江市甘露寺铁塔塔基下地宫中发掘。银函长10.9厘米,宽8厘米,高10厘米。函为盒形,盖与函身以子母口相扣,盖面凸起为平顶坡面,盖边垂直。盖顶面錾刻二龙戏珠纹。函身两侧各刻仕女月下焚香图,两端一面刻有释迦牟尼坐像,一面刻文字10行。

全文为:"大宋嘉祐初,大学医生刘永徒,携佛骨自西来,欲率润之巨姓建琉璃宝塔以葬,不幸大缘未就而刘生卒。天锡求而得之,令郡人焦民以铁塔埋李卫公所藏舍利,因率就葬塔下。时元丰元年戊午四月初八日，许天锡记。”

银盒盖阴写有墨书三行：“临川王安礼，元丰元年四月七日记。”王安礼为王安石之弟，时任镇江太守，根据地宫中出土的宋代石刻题记记载，当时的瘗埋活动，即是由王安礼太守主持的。

此银函刻工精美，并有王安礼的亲笔墨书，是十分珍贵的宋代遗物。

银释迦牟尼降生像(二级文物)

银释迦牟尼降生像，宋代。1960 年 5 月于镇江市甘露寺铁塔塔基下地宫中发掘。银像高 1.7 厘米，重 4.2 克。银像为一裸体童子，作一手指天，一脚跺地状，置于金棺之内。根据佛经记载，释迦牟尼降生时，一出娘胎，即连走七步，步步生莲花，然后一手指天，一脚跺地说：“天上地下，唯我独尊。”此银像当为释迦牟尼降生像。

因甘露寺铁塔出土文物有唐、宋两朝敬佛之物，因此出土之后，此银像的确实年代当时不能断定。但经考证，唐代李德裕瘗埋的是释迦舍利和金棺银椁，碑文中也未记载有此银像，而宋代重新瘗埋时，加放了宋代敬佛之物，当日正是元丰元年四月初八，正是释迦牟尼诞生之日，并且宋代瘗埋的银函上也刻有释迦牟尼坐像，因此，这件释迦牟尼降生像应是宋代之物。

五曲梅花鎏金银盏(二级文物)

五曲梅花鎏金银盏，宋代。1981 年出土于溧阳平桥乡小平桥村宋代银器窖藏中。银盏口径 9.4 厘米，底径 4.4 厘米，高 4.8 厘米，重 61.5 克。银盏敞口，呈五曲梅花形，深腹，五曲花瓣喇叭形圈足。盏内壁每一花瓣区间錾刻形态各异的折枝梅花。内底心凸饰梅花一朵。圈足边饰几何纹带。凡錾刻纹饰处皆鎏金。

银盏为酒具。使用贵金属的银质酒器，在宋代官府及民间上层社会中十分流行。宴席上摆上一套银餐具，其豪华气派更能增添酒宴气氛和显示主人的身份地位。这件五典梅花鎏金银盏造型别致，纹饰纤细华丽,恰似一朵盛开的梅花,制作工艺采用了锤鍱、錾刻、焊接等手法,表现了宋代工匠的高超技艺。

六曲秋葵花鎏金银盏(二级文物)

六曲秋葵花鎏金银盏,宋代。1981年出土于溧阳平桥乡小平桥村宋代银器窖藏中。银盏口径9.8厘米,底径4.2厘米,高5厘米,重62.5克。银盏敞口,呈六曲秋葵花形,深腹,六曲花瓣喇叭形圈足。腹壁作六片花瓣依次叠边,每片花瓣区间腹内皆錾刻侧视的秋葵花一枝。盏内底心锤鍱凸起的秋葵一朵。圈足边饰几何形纹。银盏凡有纹饰处皆鎏金。

此银盏造型、图案均以秋葵为题材,神形兼备,仪态万千,把持各种花卉的酒盏饮酒,却是另有一番情趣。

八曲菱花鎏金银盏(二级文物)

八曲菱花鎏金银盏,宋代。1981年出土于溧阳平桥乡小平桥村宋代银器窖藏中。银盏口径10.2厘米,底径4.5厘米,高4.6厘米,重61.6克。银盏敞口,呈八曲四瓣菱花形,深腹,圈足亦八曲菱花式。银盏内腹每曲菱花瓣上皆錾刻一株菱花。内底心錾刻一朵凸起的菱花。圈足底边缘刻几何形纹带。纹饰处均鎏金。

此盏造型、图案皆以菱花为题材,盏身与圈足的菱花呈一仰一俯,构思奇巧,制作精良。

十二曲六角栀子花鎏金银盏(二级文物)

十二曲六角栀子花鎏金银盏,宋代。1981年出土于溧阳平桥乡小平桥村宋代银器窖藏中。银盏口径10厘米,底径4.4厘米,高4.8厘米,重60.9克。银盏为敞口,呈十二曲八角栀子花形,深腹。圈足亦作喇叭状十二曲六角栀子花形。盏腹内壁每曲花瓣内各錾刻一枝栀子花。内底心锤鍱錾刻一朵凸起的栀子花。圈足底边刻几何纹装饰带。纹饰处均鎏金。

银盏十二曲六角，六角即是六个花瓣的瓣尖，将六个花瓣打制成十二曲，工艺的成形上则较难，做出来的花形盏则更加美观，充分展现了古代工匠卓越的创造才能。

单瓣莲花银盏（二级文物）

单瓣莲花银盏，宋代。1981年出土于溧阳平桥乡小平桥村宋代银器窖藏中。银盏口径10.3厘米，底径4厘米，高4.8厘米，重60克。银盏敞口，呈十二单瓣莲花形，每个花瓣交界处，互相交叠在一起，深腹，圈足为圆喇叭形，上面亦錾刻莲瓣12片，为覆莲形。盏身内壁的每个花瓣上刻细密竖向的叶脉纹，内底心锤鍱錾刻凸起的七子莲蓬。

此盏整体形态宛如盛开的莲花，配以细密的叶脉，以及底心的莲蓬，惟妙惟肖，真切可爱。

重瓣莲花银盏（二级文物）

重瓣莲花银盏，宋代。1981年出土于溧阳平桥乡小平桥村宋代银器窖藏中。银盏口径10厘米，底径4.2厘米，高4.8厘米，重60.8克。银盏敞口，呈十二重瓣莲花形，深腹，圈足。盏壁锤鍱成上、中、下三层莲瓣，上、中两层各为12片莲瓣，下层为8片莲瓣。3层莲瓣片片相错叠合成一体，瓣纹外凹内凸。盏内壁的每片花瓣上錾刻有细密竖向的叶脉纹。盏内底心锤鍱凸起的花蕊。圈足为圆喇叭形，外刻两层重叠的覆莲纹。

此银盏层次感强，莲瓣层层相包，十分美观。

复瓣莲花银盏（二级文物）

复瓣莲花银盏，宋代。1981年出土于溧阳平桥乡小平桥村宋代银器窖藏中。银盏口径9厘米，底径4.5厘米，高5.3厘米，重65.8克。银盏圆口，深腹，圈足圆形外撇。盏壁锤鍱錾刻复瓣莲花3层，外凸内凹，口沿外錾刻一周联珠纹。盏内底心锤鍱錾刻凸起的“十三籽”莲蓬。圈足外亦錾刻复瓣覆莲纹，足沿錾刻一周联珠纹。

小平桥村出土的宋代各式花形银盏，有五曲、六曲、八曲、十二曲之分，出土的莲花银盏有单瓣、重瓣、复瓣之分，其瓣形又有纯角、圆角及委角之异，可谓是别具匠心，相映成趣。

狮子戏球乳钉纹夹层鎏金银盏(二级文物)

狮子戏球乳钉纹夹层鎏金银盏

狮子戏球乳钉纹夹层鎏金银盏，宋代。1981年出土于溧阳平桥乡小平桥村宋代银器窖藏中。银盏口径8厘米~9.6厘米，底径3.7厘米~5.7厘米，高4.6厘米，重94克。

银盏直口，斜弧腹、圈足。整体平面呈四曲海棠形，盏内、外壁及圈足均为空心夹层。盏内壁口沿饰一周卷草纹带，底部錾刻狮子戏球纹图案。盏外腹四曲间刻细密的云纹为地，每曲上有5颗凸起的高乳钉，近底部的下腹刻一周覆莲纹。圈足亦为四曲海棠形，刻有一周四瓣花纹装饰带，外底心錾刻有“李四郎”名押。银盏的边缘、乳钉及錾刻花纹处均鎏金。

此银盏空心夹层，工艺精湛，刻纹细致精美，并刻有工匠名及花押戳记，当是出自名匠之手。

凸花狮子戏球纹鎏金银盏托(二级文物)

凸花狮子戏球纹鎏金银盏托，宋代。1981年出土于溧阳平桥乡小平桥村宋代银器窖藏中。银盏口径14厘米~18.4厘米，底径11厘米~15.2厘米，高1.2厘米，残重109.6克。

银盏托为四曲海棠花形，平沿，浅腹，平底。口沿的平面上錾刻一周“回”纹，托底内区刻两朵牡丹花，外区锤锞錾刻凸起的两只头尾相逐的雄师，每只狮子的头前均有一只凸起的、系有飘带的绣球，狮子形态逼真,欢快奔放。凡刻有纹饰处均鎏金。盏托出土时有断裂纹,经修补完整。此盏托与狮子戏球乳钉纹夹层鎏金银盏为一套。

双兽耳乳钉纹夹层鎏金银盏(二级文物)

双兽耳乳钉纹夹层鎏金银盏,宋代。1981年出土于溧阳平桥乡小平桥村宋代银器窖藏中。银盏口径8.7厘米,底径5厘米,通高7.1厘米,重178克。

银盏仿商周青铜礼器簋的造型,直颈,侈口,圆鼓腹,圈足外撇,双兽首耳下有小珥。盏内外壁为空心夹层,底部夹层最厚处为1.3厘米。颈部錾刻两周雷纹。腹部及兽耳上为凸起的斜方格乳钉纹,以雷纹为地纹。圈足外底边錾刻一周雷纹。银盏有纹饰处均鎏金。

此盏造型与纹饰均吸取青铜器的特征,浑厚凝重,是宋代仿古工艺品中的代表作品。

凸花变形饕餮纹鎏金银盏托(二级文物)

凸花变形饕餮纹鎏金银盏托,宋代。1981年出土于溧阳平桥乡小平桥村宋代银器窖藏中。盏托口径16.8厘米, 底径12.4厘米,高1.8厘米,残重145克。

盏托口圆形,平沿,浅腹,平底。口沿平面上錾刻一周雷纹、间涡纹。盏托中心锤鍱凸弦纹一周,内刻套环纹。外区为四组凸花变形饕餮纹图案,以雷纹为地纹。纹饰处均鎏金。

盏托内心一圈凸起的弦纹,正好可以固定银盏的底圈足。此盏托与双兽耳乳钉纹鎏金夹层银盏为一套。

“寿比蟠桃”桃形涂金银盏(二级文物)

“寿比蟠桃”桃形涂金银盏,宋代。1981年出土于溧阳平桥乡小平桥村宋代银器窖藏中。银盏口径8厘米~10厘米,高3.8厘米,重76克。

银盏呈带枝叶的半桃形, 口沿内錾刻一周卷草纹带, 内底部锤

“寿比蟠桃”桃形银盏

镤起的篆书“寿比蟠桃”四字，外口沿处錾“李四郎ㄇ”名押。银盏造型别致，制作精美，枝叶形态逼真，枝干的断面上还錾刻出多圈的年轮，以示桃枝的古老。此枝干即盏的把手，设计极为巧妙。纹饰、枝叶及铭文处均涂金。

银盏上的“李四郎ㄇ”为制作工匠名及花押款。宋代经济的繁荣，带动了金银器行业的发展，为了竞争和维护信誉，所作金银器上常见有金银作坊的戳记花押和工匠名号。

宋代的金银器较之唐代的风格，已有明显变化，表现为玲珑奇巧，新颖雅致，纹饰多取材于社会生活，花卉瓜果类纹样采用较多。此盏铭文为“寿比蟠桃”，即喻健康长寿之意，生活气息浓郁。

凸花瑞果图鎏金圆银盘(二级文物)

凸花瑞果图鎏金圆银盘，宋代。1981 年出土于溧阳平桥乡小平桥村宋代银器窖藏中。银盘口径 16.5 厘米，底径 13 厘米，高 1.4 厘米，残重 129.4 克。银盘为圆形，板沿，浅腹，平底。板沿上錾刻一周三角形条纹带。盘心锤镤凸花瑞果图，有佛手、石榴、橘子及荔枝，繁茂枝叶缀其中。

宋代金银器的装饰艺术较唐代有创新，凸花的浮雕技艺更趋成熟。瑞果图纹饰取材多样，以其形而寓其意，佛手即多福，石榴即多子，橘子和荔枝有吉利之意。此盘构图别致，工艺精巧，凡纹饰处皆鎏金，富丽堂皇，表现了宋代金银器制作的精湛技艺。

梵文银盘(二级文物)

梵文银盘,元代。1966年4月出土于金坛洮西公社湖溪大队元代窖藏中。出土时,在一只元青花云龙纹瓷罐中,藏有元代各种银器50余件,该梵文银盘即为其中之一。盘口径14.8厘米。银盘为圆形,板沿,浅腹,平底。口沿的平面上錾刻一周"回"纹,盘底锤印一圈梵文,外圈锤锞一周韦驮之降魔杵。梵文经鉴定为六字真言的首字"唵",它原是印度教祭祀用语,后来被佛教密宗借用,认为是神圣的声音,具有无穷的威力。一般认为,该盘非日常生活实用器皿,可能为当时的一种陈设品,表明其主人对神的虔诚。

阿拉伯文银盘(二级文物)

阿拉伯文银盘,元代。1966年4月出土于金坛洮西公社湖溪大队元代窖藏中。银盘口径16.5厘米,盘为圆形,板沿,浅腹,平底。银盘通体素面无纹饰,仅在外底部刻有阿拉伯文的回历纪年铭文,经译为"回历714年1月",即元仁宗延祐元年(1314年)。该盘上的纪年,为探讨窖藏的时间提供了一定的依据。元仁宗延祐元年,当为元代中期,可视作该窖藏的上限时间,也为研究同时出土的元青花云龙纹瓷罐提供了旁证资料。

螭纹银盏(二级文物)

螭纹银盏,元代。1966年4月出土于金坛洮西公社湖溪大队元代窖藏中。银盏口径6.8厘米,通高3.9厘米。盏直口,圆腹,圈足。银盏的下腹部有一螭虎龙缠攀于外壁,头部伸出盏口,尾部延伸至另一端下腹部。盏内壁刻有云螭纹。盏口外沿印有"范婆桥西徐二郎花银"的戳记。

该盏制作精美,螭虎龙的造型生动活泼,四肢攀援于盏身,动感极强。银盏上的戳记,既标明银铺地点在范婆桥附近,亦标明工匠为徐二郎,是一件不可多得的元代银器佳作。

鎏金银塔

鎏金银塔(二级文物)

鎏金银塔,明代。1961 年 8 月出土于镇江市僧伽塔明代地宫中。塔高 5 厘米,地宫中同时伴出的文物还有银塔、珊瑚、玛瑙、玉、琥珀、珍珠等物,均为明代建造僧伽塔时瘗埋在塔基地宫中的镇塔之宝。

鎏金银塔六面七级,每面均开窗,顶为圆形,腰檐外出,中空,小巧玲珑。底座六角六面。

塔为佛教的主要建筑之一,起源于印度,佛教传入中国后,即与中国原有的建筑技术和传统文化相结合,形成具有中国特色的塔建筑。中国式的宝塔一般由地宫、基座、塔身、塔刹四部分组成,其中地宫是佛塔结构的一个重要组成部分,它是在塔基下用砖石砌筑的地下室。佛塔地宫中一般瘗埋舍利、佛经、佛像、法器等敬佛之物,亦有埋藏宝物作为驱邪避恶的镇塔之宝。

镇江僧伽塔为明代建造的砖塔,塔中瘗埋的鎏金银塔、银塔及珊瑚、玛瑙、玉、琥珀、珍珠等,即是该塔的镇塔之物。

蝴蝶牡丹花金帽顶(二级文物)

蝴蝶牡丹花金帽顶

蝴蝶牡丹花金帽顶,明代。出土于溧阳城西公社上阁楼大队明代墓葬中。通高 4.2 厘米。金帽顶为圆形,内空,用高浮雕手法制成,为三层阶梯式造型,底部刻花瓣纹一周。帽顶的正前方刻一只展翅欲飞的蝴蝶,做工逼真,昂首仰望上前方的牡丹花丛,顶端一朵含苞欲放的大牡丹花,周围环绕着一朵盛开的牡丹花和三朵花蕾。整体造型层次分明,花瓣、叶茎的纹路清晰,花瓣层层相叠,工艺十分精湛。

该金帽顶纹饰华丽,富丽堂皇,反映了明代金银器制作水平十分高超。

雕龙带环金带饰(二级文物)

雕龙带环金带饰,清初。出土于丹徒蒋乔公社清初墓葬中。带饰直径 4.2 厘米,带环通长 8.3 厘米。带饰圆形,凸起,采用高浮雕技法精心制成。外边缘用 45 颗金珠绕一周,中心部位刻有一条盘曲一周的四爪龙,龙首为正面造型,吻前伸,双目突起,龙额成虎头王状,首尾相近,鬏毛直立,四腿作爬行状,满身饰鳞片,龙身环绕卷云纹。盘龙的中心以 21 颗小金球组成一圈, 圈内原应镶嵌一粒宝石代表火珠,惜宝石已佚。圆带饰下端设有双耳旋转式半环形金挂扣,可以佩挂饰物。该器造型富有立体感,很有气派,刻工生动传神,极具韵味,龙是中华民族的祥瑞之神,也是中华民族及其文化的艺术象征。该带饰出土时共有 4 件(其中两件带环,两件无环),腰带腐烂无存。

雕龙带环金带饰

妙手挥动笔生花(书画类文物)

谢环杏园雅集图手卷(一级文物)

谢环杏园雅集图手卷,明代正统二年(1487 年)。图为绢本设色,长 401 厘米,宽 37 厘米,手卷全长 1 181 厘米。

谢环杏园雅集图手卷

谢环,字廷循,生卒年不详,浙江永嘉(今温州)人。明永乐宫廷画师,官封锦衣卫千户,善山水、人物,喜赋诗,传世作品极少。

此卷所绘杨荣、杨溥、杨士奇、王英、王直、周述、李时勉、钱习礼、陈循等 9 人在杨荣家杏园内聚会的场景。卷中除画有 9 个内阁大臣外,还有旁侍童子 9 人及治理酒食的仆从 5 人,手卷绘成后,作者受命又将自己肖像补绘于卷中,共绘 24 人。

图后并装裱有杨士奇序、聚会的 9 位内阁大臣每人所写五言长诗各一首以及杨荣写的“杏园雅集后序”。最后是清代大学士翁方纲于乾隆五十六年七月二十六所写的长篇考跋。

目前所知美国纽约大都会博物馆珍藏有一卷“杏园雅集图”,经考证为该图副本,卷中没有九位内阁大臣的题诗及序文,也没有画家本人像。此卷代表了正统年间宫廷画师的较高绘画水平。

文征明隶书立轴(一级文物)

文征明隶书立轴,纸本,写于嘉靖已丑年(1529 年)七月三日。

文征明(1470—1559 年),初名壁,字征仲、衡山,号衡山居士、停云生,江苏苏州人。善山水、花卉、书法。作者为吴门画派宗师,能书善画，成就斐然。此幅为其隶书小字的代表作。通篇书“长恨传并长恨歌”，计 2 115 字，排列有序，一笔不拘，神气完足，极具法度。用笔沉厚，结构严谨，是其罕见的精品之作。

居节山水小景立轴(二级文物)

居节山水小景立轴，纸本墨笔山水，纵 47.5 厘米，横 26.5 厘米。

居节(约 1524—1528 年)，明代画家，字士贞，一作贞士，号商谷，吴县(今苏州)人。他少时从文嘉学画，文征明见其运笔，惊喜，遂授以法，成为文征明高足。他的山水作品有宋人韵致，深受藏者喜爱。他尚气节，虽然穷困，只以丹青自娱，不屑仰事侯门，晚年因触犯织监孙隆，家破。他即在苏州虎丘南村租房数间，悠然自得，安度晚年。其传世作品较少，后人很珍视其画。

此幅山水小景立轴，用笔谨细，墨韵淡雅，意境深远，为居节的典型画风。

陈道复金焦图手卷(一级文物)

陈道复金焦图手卷，明代，设色纸本。

陈淳(1483—1544 年)，字道复、复甫，号白阳、白阳山人，江苏苏州人，善山水、花鸟及书法。他是明代著名画家，在画史上享誉极高。与其同时代的写意花鸟画大师徐渭(文长)齐名，并称“白阳青藤”。

此幅手卷绘制的镇江“金焦”二山，是根据周贞庵《金焦行》诗所描写的情景所绘，观图中金山、焦山的方位有误，可知陈道复在绘此图前并没有到过镇江。

此幅金焦图用笔老辣，苍劲有力，绝不拖泥带水，具有一气呵成之势，可谓“笔工精到”，是陈淳的精品之作。

恽向山水册页(二级文物)

恽向山水册页，明代，纸本设色，墨笔仿古山水，计十开，纵 25.5 厘米，横 25.5 厘米。

恽向(1586—1655 年),原名本初,字道生,号香山,江苏武进人。他年轻时为诸生,好诗及古文,博学多才,善山水。思宗崇祯末举贤良方正,授内阁中书,不就,弃官归。他早年山水学董源、巨然,悬笔中锋,骨力圆劲,而用墨浓湿,纵横淋漓,自成一派,晚年乃学倪瓒、黄公望,惜墨如金,挥洒自如,妙合自然。因往来齐、鲁间最久,尝登泰岳,得山水雄浑之气。他曾为周亮工画山水,自题云:"逸品之画,笔似近而远愈甚,似无而有愈甚,其嫩处如金,秀处如铁,所以可贵,未易为俗人道也。"其中道出"疏中有密,密中有疏"的见解,颇为精辟。传世作品较少。

该册页共绘十幅仿古山水作品,笔墨简淡清逸,境界冷寂旷远。

朱耷(八大山人)花鸟手卷(一级文物)

朱耷(八大山人)花鸟手卷,清初,墨笔纸本,纵 26 厘米,横 468 厘米。

朱耷(1626—1705 年),明宁王朱权后裔,江西南昌人,明亡后出家为僧为道,59 岁弃僧还俗后号"八大山人"。其一生所用别号多达数十,常用的有雪个、个山、人屋、驴屋驴、刃菴、何园、书年等。善山水、花鸟、行书、草书。其一生经历复杂,性格倔强,行为怪僻,常借绘画诗文,表达反清复明之意。如其所绘的鸟,眼球向上翻,具"白眼望清天"之意,所书"八大山人",四字连笔似"哭之笑之",意含哭笑不得,以此发泄内心积郁,表达对清朝政府的不满。

朱耷为清初"四高僧"之一。此卷为花鸟杂卷,构图简洁奇巧,不拘陈法,将互不相关的小鸟、芙蓉、兰花、石头、石榴、荷花、鹌鹑、葡萄、牡丹花绘于一卷,画组之间既各成章法,又浑然一体,通幅疏密有致,黑白相映成辉,似在漫不经心中得法度,在放浪笔墨于形骸之外

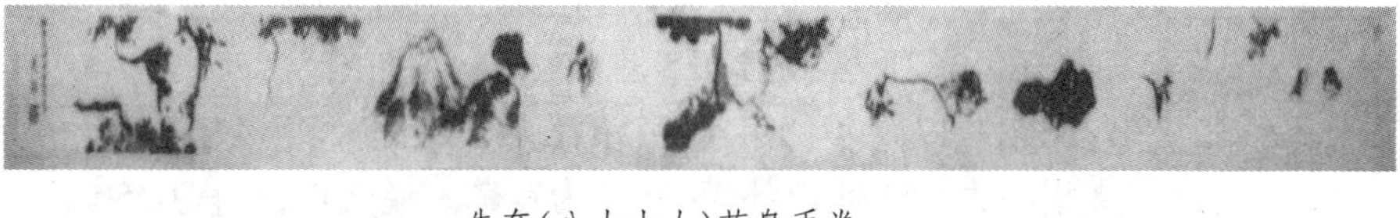

朱耷(八大山人)花鸟手卷

中得盎然韵味。这幅花鸟手卷是作者传世作品中的佳作。

郑簠隶书立轴(二级文物)

郑簠隶书立轴,清代,纸本,纵137.5厘米,横55厘米。

郑簠(1622—1693年),字汝器,号谷口、谷口农,江苏上元(今南京)人。善隶书、篆刻,学《曹全碑》,又揉合草书笔意,人称"草隶",以洒脱见长。他的书法对清初书坛产生了一定的影响,名重当世。朱彝尊、万经等人的书体,都受到他的影响。

此幅隶书立轴,书"清廟穆兮承予宗,醊祷进福求丰年"14字,款书"摘唐尧神人暘句,书于墨稼轩中,用试熊封新制第一品墨。谷口郑簠"。此轴隶书与明代隶书不同,创造出一种圆润而灵活、流动而不板滞的新风格,笔意自然,生动有趣。

笪重光山水立轴(二级文物)

笪重光山水立轴,清代,墨笔纸本,纵74.5厘米,横57.5厘米。

笪重光(1623—1692年),字在辛,号江上外史,句容人。他是清初著名书画家和鉴藏家,顺治壬辰(1652年)进士,官至湖广道监察御史,性刚直,后弃官归田,晚年学道于茅山。他善书画,书法眉山,山水得南徐江山气象。其画高情逸趣,横于毫端,肥不俗,湿不涸,深受当时著名画家王石谷、恽南田的赞赏。他的著作《书筏》、《画筌》均为中国古代书画理论名著。

此幅山水立轴,取材于冬季的柳岸风帆,画面上眉叶落尽的枯柳在寒风中挺立岸边,河上一舟扬帆航行,河对岸山峰起伏,用笔简柔飘逸,墨韵淋漓,意境十分幽远,是典型的文人画风格。

张玉书行书堂幅(二级文物)

张玉书行书堂幅,纸本,纵106.5厘米,横69.5厘米。

张玉书(1642—1711年),字素存,镇江人。顺治十八年(1661年)进士,官至文华殿大学士兼户部尚书,进为首辅。谥文贞,历官凡50

年,为太平宰相20年。他博学多才,风度凝然。所作古文辞,雍容典雅,称一代大手笔。

此幅行书堂幅,是其游金山寺时书赠慧印禅师的,其行书如行云流水,轻灵飞动,显示出文人的机趣和禅意,表达了敬佛之心。作品上方有探花王文治题跋,寺僧将王文治题跋与张玉书行书装裱成一幅,珍藏于寺中,解放以后,移交镇江博物馆珍藏。

王石谷山水堂幅(二级文物)

王石谷山水堂幅,清代,纸本。

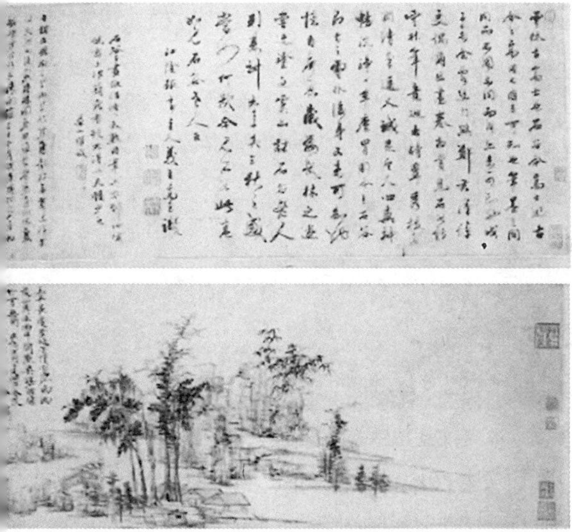

王石谷山水堂幅

王翚(1632—1717年),字石谷,号耕烟散人、清晖主人、剑门樵客、乌目山人、清晖老人等,江苏常熟人,善山水。石谷自童子时即嗜翰墨,先后拜张珂、王鉴、王时敏为师,得摹"二王"家中藏画,吸取诸名家之长,融合南北二宗,以南宗笔墨写北宗丘壑。在王时敏、王鉴悉心指导下画艺大进。石谷山水用笔凝重,功力深厚,既吸取前人技法,又揉入真山真水之情趣,笔调清秀工丽,不入俗套,描绘出新趣味,新意境。他早期画风,笔致清雅,灵秀而稚嫩;中期画风,用笔细秀繁密,墨色浓润苍劲,丘壑布置浑然一体,层次丰富,具秀润苍古之趣;晚年画风,用笔遒劲严谨,墨色富于变化,意境深远含蓄,颇见苍浑。他偶写花卉亦隽秀有致。他晚岁受命绘制《康熙南巡图》十二卷,场面浩大,内容丰富,笔墨多变,为少见的宏篇巨制，深得康熙帝赏识，并御赐扇面，书“山水清晖”四字以赠，声誉益著。此时，王石谷又得以遍观内府所藏历代名迹，画艺更进。其山水代表了南派特点。从学者甚众，称“虞山派”。时与王原祁“娄东派”为清代正统山水两大派，居清初画坊主流地位。后人将王时敏、王鉴、王石谷、王原祁并称“清初四王”。

此幅山水堂幅，为王石谷仿倪云林之作，用笔清雅，淡逸，颇具元代画风。画中题跋赞之，云林与石谷之间已分辨不清。

禹之鼎蒹葭书屋图手卷(一级文物)

禹之鼎蒹葭书屋图手卷，清代，设色绢本，纵 42.3 厘米，横 159.8 厘米。

禹之鼎(1647—1713 年后)，字上吉、尚基，号慎斋，另见字号有尚吉、尚稽、广陵涛上渔人，江苏扬州人。康熙中官鸿胪寺序班，以善

禹之鼎蒹葭书屋图手卷

画供奉内廷，工山水人物，尤工人物肖像，秀媚古雅，为清代当时第一高手，一时名人肖像，多出其手。

此手卷图上方为远山，山下江流，右绘大树三株，一老人行树左，一童子执杖随行于树间。中绘翠竹一片，树三株，树上掛有藤蔓。竹林后有屋宇两间，当为“蒹葭书屋”，江岸点缀芦苇，间以小丛树，左下角有栖雁 8 只、飞雁 15 只。图右上角题三行篆书：“蒹葭书屋图。”左上角题十行行书款：“紫渊先生属写蒹葭书屋图，余爱其意致翛远，不觉技痒，漫拟赵令穰江村清晓图笔法，未知于法荡之意有合否，幸主人教之。禹之鼎。”卷尾有潘耒、魏坤、查慎行、汤右曾、项溶、冯念祖、钱

名世、魏坤(又题)、刘灏、载震、顾永年、吴暻、王式丹、缪元、顾图河、汪荃、史申义、郭元于、胡期恒、周确斋、顾嗣立、沈翼、大受、许运昌、宫鸿历、李必恒、储雄文、胡期真等人题跋。

此卷系禹之鼎拟宋代赵令穰(大年)江村清晓图笔法,为蒋紫渊先生绘蒹葭书屋图,图中老者当是蒋紫渊先生。人物神态极为传神,线条流畅,衣袂飘逸。整幅画面意境幽雅旷远,气象萧疏,为禹氏至精作品。

姚宋山斋清寂图堂幅(二级文物)

姚宋山斋清寂图堂幅,清代,设色纸本,纵 127 厘米,横 54.5 厘米。

姚宋(1648—1721 年后),字雨金,号雨京、三中道者,安徽歙县人,寓居芜湖。工山水、人物,并能于瓜子上绘十八罗汉图,称绝艺。

山斋清寂图,绘高山流水,山顶突兀,山坡下杂树林立,小桥横跨水面,坡下平地处有书舍、草亭,空寂无人,画左上角题:“戊辰九月拟仲圭笔意。丽文先生教正。黄山野李姚宋写。”

此图为康熙二十七(1688)年作,作者时年 41 岁,画拟吴仲圭笔意,构图稳重,用笔方中带圆,设色浅绛淡雅。

高其佩山雉堂幅(一级文物)

高其佩山雉堂幅,清代,设色纸本。

高其佩(1660—1734),字韦之、且園、南村,号古狂、且道人,辽宁铁岭人。善指画、山水、人物、花鸟。其作品尤以指画为贵,享誉极高,影响较大,为当时著名指画家。

此幅山雉图即为指画,造型准确,构图饱满,线条挺健利落而富于变化。从作品的丰富层次和笔墨变化中,我们不难窥探作者在作画时手、指、甲、掌灵活变换使用的绝妙轨迹。此图为其写意花鸟精品。

高其佩山雉堂幅

华嵒听松图立轴(一级文物)

华嵒听松图立轴,清代,绢本,纵104.5厘米,横42.5厘米。

华嵒(1682—1756),字秋岳,号新罗山人,另见字号有德嵩、东园生、离垢居士、白沙道士,福建临汀(今上杭)人,居扬州以卖画为生,为"扬州画派"中的著名画家。他擅长人物、山水、花鸟、草虫、走兽和行书,题材范围广阔,是一个具有多方面才能的画家。其花鸟宗恽寿平、石涛,人物得益于陈洪绶、王树谷、马和之。其作品构图奇巧,造型夸张,意境深邃。

华嵒听松图立轴,描绘高士听松,构图奇特新颖,人物传神之极,衣襟线条飘逸,松树白云气韵空灵。画右上角题款为:"山有白云,士多道气,冷翠苍柯,世外真味。丙子夏六月为瑞五师五十寿诗画,并请正。新罗山人,时年七十有五。"

此画为华嵒老年精品之作,在中国画史上占有较高的地位。

华嵒听松图立轴

金农隶书"弟子职"堂幅(二级文物)

金农隶书"弟子职"堂幅,清代,纸本,纵181厘米,横81厘米。

金农(1687—1764),字寿门、司农、吉金,号冬心先生、稽留山民、曲江外史、昔耶居士、仙客、百二研富翁、心出家盦粥饭僧、龙梭仙客、金吉金、耻春翁、三朝老民、荆蛮民、苏伐罗吉苏伐罗等,浙江仁和(今杭州)人,寓居扬州,为"扬州八怪"之一。他善画山水、人物、花卉,擅长书法、治印。

金农隶书“弟子职”堂幅，取材于《管子·杂篇》，是中国古代的学则。郭沫若先生认为当是战国稷下学宫的学则，述弟子受业、应客、坐作、进退、洒扫、馔馈等仪节。此件堂幅则是书写了“馔馈”仪节。字体用笔圆劲，结体偏扁，是金农早期八分隶书的精品之作，深得李潮“八分书”的神骨，整幅作品一丝不苟，工整沉厚，气势非凡。

高凤翰梅石图立轴(二级文物)

高凤翰梅石图立轴，清代，设色绢本，纵 120 厘米，宽 47 厘米。

高凤翰(1683—1748)，字西园，号南邨、南阜、檗琴翁、息园叟、尚左生、南皐老人、云阜山人、丁巳残人、天禄外史，山东膠州人。工山水、花卉及书法、篆刻，并嗜藏砚。其山水，纵逸不拘于法，纯以气胜，笔端有北宋雄浑之神，有元人静逸之气，虽不规于法，而实不离法。其花卉亦奇逸得天趣。乾隆二年(1737)，因患风痺，右臂不仁，改以左手作画，故号丁巳残人、尚左生。

此幅梅石图为先生于乾隆丙寅(1746 年)腊月左手作品，时年 62 岁。图中怪石磋砑，老梅偃仰奇屈，红梅用红彩没骨点法绘成，而缘萼则用勾圈法，不设色写成，笔墨苍劲深厚。图左上角草书诗款二行：“风条吹出雪皑皑，珍重东皇着意栽，总使也从春色见，肯同桃李一齐开。乾隆丙寅腊月十一日，南阜道人左手并题。”下盖“高凤翰印”、“煮石山人”、“造物师”阴文印三方。

李鱓喜上眉梢图堂幅(二级文物)

李鱓喜上眉梢图堂幅，清代，墨笔纸本，纵 138.8 厘米，横 62.2 厘米。

李鱓(1686—1757 年后)，字宗杨，号复堂，字号还见有中洋、里善、懊道人、木头老子、墨磨人，扬州府兴化人。他曾入宫廷充当内廷供奉，受排挤，又以举人检选出任山东滕县知县，以忤大吏罢归。善画花鸟。他曾从蒋廷锡、高其佩学画，又取法徐渭、石涛，画风多变，常用破笔泼墨，纵横驰骋，不拘绳法，淋漓洒脱，自成天趣。李鱓为“扬州八怪”之一。

此幅喜上眉梢图，绘梅花一株，老干向右蟠屈，枝梢回屈向左上方，梢上栖一只翘尾喳叫喜鹊，梅干后画山石一块。款题画上方，为14行行书：“滕阳解组，寓居历下四百余日矣。红日当空，清风忽至，秋气爽垲，作喜上眉梢图以自贺。禁庭侍直，不画喜鹊，性爱写梅花，心恶时流庸俗，眼高手生，又不能及古人。近见家晴江梅花，纯乎天趣，元章补之。一辈高品，老夫当退避三舍矣。乾隆六年七月，历山顶寓斋记。李鱓。”

观此图，书、画皆堪称一绝，构图巧妙，用笔老辣，浓淡相宜，借用喜鹊登梅寓意“喜上眉梢”。此画作于乾隆六年(1741年)，李鱓时年56岁，正是他在山东滕阳罢官后，寓居山东历山顶寓斋时的作品，表现了他当时甚好的心境及对庸俗时流的厌恶痛恨。题款中“心恶时流庸俗，眼高手生，又不能及古人”，“一辈高品，老夫当退避三舍矣”等句，均表现了李鱓谦虚谨慎、有傲骨但无傲气的高贵品质。

郑板桥焦山诗堂幅(二级文物)

郑板桥焦山诗堂幅，清代，纸本，纵189.5厘米，横74.8厘米。

郑燮(1693—1765)，字克柔，号板桥，江苏兴化人。乾隆元年(1736)进士，曾任山东范县、潍县县令，凡12年。在饥荒年岁“尽封积粟之家，责其平粜”，并擅自开仓赈济，救活万余人，获罪罢官。后长期在扬州卖画为生。所著《郑板桥全集》流传甚广。

清代中叶“扬州八怪”中最有影响的书画家要数郑板桥了。他的成就极为广泛，诗、书、画、印，无所不精。其书法，人称“板桥体”，融隶、楷、行为一体，领异标新，形成了自己独特的风格，广为流传。

此幅焦山诗堂幅，系郑板桥自作焦山诗，书于镇江焦山自然庵，赠与慧通禅师的作品。书体为板桥擅长的“六分半”书体，字体率意天真，富于变化。焦山寺僧，视如珍宝，代代相传，即使在战争中，寺僧无米充饥之时，也舍不得变卖，珍藏至解放后，移交镇江博物馆世代相传。

郎世宁马横披(二级文物)

郎世宁马横披,清代,设色绢本,纵 62 厘米,横 115.1 厘米。

郎世宁(1688—1766),意大利人。雍正、乾隆时是宫廷绘画的兴盛时期,当时出现了一个特殊现象,即若干欧洲画家进入中国宫廷作画师,郎世宁即是供奉内廷的著名画家。他采用西洋画法与中国传统技法相结合的画法,用中国画的绘画工具,西方油画的观察表现方法,创造出一种别开生面的新风格。他作画题材广泛,花卉、走兽、肖像,各门类均有,尤其善长画马。

此幅马横披,绘老柳树一株,柳树下的土坡上,左立一匹白马,右卧赤马一匹,坡上花草丛生,老柳树之后,绘有新柳两株,画左下角楷书"郎世宁谨画"。

此画笔墨极工整,设色艳丽厚重,画面精美秀丽,双马造型生动准确,栩栩如生,透视感极强,具有西洋画情调,而柳树勾勒画法,颇有宋人笔意,实是中西艺术的合璧。

王文治行书立轴(二级文物)

王文治行书立轴,清代,纸本,纵 130.5 厘米,横 59 厘米。

王文治(1730—1802),字禹卿,号梦楼,丹徒(今镇江市)人。他擅长诗词、绘画、治印,通音律、戏曲,尤精书法。乾隆二十五年(1760)入殿试,中一甲第三名探花,赐进士及第,授翰林院编修,后提升为翰林侍读,充国史馆编修。

王文治为清朝一代书家,自幼学王羲之、欧阳询、米元章、赵孟頫、董其昌诸人之法。他的书法集众家之长,但自成其体,独具一格,墨色淡雅。字体清秀端正,风神俊逸,潇洒气派。他的行草、行楷既有晋人风范,又具董其昌神髓,可谓是秀逸天成。时有宰相刘墉喜用浓墨作书,字迹墨色黑漆光亮,而王文治则爱用淡墨挥毫,墨色淡雅娟丽,一浓一淡,各具特色,故书坛称二人为:"浓墨宰相,淡墨探花。"王文治由于书法艺术上的突出成就,与翁方纲、刘墉、梁同书被世人合称为

"清初四家"。当时,尚有书法家梁同书、梁国治、梁巘,但时人最为推崇的却是王文治,故又流传有"天下三梁,不及江南一王"之语。

此幅行书立轴,为五言诗,笔法精熟,行气贯通,字体秀俏柔媚,融王字、赵体、董书为一体而自显已貌,书法中既有晋人之风,又有"清风出岫,明月入怀"那样的幽雅境界。

张敔花卉手卷(二级文物)

张敔花卉手卷,清代,设色纸本,纵25.3厘米,横175.2厘米。

张敔(1734—1803年),字芷园,号雪鸿,另见字号有虎人、茝园、芷源、木者、止止道人,安徽桐城人,迁居江宁。乾隆时,考中举人,官湖北知县,工山水人物、花卉禽虫,其书法真草隶篆均精。

此幅花卉手卷绘梅花、牡丹、兰花、荷花、菊花、天竹、腊梅、水仙等花卉。款题图左上角,为五行行书:"庚戌九月三日仿徐青籐百花卷子笔意。雪鸿居士张敔。"卷首、尾皆有姜渔题跋。

此卷系敔作于乾隆五十五年,时年57岁,为仿徐渭百花图卷所作,颇具徐青藤笔意,用笔放纵,色彩淡雅秀丽,构图可谓百花齐放,争相斗妍,令人赏心悦目。

蔡嘉姮娥图立轴(二级文物)

蔡嘉姮娥图立轴,清代,墨笔绢本。

蔡嘉(1687—1756),字松原、岑州,号雪堂、旅亭、朱方老民,丹阳人,曾侨居扬州。他幼年习银匠,后弃而学画,年未三十,即成名。善山水、人物、花鸟、虫鱼。用笔工整,设色浓艳,亦能诗,对于绘画理论也颇有研究。他侨居扬州城东大草巷宗家甸"高寒旧馆"期间,与高翔、汪士慎、高凤翰、朱冕相交甚密,时称"五君子"。

他与京江画坛的蒋璋、张琪友情亦十分深厚,康雍间被称为"京口三大家"。蔡嘉画艺十分高超,《丹徒志·书画卷》称其"工山水巨幅,人物、禽兽、草木无不曲尽形似"。《扬州画苑录》称其"花卉、山石、翎毛称逸品"。《瓯钵罗室过目书画考》又载有"山水花卉与奚岗齐名"。

由此可见，蔡嘉似乎是一个全才画家。

此幅姮娥(即嫦娥)图造型准确、自然，线条飘逸流畅，用笔圆润、简洁，生动地表现了嫦娥欲飞升天的步态，颇具唐寅(伯虎)笔意。其传世作品较多，但多见山水、花鸟，人物画相对较少见。

潘恭寿桐圃图立轴(二级文物)

潘恭寿桐圃图立轴，清代，设色纸本，纵 87.5 厘米，横 30 厘米。

潘恭寿(1741—1794)，字慎夫，号握筼，中年受菩萨戒，遂名达莲，号莲巢，丹徒(今镇江市)人。善山水、花卉、人物，是个多才多艺、与古人争胜的画家，尤其是临古作品，更是达到以假乱真的境界。他自幼聪慧好学，后得到王文治、王宸的悉心指点，王文治授以“中锋侧使之法”以书理教之画理，王宸(王原祁曾孙)授以“宿雨初收，晓烟未泮”八字真言，使潘恭寿画艺大进。王文治于乾隆三十二年秋罢官回家乡后，从乾隆三十三年始为潘恭寿的画题跋赋诗，妙笔之画再配上“探花郎”之书法，真可谓是锦上添花，珠联璧合。他们之间的这种合作长达 25 年之久，成为当时艺坛佳话。世人称他们的合作作品为“潘画王题”。

此幅桐圃图，为作者于乾隆四十九年三月四日绘赠友人严先生，作为离别纪念。其所绘梧桐树落笔精熟，古雅清幽，生动盎然，气韵十分生动。

潘思牧临文征明山水立轴(二级文物)

潘思牧临文征明山水立轴，清代，设色纸本，纵 129 厘米，横 31 厘米。

潘思牧生于乾隆二十一年(1756 年)，字一樵、樵侣，号髯翁，晚号竹谷居士、樵侣老人，潘恭寿弟，丹徒人。据《京江画征录》载：“潘思牧年九十犹挥洒不辍。”其卒年不详，尚待进一步考证。潘思牧善山水、花卉、人物。早年与其兄一样，是明代文沈风格的追随者，弱冠之年，其画即成名于本邑。随着年龄增长，其山水远宗黄公望，近法文征明、沈周、董其昌，笔力逐渐刚健沉着，用墨浓重而湿润，画风在不断变化。其花卉、人物作品亦显大家风范，故有人评其“画品不在恭寿下”。潘思牧的晚年作品，镇江博物馆收藏颇多，自 82 岁到 88 岁作品均有收藏，可知其“年九十犹挥洒不辍”之言不差，他是一位长寿画家。

此幅临文征明山水立轴，笔力深沉凝重，敷色青绿，笔墨浓淡相宜，灵活多变，散发出古典意趣，深具文征明笔意。

黄鹤荷蟹图中堂(二级文物)

黄鹤荷蟹图中堂，清代，墨笔纸本。

黄鹤(生卒年代不详)，字石屏，王文治妹婿，善花卉、禽鸟，尤善画蟹，时人呼之为“黄螃蟹”。黄石屏生性喜酒，性情豪放，人品极高。其画“横涂竖抹墨淋漓”，受扬州画派画家影响颇深，与“扬州八怪”均有接触，尤与郑板桥相交甚密，画艺自板桥处获益不少。在郑板桥影响下，黄鹤改宗明代徐谓画风，并模仿板桥刻印一方：“青藤门下牛马走。”由此可见两人的师友关系。

此幅荷蟹图，水墨传神，所绘螃蟹形态各异，栩栩如生。图上有王文治题跋：“唐诗人有崔莺莺、郑鹧鸪之名，石屏山人善写郭索，同人戏有呼之为黄螃蟹者。梦楼王文治戏题。”

张崟镇江名胜册页(一级文物)

张崟镇江名胜册页(一册十二幅)，清代，墨笔纸本，每幅纵 34.8 厘米，横 19.4 厘米。

张崟(1761—1829)，字宝岩、宝崖，号夕庵、夕道人、夕庵住持、自皈依室主人、自皈依学人、观白居士、樵山外史、樵山樵隐、香醉山中人、且翁、铁瓮城东蛰叟，丹徒(今镇江市)人。工山水、花卉、竹石、佛像，尤长画松。画风出入文沈、远涉宋元，得其苍秀浑噩之气。乾、嘉之际，画坛风靡娄东一派，而先生力追北宋大家，独树一帜，一生作品，用墨浓郁沉厚，多以真山真水为主题，描绘大自然的锦绣风光，成为京江画派的开派人物。

此册页，每幅对开，一画一题，精心描绘了镇江名胜日精山、月华山、黄鹤山、夹山、招隐山、廻龙山、北固山、焦山、蒜山、金山、五洲山、西山等十二景。该画作于壬午(道光二年)七月二十三日，画赠陈文述(颐道)先生。该册页为张夕庵晚力的精心力作，功力深厚，定为国家一级文物。因其题记涉及镇江名胜史料，现将十二景题记，断句抄录于后，供研究地方史者作参考之用：

(1) 日精山在府儒学内，上有光风霁月亭，山后古松百余株，山前老梅修竹，城市山林也。南眺西南诸山，北俛大江，为城中极佳处，左之谯楼，即古之芙蓉也。

(2) 月华山在府治西，晋刺史王恭初建万岁楼于其上，至唐犹存，唐人多题咏之。宋初呼为月台，又曰月观。下有秦潭，秦始皇凿，有陆龟蒙诗："松门穿戴寺荷，径绕秦潭潭堙。"

(3) 黄鹤山在城南三里，一名鸿鹄，南朝宋武帝微时游息于此，有黄鹤飞舞其上，故名。南史戴仲若世居剡中，徙居京口止黄鹤山下。宋文帝欲见之，曰：吾东巡当宴戴公山下。又名戴公山。下有鹤林寺，唐马素禅师道场也。前有宋米芾衣冠墓，米公自云死后为寺伽蓝。旁即戴公女磨笄处。曰磨笄山。

(4) 夹山在城南十里，东晋法安大师始建寺焉。唐禅僧夹山于此说法，寺名竹林。今四方云游参访之徒，栖息于兹者寒蒸弗辍，渡江第一丛林也。

(5) 招隐山在城南七里，宋处士仲若高隐处，后其女舍宅为僧院。梁昭明太子尝读书于此，石案犹存。唐李卫公于此赏玉蕊花，玉蕊亭址及诗刻尚存。虎跑、鹿跑二泉，泉味极佳，游人于兹瀹茗焉。

(6) 迴龙山在城南七里，下有八公岩，林壑幽邃。俗呼内监为公，梁武帝太子读书于招隐寺，有八内监随之，太子殁，八人乃隐迹焚修于此。有庵八：曰翠淙、曰潮音、曰紫竹、曰深云、曰半壑、曰大林、曰远尘、曰化城。后又建庵二：曰汉隐、曰平等寺。康熙三十八年赐八公洞额。

(7) 北固山在郡城治后，一名北顾，上即甘露寺，南史所谓京城之西，别岭入江三面临水者也。山后石壁广数十丈，峻峭险峙，下临江潭。另峙一峰高耸突兀，名石帆。峰旁线路陡绝为走马硐，相传汉昭烈走马处。山前唐李卫公铁塔孤撑云表，铁镬久亡。

(8) 焦山在城东九里大江中，名樵山，与金山并峙，相距十里，亦称双峰，后汉焦光隐此，故名。山之余支东出为二小峰，曰松寥，或称海门关，即华严经善财参海云处。三诏洞、瘗鹤铭、钻丹石、石屋存焉。

(9) 蒜山在城西二里，或云吴周瑜与蜀诸葛亮议拒曹操于此筹算，故曰算山。唐陆龟蒙诗："周郎计策清霄定，曹操楼船白昼灰。"南唐烈祖尝游蒜山，除地为广场，编虎皮为大幄，率下会于此。苏东坡诗："蒜山幸有闲田地，著此无家一房客。"观此则山下旧宽广，可容万人，似不止今西津渡口孤峰而已，然则银山、玉山皆古蒜山也。

(10) 金山在城西七里大江中，名金鳌峰。唐裴头陀挂锡于此，建伽蓝于水际，获金数镒以闻，明皇赐名金山。梁书天监四年，帝临金山修水陆会，则金山之名不始于唐矣。山之西有中泠泉、石排山，山上有郭璞墓。

(11) 五洲山在城西三十里，相传山绝顶望见五洲故名。梁武帝临幸，辇道犹存。梁时有寺，至宋元祐中，苏右丞领请为功德院遂名因胜。苏学士轼题山半亭曰："卧看沧江。"

(12) 西山在城西六十里，群峰环拱，丛杂幽深，好事之士以觅僻，无从搜讨，遂置之不论，然风雪渡江，篷窗对之，殊有千峰竞秀之势，故以殿诸图后。

京口三山，江山壮丽，固所谓天下第一江山也，除此而外，莫非不标致，皆一丘一壑而已，好事罕有得，得来游者，故名不显。颐道先生仁智之性，共山水较深，命绘斯图，以当卧游，虽有丝麻，无弃管蒯也。故略缀数语于图后，不独云左图右史，亦以备吟情忻畅之下，悉其概焉，幸钧鉴并诲之。壬午七月廿又三日，丹徒张崟呈本。

张崟乔松图立轴(二级文物)

张崟乔松图立轴，清代，墨笔纸本，纵124厘米，横40.5厘米。

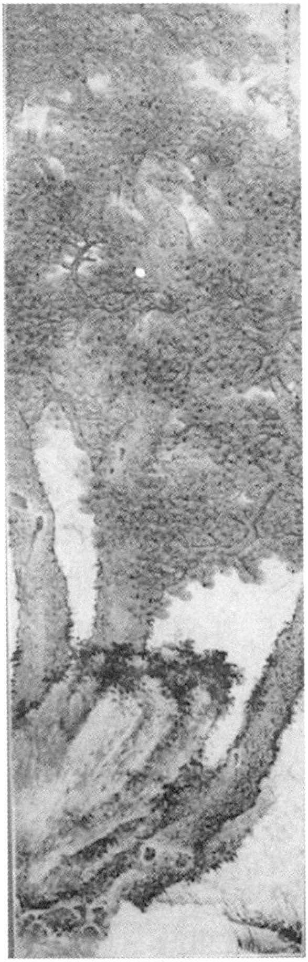
张崟乔松图立轴

张崟长于画松，时顾鹤庆以善画柳得名,故有“张松顾柳”之誉。

此幅乔松图为贺寿之作，其松树不以姿态取人，亦不似其他画家笔下松树虽有逸气,但终有萧疏感。张夕庵所绘松树,树干挺拔,松针作扇形排列,一笔不拘,浓密而不乱。其树下山石皴法不多,但施以墨色浓重之苔点与松树呼应,使松树作为突出景物占据整幅画面，形成了自已独特风格。

顾鹤庆徐氏云川阁十六景手卷

(二级文物)

顾鹤庆徐氏云川阁十六景手卷,清代,设色绢本。卷首徐氏泛湖小像纵40厘米,横135厘米,其余十六景每幅纵40厘米,横65厘米。全卷长1 253厘米。

顾鹤庆(1766—1836年后),字子余,号弢庵,晚号乳山逸叟,丹徒人,卒年待考。善山水、人物、书法,尤善画柳,工诗文,著有《弢庵诗集》。他自幼聪慧,11岁入庠,其绘画天赋自青年时期在本邑已崭露头角。其舅父周曾培、周序培均为京江画坛雍乾年间的成名画家,他们对顾鹤庆精心指授,使其画艺大进。顾鹤庆曾

顾鹤庆徐氏云川阁十六景手卷(卷首图)

历游大江南北，足迹尽天下名山，纵览河山，胸蓄丘壑，以“山川助其气”，故其山水作品典雅明净、笔力细腻，充分追求宋元大家风格。他在北京期间，结交了裕亲王、庄亲王、辅国公思元主人、法式善祭酒、吴谷人祭酒及赵怀玉、张问陶、翁方纲、汪学金等高官，特别是他赠与法式善的《驿柳图》，法式善赞之不绝，大力推荐宣扬，于是“顾柳”之名，名噪都下，人称“顾驿柳”。

徐氏云川阁十六景手卷，是顾鹤庆于嘉庆乙亥（1815）客江都邵伯埭徐云淙府中云川阁时所绘，画的是江都邵伯埭一带的水乡风光，卷首图徐云淙泛湖小像加十六景，计十七幅作品。此卷寄情写实，风格独特，囊括了春、夏、秋、冬四季，晴、晦、雨、雪、朝、暮诸象，山野、田垅、湖溪、人物、动物、渔舟、寺院、亭舍、楼阁、水乡平原的寂静、溟濛、空旷、秀丽，无不再现于绢中，可谓尽情描绘了自然界变化无穷之态，显示了画家高超的技艺，达到了从古人入，从写实出的艺术境界。

明俭暴书图手卷（二级文物）

明俭暴书图手卷，清代，设色纸本，纵 34.7 厘米，横 102 厘米。

明俭（生卒年不详），字智勤，号几谷，别号九子山僧，丹徒人。他俗姓王，出家小九华山真武殿为僧，能诗，工山水、花卉及行书、草书。初为张夕庵弟子，继则出入荆、关，墨彩沉郁，下笔如风。约在道光二十年（1840 年）前后至咸丰年间，他住在镇江焦山海云阁，索画者甚众，得资除蔬食外，全部接济亲族之贫困者。明俭生卒年代不详，大约生于嘉庆初年，卒于咸丰中（光绪《丹徒县志》），或卒于同治五年（1866 年）九月二十九日（据《几谷小像》莲溪题跋：“几公于丙寅九月廿九日已归道山”）。后者卒年较为可靠。

暴书图手卷，绘寺院书屋，位于竹林深处，屋中排列书架，庭院内有长廊、篱笆环绕，院中梧桐三株，天井的条桌上摊放书籍。图中共绘 5 个僧人，正将室中之书搬运至天井中晾晒。篱笆外为高地，山石突起。款题右边处：暴书图（篆书）。道光已亥仲夏，写为妙诠和尚雅鉴。几谷俭（行书）。

手卷原引首为阮元题篆书“暴书图”，惜残“暴”字，后由陈名珂补双钩“暴”字，并又续题“暴书图”于卷首阮元题前。卷后有钱泳、吴荣光、许之翰等人题跋。

此手卷绘于道光十九年(1839年)，是几谷的传世佳作之一，绘工极细，设色淡雅清逸，描绘寺僧于梅雨季节之后的晾书情景，极有生活情趣。

周镐京江二十四景册页(二级文物)

周镐京江二十四景册页(一册二十四开)，清代，设色纸本，每幅画页纵38厘米，横63.3厘米。

周镐(生卒年不详)，字子京，是清代嘉庆、道光年间镇江的知名画家，家境甚贫，但他不求官宦，终身以卖画为生，故不见于诸画史。他擅长山水，笔势雄浑苍劲，设色精湛，色调淡雅明快。更精于用墨，皴法异于常人，并常在浅淡处用寥寥数笔焦墨，使画面气韵生动。特别是他的构图常以跳出前人窠臼致胜。传统的山水构图，大略是远山近景，小桥流水人家，山中云雾盘绕，山中飞瀑流泉，而周镐常采用俯视法画山水，其山水景色仿佛是空中取景，注重山水写真，画出了一种别开生面的山水画特色。从他的绘画技能来看，源于沈周、文征明、唐寅、仇英。从他的绘画发展来看，早年笔墨娟秀，中年后放笔纵横，墨彩酣畅，自成风格。周镐实为镇江画坛奇才，是继潘恭寿、张夕庵、顾鹤庆之后的又一大家。

周镐京江二十四景册页分别为 “林开古驿”、“山绕瓮城”、“京几晓发”、“梦溪秋泛”、“范桥流水”、“刁坞藏春”、“浮玉观涛”、“海门泛月”、“狮岩消夏”、“龙洞吟秋”、“兽窟危亭”、“鹤林古木”、“西津晓渡”、“北固晚钟”、“竹林听泉”、“蓉楼话语”、“岘山策蹇”、“招隐听鹂”、“八公早梅”、“半江红树”、“城南赛社”、“江上救生”、“九华层云”、“五洲积雪”。

二十四景最后一景“五洲积雪”右下角题“道光壬寅春月，笠农二先生雅正。周镐”。此册应是周镐于道光二十二年(1842)的作品，赠于笠农二先生。笠农二先生当是赵霖先生，字笠农，排行第二，其时正署福建兴泉水军备道(为清代道员带兵备衔者，为正四品官)。此册精心构图，工雅瑰奇，其中山川城郭、城市关津、溪桥流水、烟霭风涛、阴晴昏晓之状，无不一一如生。此册页不仅是周镐的巨制名图，而且对研究镇江名胜掌故有很高的价值。

鬼斧神工天地惊(杂件类文物)

大石犁(二级文物)

大石犁，新石器时代。1959 年 12 月出土于镇江市谏壁烟袋山良渚文化遗址中。残长 70 厘米，上宽 40 厘米。

石犁呈三角形，前端犁尖略断缺，但仍很尖锐，犁两侧均磨成刃。犁面上穿凿四孔，器通体打磨较光滑。石犁一般是固定在木座上使用，犁上四孔即是为了便于穿绳固定犁身而穿凿的。如果犁尖不缺，根据计算犁长应在 77 厘米左右，如此大的石犁在全国所有新石器时代遗址中，出土不多。

古人类使用石头为原料，制造工具与自然界作斗争，考古学上把这种石头工具叫做“石器”。而原始人类在几十万年的劳动实践中，制作石器的技术不断发展，由打制走向磨制。因此，考古学上又把人类使用打制石器阶段叫做“旧石器时代”，把使用磨制石器的这段历史称为“新石器时代”。在新石器时代，人类物质文化的主要成就是：第一，学会了磨制石器；第二，发明了陶器；第三，开始了谷物的种植和动物的饲养。由于农业和养畜业的发展，大量的农工具石器应运而生，而且制作也越趋精美。

大石犁即是古代耕地的主要工具，《释名》曰：“犁，利也。利发绝草根也。”它起到松土、犁断草根的作用，利于谷物的种植与生长。这件大石犁的出土，说明了在距今 4 000 年前镇江地区的原始人类进入了犁耕阶段,农业生产已发展到一定水平。农业的发展,更加推动了养畜业的发展和社会的进步与发展。这件大石犁对中国古代农业发展史的研究,具有重要价值。

带木柄石斧(二级文物)

带木柄石斧,新石器时代。1977年8月于溧阳县沙河新石器时代遗址中出土。石斧长11厘米,宽2.5厘米,厚3厘米。木柄长28.7厘米。

石斧呈长方形,刃部为坡面且磨光,顶端插入木柄前端下方的槽内,有绳子捆绑的痕迹。木柄前端较粗,逐渐向后较细为圆形把手,便于手握持,前端下方挖有长方形凹槽,大小与石斧顶端相合。

石斧是古代砍木或砍凿其他硬物的工具。早在旧石器时代,石斧就开始使用,到了新石器时代已大量出现。青铜时代的铜斧便是由石斧演变而来的。

过去考古界对石斧的使用方法有过许多合理的推测,但这件带木柄石斧的出土,再现了古人使用石斧的方法,将石斧插入带槽的木柄内,再用绳子将石斧牢固地绑在木柄之上,长长的把手,不仅便于握持,而且更利于发力,使用十分方便。特别是这件木柄,历经数千年而不朽,这是较为少见的,它不仅完整再现了这件石工具的原貌,而且也证明了古人类的聪明才智。它是我国目前发现的最早的带木柄石斧。

玉斧(二级文物)

玉斧,新石器时代晚期。1976年12月在武进县青龙公社出土。玉斧长19厘米,宽13厘米,厚1厘米。

玉斧平面呈梯形,上小下大,腰部弧形,刃部圆弧形磨光,斧上端中间部位有一钻孔,斧身有明显的轮制切割开片的弧形痕迹多道。其玉质白中带绿,不透明,似为河南南阳玉。

玉石被人们发现和利用,有着悠久的历史,我国在距今7 000年前的新石器时代遗址中即出土过玉石装饰品器物。玉斧是模仿生产工具石斧而制成的。这件玉斧为良渚文化器物,扁薄宽大,制作精致,不能实用，这说明这类器物已从生产工具向礼器、仪仗或祭祀器方面转化，它是财富、身份和权力的象征。斧身的切割痕迹为研究我国早期玉器的制作工艺、制作工具提供了宝贵的实物资料。

嘉禾六年铜弩机(一级文物)

嘉禾六年铜弩机，三国·东吴器，出土于丹徒后小辛村的一座东晋咸康元年(335)砖室墓中。郭长 17.8 厘米，望山高 8.7 厘米。

弩是我国东周以来古代军队中流行的远射兵器，它的强度、射程和准确性都远远超过普通弓箭，机括多以青铜铸制，习称“弩机”。这件铜弩机珍贵的是，在弩机的悬刀一侧刻有“嘉禾六年十月匠陈太臂□生□，直一万，司马王隋平”字样。嘉禾六年为公元 237 年。三国至晋的弩机铭文中有“臂匠”、“臂师”的称谓，臂师当是造弩机的专门匠师，“陈太” 可能是臂师的名字，“直一万” 是指弩的价值，“司马王隋平”是监造者或弩机主人的职务和姓名。司马为古代军府之官，在将军之下，统管军府，秩千石。

三国时期的铭文弩机出土非常罕见，过去仅见魏、蜀各两件，东吴的铭文弩机未见出土。因此镇江嘉禾六年铜弩机的出土，在国内是首次发现，填补了东吴铭文弩机的空白，弥足珍贵。它是迄今所知东吴唯一的一件铭文兵器，是研究东吴兵器史的重要实物资料。

刘尅砖墓志(一级文物)

刘尅砖墓志(二块)，东晋。1962 年出土于镇江市东南郊汝山贾家湾二号东晋墓中。每块砖长 28 厘米，宽 15.5 厘米，厚 4.3 厘米。

这两块墓志砖， 皆通体刷黑漆，可

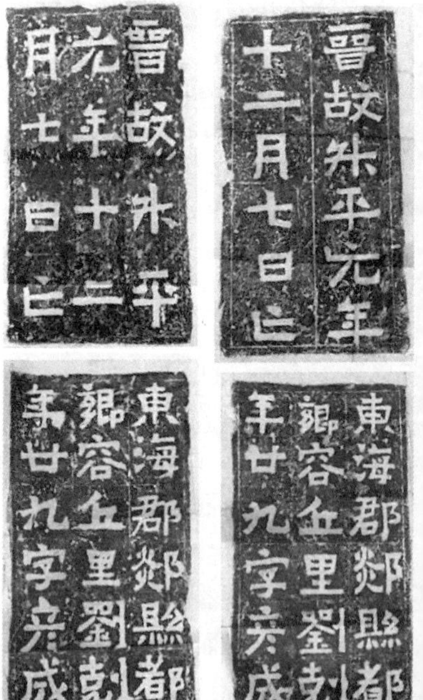

刘尅砖墓志

以防止砖腐烂，又漆黑光亮，非常美观。砖志文字竖行阴刻，隶书体，两块墓志正背所刻志文均相同，只是排列行数不同。第一块正面刻3行18字，志文为“东海郡郯县都乡容丘里刘尅年廿九字彦成”，背面刻3行12字，志文为“晋故升平元年十二月七日亡”。第二块正面亦刻3行18字，志文为“东海郡郯县都乡容丘里刘尅年廿九字彦成”，背面则刻2行12字，志文为“晋故升平元年十二月七日亡”。

墓志在古墓葬的考古发掘中具有很高的研究价值，使该墓成为“纪年墓”，它记载了主人姓名、籍贯、年龄、生平，该墓中的出土文物成为该时期文物研究的标准器。重要的长篇墓志铭，甚至能起到证史、补史的作用，同时，志文的书体对研究中国书法发展史也起到非常重要的作用。

刘尅砖墓志，内容虽简单，但字字清晰完整。根据志文得知，墓主人姓刘，名尅，字彦成，系东海郡郯县都乡容丘里人氏，于东晋升平元年(357)十二月七日身亡，年仅廿九岁。墓志上的隶书已不似汉代隶书，正向楷书演变，是十分重要的书法研究资料。

隆安二年画像砖(一级文物)

隆安二年画像砖，东晋。1972年3月出土于镇江畜牧场二七大队东晋隆安二年墓中。该墓为砖室墓，墓室的墙壁上镶嵌画像砖共54块。画像砖以高浮雕手法刻成，每块砖长32厘米，宽18厘米。每块砖表面均涂有黑色漆状物，画像内容分以下十种：

(1) 青龙画像砖。青龙为东方之神，龙身与爪盘屈成圆形，龙首张口、吐舌、露齿，头顶有双角，呈游动飞舞之状，间饰连环半圆火珠纹。

(2) 白虎画像砖。白虎为西方之神，虎身修长，竖身，张口露齿，身体后曲，形状凶猛。

(3) 朱雀画像砖。朱雀为南方之神，凤形，长嘴，细长颈，头顶有冠，双长足，一足立地，一足抬起，展翅翘尾作舞蹈状。

(4) 玄武画像砖。玄武为北方之神，龟作爬行状，龟首上仰回望，一蛇盘绕龟身，蛇首与龟首相对。在玄武两侧的砖边缘，各刻一长方形框，框内各刻隶书一行，右框内刻“晋隆安二年造立冢郭”，左框内刻“累贡阳山子纾安寿万年”。隆安二年(398 年)即是该墓主人的入葬年代。

(5) 兽首鸟身画像砖。兽首竖双长耳，颌下有二须，脑后有两根长毛似角，鸟身展翅如朱雀状，砖左右两侧饰卷草纹。似为神鸟图案。

(6) 人首鸟身画像砖。人首戴高冠，颈部戴项圈，其身展翅如朱雀状，砖左右两侧饰卷草纹。似为神人图案。

(7) 兽首人身画像砖。兽首有双尖耳，双角，圆睛凸出，左手前伸执钩镶，右手向后张握环柄铁刀，两腿作弓箭步，腿臂上均缠有带束，砖四周边缘饰锯齿纹带。

(8) 兽首人身画像砖。其纹饰与造型均与上同，仅方向相反。七、八两块似与打鬼的“方相氏”极为相似。

(9) 兽首噬蛇画像砖。兽首似虎头，两耳竖立，双手持长蛇，张口作噬蛇腹状。蛇首上曲与兽首相对，作挣扎欲反咬之形。人身下为独腿爪形脚，脚旁地下两侧有两条有首断蛇及一条断蛇尾。《山海经·海内经》载有：“西南有巴国，又有黑人，虎首鸟足，两手持蛇方啗之。”此像正是巴国黑人。

(10) 虎首戴蛇画像砖。虎首，张口，露齿，目作菱形，颌下有须，两肢曲张，勾爪。虎头上戴两个人头的蛇身，人头戴高冠，面向左右两侧，对着似鸡冠花的图形。据《山海经·海内北经》曰：“穷奇其形如虎，有翼。”《淮南子·地形训》穷奇条下高诱注说：“穷奇，天神也，在北方，道足桀两龙，其形如虎。”《山海经·西山经》穷奇条下郝懿行注说：“穷奇恶兽而云驰逐妖邪者。”穷奇头上挂的人面蛇，就是《烛龙神》，据《山海经·海内北经》曰：“钟山神名烛阴……人面蛇身。”郝懿行按：《淮南子·地形训》云：“烛龙在雁门北，其神人面龙身而无足。”那鸡冠花状的图案，应是烛灯，在敦煌壁画中，也有相似的烛灯，正是烛灯以烛九阴之意。此块画像砖当是《穷奇、烛龙画像砖》，在墓中起镇墓兽的作用，以驱除鬼怪邪恶。

该墓画像砖形象生动，线条刚柔相济，工艺水平极高，为研究我国的浮雕艺术提供了宝贵资料。

刘岱石墓志铭(一级文物)

刘岱石墓志铭，南朝。1969年在句容袁巷乡小龙口出土。墓志质地为青石，纵55厘米，横65厘米，厚7厘米。志文共分23行，计361字，字字清晰无损。志全文如下：

> 齐故监余杭县刘府君墓志铭。高祖抚，字士安，彭城内史。夫人同郡孙荀公，后夫人高密孙女寝。曾祖爽，字子明，山阴令。夫人下邳赵淑缓。祖仲道，字仲道，余姚令。夫人高平檀敬容。父粹之，字季和，太中大夫。夫人彭城曹慧姬。南徐州东莞郡莒县都乡长贵里刘岱，字子乔。君龆年歧嶷，弱岁明通，孝敬笃友，基性自然，识量淹济，道韵非假，山阴令，竿太守事，左迁尚书扎，白衣监余杭县。春秋五十有四，以永明五年太岁丁卯夏五月乙酉朔十六日庚子遘疾，终于县解。粤其年秋九月，癸未朔廿四日丙午，始创坟茔于扬州丹阳郡句容县南乡糜里龙窟山北。记亲铭德，藏之墓右。悠悠海岳，绵绵灵绪，或秦或梁，乍韦乍杜，渊懿继芳，世盛龟组，德方被今，道遒流古，积善空言，仁寿茫昧，清风日注，英猷长晦，奠设徒陈，泉门幽暖，敢书景行，敬遗千载。夫人安乐博昌任女晖，春秋五十有三，以永明元年太岁癸亥夏五月乙酉朔十三日辛酉终。父文季，祖仲章。一女，二庶男。女玉女，适河东裴闿。长男希文，妇东海王茂瑛，父沉之，祖万喜。少男希武。

刘岱石墓志铭

此墓志刻于南朝齐永明五年(487年)九月,为成熟的楷书书体,是隶书向楷书演变的范例,字体刚劲有力,刚柔相济,气度非凡。此墓志有力地证明我国楷书至少在南齐时期已进入成熟阶段。

墓志内容记述了祖孙亲属的姓名、字号、籍贯、官职,记述了刘岱及其夫人任晖的年龄及死、葬日期,同时还记述了死者的传略,外加对死者的颂语和铭词。夫妇二人生有一女二子。志文也反映了南朝墓志铭的书写格局。

《南齐书》中无刘岱传,志中关于刘岱因触犯太守被降职的记载,则填补了史料的不足,反映了当时官场斗争的史实。

王元化先生对《刘岱墓志》曾作过详细研究,得出刘岱是刘勰(《文心雕龙》作者)堂叔的重要结论,证实刘岱不仅是"南徐东莞莒县都乡长贵里人",世居京口,而且死后也葬于此地。那么比刘岱晚一辈、晚生32年的刘勰,无疑更是京口(今镇江)人了。

南齐墓志,全国出土甚少,在《汉魏南北朝墓志集释》中,也只收集到南齐永明十一年吕超墓志一方,且文字漫灭过多,不能通读,像刘岱石墓志铭保存如此完好的南齐墓志,则是凤毛麟角了。

李德裕重瘗禅众寺舍利题记石刻(二级文物)

李德裕重瘗禅众寺舍利题记石刻,唐代。1960年5月于镇江市甘露寺铁塔地宫中出土。碑为青石,56厘米见方,厚10厘米,刻楷书14行,凡172字。全文如下:

有唐大和三年己酉岁正月廿四日乙巳,于上元县禅众寺旧塔基下获舍利石函,以其年二月十五日乙丑,重瘗藏于丹徒县甘露寺东塔下。金棺一,银椁一,锦绣襆九重,皆余之施也。余长庆壬寅岁,穆宗皇帝擢自宪台,廉于泽国,星霜八稔,祗事三朝,永怀旧恩,殁齿难报,创甘露宝刹重瘗舍利,所以资穆皇之冥福也。浙江西道观察等使、银青光禄大夫、检校礼部尚书兼润州刺史御史大夫李德裕记。长干寺舍利在东函。禅众寺舍利在西函。

此石刻题记为公元829年,唐润州刺史李德裕所撰,它记录了李德裕为唐穆宗皇帝造冥福,重瘗长干寺及禅众寺舍利于甘露寺塔下的经过,它为我们研究甘露寺塔的建造以及唐代的宗教和石刻艺术提供了重要的佐证资料,具有很高的历史价值。

润州甘露寺重瘗舍利塔记石碑(二级文物)

润州甘露寺重瘗舍利塔记石碑,北宋。1960年5月于镇江甘露寺铁塔塔基地宫出土。青石刻成,长88厘米,宽66厘米,厚10厘米。碑刻楷书32行,凡879字。摘录如下:

> 唐大和已酉岁,丞相卫国公……得长干、禅众二寺旧塔下所藏舍利……重瘗藏于北固山甘露寺之东偏而塔焉。厥后星霜屡变……塔既隳摧……以为至卑陋污亵之所……熙宁之已酉岁……寺之主者,欲去故弊,张大其居……载募夫力,相与经营……迺见卫公所藏之舍利与其亲笔志文……焦君巽者……遂乃择良匠冶黑金为浮图九级,即其故址而藏焉。起于丙辰之仲夏,成于戊午之孟夏,其所费之资,二百余万……自唐抵宋,甲子四周,废而复兴,秽而又净……而今而后,又不知几千百年,其间或废或兴,谁何不缘……谨记其塔成,所藏之岁月云耳。时元丰元年四月八日记……

此石碑题记为公元1078年僧人务周所撰,比较详尽地记录了李德裕当初建的是石塔,大约在乾符年间,石塔倒塌而湮没。北宋时,寺僧因不知此处有塔,在原塔基处建了厕所。熙宁二年其地准备建庙宇,挖厕所时,无意之中挖出李卫公瘗藏之物,乃知是浮图之故址。当时,轰动整个佛教界,为重新建塔,甘露寺住持传法沙门应夫募缘,丹徒佛弟子焦巽施钱二百万,择良匠范黑金铸九层铁塔,重瘗了唐代遗物,并加放了宋代敬佛之物。

此题记碑的发现，不仅使我们了解了甘露寺两塔由废而兴，由秽而净的历史，还纠正了史书记载“铁塔为李卫公所建”之讹。更使我们对铁塔地宫中所出土的2 910件文物有了考证依据。

禹迹图石刻（一级文物）

禹迹图石刻，南宋。宋代《禹迹图》石刻是我国现存最早的石刻地图之一。至今尚存世两块，一块现存西安碑林，一块原勒石于镇江文庙大成殿（今镇江江苏大学梦溪校区内），后移至镇江博物馆珍藏。

禹迹图为青石刻成，图首方框内刻有“禹迹图，每方折地百里，禹贡山川名，古今州郡名，古今山水地名”。图中浅刻横竖直线相交的相等方格，格内刻东至黄海岸边，西至祁连山，北至黄河北沿，南至海南岛的地图。地图的左下角镌刻“绍兴十二年十一月十五日左迪功郎充镇江府学教授俞篪重校立石”。

刘建国先生对《禹迹图》作过详细研究，考证此图每方格长1.1厘米，按“每方折地百里”计算，参照宋代度制一尺合30.72厘米，每里即合46 080厘米，折算《禹迹图》比例尺约为1:4200000。这种采取以格计里的坐标绘图法是古代地图中首见。它有点类似近代经纬度的绘图法，无疑提高了地图的精确程度和表现能力。

宋代《禹迹图》是世界地图史上的重要里程碑。英国著名学者李约瑟在《中国科学技术史》巨著中曾评述：“《禹迹图》是世界上最杰出的地图”，“是宋代制图学家的一项最大的成就”，“无论是谁把这幅地图拿来和同时代欧洲宗教寰宇图比较一下，都会由于中国地理当时大大超过西方图学而感到惊讶”。

刘建国先生还考证了《禹迹图》的作者是宋代大科学家沈括。《禹迹图》堪称是宋代科技文化的瑰宝。

周瑀太学生牒文（一级文物）

周瑀太学生牒文，南宋。1975年7月在金坛茅麓乡南宋周瑀墓中出土。牒文绢地墨书，长114.5厘米，宽32厘米，小楷行书或寸楷行书写就。略文如下：

行在国子监。　　　　　　　　习字号

准淳祐四年八月□日，敕礼部：据国子监申，检准绍兴十三年十二月十一日敕节文，补试中选学生……开具淳祐四年补中太学生，国学生郑宜等二百八十七名，申部……八月八日依礼部所申施行，须至给牒者。

学生周瑀，本贯镇江府金坛县三洞乡碧鸾里……淳祐四年补中，当年年二十三。

牒周瑀，成均材之囿也。言艺其苗，言撷其秀……准敕给牒补充太学生，故牒。

淳祐五年八月□日牒。

胥佐魏澄，胥长吴世荣。

奉议郎丞姚。

朝请大夫司业兼国史院编修官实录院检讨官陈。

祭酒　　阙。

周瑀太学生牒文，是当时周瑀入葬时的宋代复制品，显然其家中将牒文原本作为一种家族的荣耀而保存家中。但此牒文系照原本复制，为我们研究宋代高等教育制度提供了弥足珍贵的实物资料。

周瑀墓出土时，尸体保存湿润完好，四肢柔软，人可扶以坐起，尸体现存上海自然博物馆珍藏，墓中所出文物(包括所有丝织衣物)均完好无损。此件牒文为黄素娟写成，墨迹清晰，是目前我国发现最早的太学生文凭。

雕漆柄"君玉"团扇(一级文物)

雕漆柄"君玉"团扇，南宋。1975 年 7 月在金坛茅麓乡南宋周瑀墓中出土。扇面长 26 厘米，最大径宽 20 厘米，柄长 12.5 厘米，最大径 2.4 厘米。

此扇扇面为椭圆形，以细木杆为轴，以竹蔑丝为骨。先用微型钻

雕漆柄“君玉”团扇

孔工具在轴心两侧钻孔,再将细如猪鬃的竹蔑丝一根根穿入孔中,剪成扇形,扇面再裱以纸,施以柿汁。扇的椭圆形边缘再以生漆封口,将竹蔑丝固定成形,不易散落。扇面下端以月牙形扇托穿入轴心以保护扇面。此扇扇柄可谓是精巧绝伦,扇柄为双层,内层为橄榄形木柄,外层为镂空雕刻的漆柄,雕漆柄与木柄之间脱胎分离,可自由转动,手执扇柄,手腕旋转,扇面即随惯性转动,凉风徐徐而生,具有实用与欣赏把玩双重功能,难怪乎宋人司马光有“玩之不替手,爱重心无穷”的诗句了。

细观此扇柄,它采用了雕镂与脱胎相结合的剔犀工艺制成。推测古代工匠先在橄榄形的木柄上刷上脱离剂(腊之类)或包上一层油纸,再以朱漆、黑漆重复髹漆,每色漆刷后,待干后再刷另一色漆,如此红、黑相间,刷至一定的厚度,估计约有二十多层,再用刀剔刻成镂空对称的三组如意云头纹。在切面上可见十多层红漆,每层间以黑漆,其细若发丝。在扇柄头部还刻有“君玉”二字。雕刻工序全部完成后,用热水将脱离剂溶化,或将油纸抽出,使木扇柄与雕漆柄分离,形成脱胎,由于是橄榄形,两头细,中间粗,这个雕漆柄则固定在轴心上,上不能上,下不能下,使扇面可以转动自如了。扇柄上“君玉”二字,当是周瑀的号,因“瑀”的字义,即是“石之似玉者”。

此扇工艺精细,雕工圆熟,制成一把扇子,工期亦当不短。它不仅是我国古代脱胎剔犀器的珍品,其竹、纸扇面保存至今不朽,亦是非常罕见。

矩纹纱交领禅衫(一级文物)

矩纹纱交领禅衫,南宋。1975 年 7 月于金坛茅麓乡南宋周瑀墓中出土。衫长 135 厘米,通袖长 268 厘米,袖宽 52 厘米,袖口宽 58

矩纹纱交领禅衫

厘米，腰宽 68 厘米，下摆宽 89 厘米。

此禅衫为交领式，对襟，右衽，直袖式。表、缘以驼色绞纱为地，绞纱经纬密度配置 18×22 根/厘米 ²；平纹起花，花纹图案仿自铜器“矩纹”；缘里为同色平纹绢，绢经纬密度 37×28 根/厘米 ²。

禅衫即单衣、衬衣类。《礼记·玉藻》：“禅为絅。”郑玄注：“絅，有衣裳而无里。”周瑀墓中出土的这件矩纹纱交领禅衫，非常宽大，薄如蝉翼，轻柔飘逸，整件衣服仅重 126 克。堪称宋代丝织品中的精品。人们常说“陈丝如烂草”，而此件衣服至今已七百几十年，仍然保存完好，可以折叠，张挂，可以穿，这在出土丝织品中是十分罕见的。

缠枝牡丹花罗合领夹衫(一级文物)

缠枝牡丹花罗合领夹衫，南宋。1975 年 7 月在金坛茅麓乡南宋周瑀墓中出土。衫长 122 厘米，通袖长 268 厘米，袖宽 54 厘米，袖口宽 64 厘米，腰宽 71 厘米，下摆前襟宽 92 厘米，后襟宽 79 厘米。

此衫为合领对襟式直袖短长夹衫，大阔袖，衣长过膝，襟怀一对系带，两腑下各舒垂一带。衫表以驼黄花色罗为地，花罗经纬密度 44×26 根/厘米 ²；罗上斜纹起花，织以缠枝牡丹花图案；衫缘为驼黄链式素罗，经纬密度 64×14 根/厘米 ²；夹里另以平纹绢配置，经纬密度 43×39 根/厘米 ²。

缠枝牡丹花罗合领夹衫是南宋流行的士人便服款式，缠枝牡丹花罗无论是品种设计，还是纹样织造，都达到了很高的水平，其组织结构之巧妙,以及链式罗环环相扣的织造方法,更是宋代织工们别出新裁的创造。

咸淳六年印侍郎铁刀(一级文物)

咸淳六年印侍郎铁刀,南宋。1974 年出土于丹徒高资乡。铁刀全长 83.3 厘米,身宽 4 厘米~4.6 厘米,背厚 0.5 厘米~0.8 厘米,茎径 19.5 厘米。

铁刀为环首柄,刀身一面錾刻“两淮制置印侍郎任内咸淳六年造”14 字。字迹清晰,刀刃锋利。据《宋史·地理志四》记载:“淮南路,旧为一路,熙宁五年,分东西两路。”又据《宋史·本纪第四十六》载:“度宗咸淳六年,印应雷为两淮安抚制置使。”铁刀铭文“两淮制置印侍郎”,即应为印应雷,此铁刀是他任两淮安抚制置使时铸造的。此刀经北京钢铁学院金相鉴定,铁刀是以熟铁作本体,刃部用 4%碳钢锻接。本体与刃钢部分粘接很好,看不出任何痕迹,这表明南宋时期夹钢工艺已达到很高水平。

管军万户府铜印(一级文物)

管军万户府铜印,元代。1975 年 12 月丹阳全州公社出土。印面为正方形,边长 7.8 厘米。

铜印正方形,上有扁长把手,印文“管军万户府印”六字,为阳文九叠篆,字体刚劲,笔画折叠均匀,填满印面。印背右侧刻“龙凤二□”,缺字当为“年”(公元 1356 年),左刻“十二月日造”;印左侧刻“民字肆拾陆号”,右刻“管军□□□□”,其中“管军”二字隐约可见,其余已锈蚀不清,缺四字当是“万户府印”。

据考证,管军万户府铜印为元朝末年农民起义军红巾军政权下设的管军机构之一——管军万户府所使用的铜印,亦是江苏省首次发现的红巾军龙凤政权铜印。它为我们了解红巾军的历史,红巾军政权军事机构设置以及红巾军在苏南一带的转战活动情况提供了十分珍贵的实物资料,非常罕见。

宣德铜炉(二级文物)

宣德铜炉,明宣德。传世品,通高10厘米,口径16厘米,腹径18.5厘米,重3 560克。

这件宣德炉呈紫红色,平折宽沿,短颈,颈有弦纹两圈,扁圆腹,矮蹄形足,底为“宣德年制”四字篆书款。

宣德炉是明朝宣德年间官铸铜器,为当时官廷焚香祭神的专用器物,因其铸于明宣德年间,故后人称为“宣德炉”或“宣炉”。宣德炉是以历代各类名器形制为蓝本,仿照铸成。据《宣德鼎彝器谱》记载,宣德皇帝曾命吕震诸人参照《宣和博古图录》及《考古图》诸书,并内府所藏柴、汝、官、哥、钧、定各窑器皿款式典雅者,设计宣德炉的形制,并绘成图谱117种,命工部侍郎吴邦佐照吕震等人所绘《宣德鼎彝图谱》,于宣德三年开炉铸造。

宣德炉使用原料主要是当年极难得的进口风磨铜,再掺入金、银等30多种贵金属,再经过8至12次精炼,以12炼为最佳,色呈紫红色,所以质地极纯,胎体重实,绝无砂眼,也不会生锈,因而十分珍贵。宣德炉的色泽有多种,有栗色、茄皮紫、棠梨色、蟹壳青、珊瑚色、泥金色、琥珀色、橘黄色、石榴皮色、绿色等。其款识各种字体皆有,但以楷书为多,其款识只有“宣”、“宣德”、“宣德年制”、“大明宣德年制”四种。尚见有“大明宣德五年监督工部官臣吴邦佐造”或“工部员外臣李澄德监造”款,都为私铸或供献之器,虽铸造尚精,但不能排入真宣炉之列。

这件宣德炉,铜质精良,造型古朴典雅,色泽华丽灿烂,为宣德炉真品。

汤鹏铁画《溪山烟霭图》(一级文物)

汤鹏铁画《溪山烟霭图》,清初。传世品,纵140厘米,横76厘米。

此铁画是以中国山水画的风格,用铁打制而成的大幅山水图,图右上角有铁字“溪山烟霭”图名,左上角有铁字款“汤鹏”二字,其下并有铁印二方,一方为篆书“天池”二字,一方为篆书“汤鹏之印”。纵观

汤鹏铁画《溪山烟霭图》

此图,远山重峦叠嶂,烟霭飘绕山间。山间层林深处,楼台亭阁隐现,山脚下清溪伸展转折,山麓溪岸相连,清溪中舟楫航行。近景处山石突兀,枯柳、杂树在寒风中摇曳。溪水的分岔溪流从两块平坦的坡地间穿过,一座小桥连接两岸坡地,右岸坡地上有屋数间,桥上站立二人,正是隐居在山中的高士致礼迎接来访的友人。整幅画面充满诗情画意,那刚劲的铁线,刚中有柔,粗细交融,与水墨画山水相比,毫无逊色之处。

汤鹏,字天池,明末清初人,祖籍江苏溧水人,清初康熙年间侨居安徽芜湖,以打铁为生。他与新安派画家萧云从为邻,"暇辄往观,窥其泼墨之势",遭到萧云从呵斥嘲笑。他便发誓以铁锻画,终于首创铁画工艺,成为铁画宗师。他由于冶铸技艺高超,对于"兰竹草虫,无不入妙,尤工山水大幅,积岁月乃成"。他不仅"善飞锤接书画",而且精于书法,尤以狂草书著称,能锻铁成字,一时名声大噪,购者甚众。早在雍正年间,梁同书就已记载流传于世的汤鹏铁画作品"多径尺小景",而山水大幅,"世罕得之"。

因此,汤鹏这件大幅《溪山烟霭图》铁画作品就十分珍贵了。

乾隆御题金山图玉插牌(一级文物)

乾隆御题金山图玉插牌

乾隆御题金山图玉插牌,清乾隆。传世品,玉牌长 20 厘米,宽 15 厘米。

这是一件用青白玉双面雕刻的插屏,为陈设玉器。

插牌一面以深浅浮雕和阴线刻纹的手法,雕琢出镇江金山"千步回廊延涨海，百层飞阁拥浮山”的奇特景观。只见金山屹立于扬子江中，江涛拍岸，乔松遍布，庙宇层层将山裹住，巍然宝塔耸立山顶。插牌右侧有乾隆帝御题诗一首：“不到江天寺，安知空阔奇，携将亲证取，当镜固如斯。”

插牌的另一面雕琢宋代大诗人苏轼(东坡)与金山主持佛印禅师斗机锋，苏轼败北，解留玉带“永镇山门”的故事。此玉雕系根据明末画家崔子忠的画轴《苏轼留带图》摹刻而成，原画上方布满乾隆帝的五次题诗，而此牌只选刻了其中一首，诗为：“印公四大偈，东坡不能答。留带无语去，芥子须弥纳。当时胜负机，将谓饶老衲。玉带生筦芨，即拄而复磕。”玉牌四周以铜鎏金为包边，琢工非常精美。

插牌还配以两层红木精雕屏座，屏座上饰以镂空卷草纹和云纹图案，玲珑剔透，更是相得益彰。

太平天国铁炮(一级文物)

太平天国铁炮，清代。高淳县出土，被当地群众卖给高淳县夏坝废品收购站，1966 年被镇江博物馆工作人员在收购站发现购回。铁炮长 104 厘米，外口径 12 厘米，内口径 6 厘米。

铁炮的炮身中部两侧各有一圆柱形长支架，可支架在炮座上，在炮身尾部有一半圆形环扣，便于穿绳抬运。在炮身上铸有“太平天国辛酉十一年置，天朝侍殿中队奉天福李畅林监造”24 字铭文。

太平天国有纪年铭文的铁炮，全国现存量较少，该炮铸于 1861 年，它是中国人民抵抗外来侵略者及其走狗的见证，也是对广大人民进行爱国主义、历史唯物主义和革命传统教育的实物教材。

·后·记·

1986年12月8日，国务院核定公布了第二批国家历史文化名城计38个，镇江名列其中。镇江能荣获“名城”桂冠，主要原因就是历史悠久，文物众多。镇江素有“文物之邦”之美誉，博大精深的地面文化遗存星罗棋布，凝固于镇江辖区内的城市和乡村；绚丽多彩的出土文物、传世文物珍藏于镇江博物馆这座艺术殿堂之中，闪烁着永恒的辉煌。根据《镇江文化丛书》编撰出版方案的安排，本分册即《镇江文物》一书，向广大读者展示镇江地面文物和馆藏文物的风采。上篇从先民留迹，古城雄姿，古塔沧桑，石刻集萃，书香流芳，江防旧事，殖民地烙印，丰碑永存，先哲留踪，古墓缅先，古街风采，古建风范，近、现代建筑撷英，洞、泉、桥、园十四个方面介绍了地面文物计165处。下篇介绍了镇江博物馆珍藏的文物166件，其中陶瓷器45件，青铜器27件，金银器44件，书画30件，杂件20件。这些具有重要历史价值、艺术价值和科学价值的文物，是镇江发展的历史文脉，是镇江先民们的智慧结晶，是开展爱国主义教育的实物教材，是不可再生的历史文化遗产。

本书的编著工作由王玉国主持，上篇由刘昆撰写，资料来源主要依据有关镇江的史、志、文献及镇江市文管会文物保护单位的部分档案记载，下篇由徐铁城撰写。由于时间紧迫，水平有限，错误之处在所难免，不到之处，请行家斧正。

编　者

图书在版编目(CIP)数据

镇江文物/王玉国，刘昆，徐铁城著. —苏州：苏州大学出版社，2007.9
(镇江文化丛书/张甫雄主编)
ISBN 978-7-81090-942-6

Ⅰ.镇… Ⅱ.①王…②刘…③徐… Ⅲ.文物—简介—镇江市 Ⅳ.K872.533

中国版本图书馆 CIP 数据核字(2007)第 136528 号

镇江文物	王玉国　刘　昆　徐铁城　著
责任编辑	薛华强
出版发行	苏州大学出版社 (苏州市干将东路 200 号　215021)
经　　销	江苏省新华书店
排　　版	镇江文苑制版印刷有限责任公司
印　　刷	丹阳市教育印刷厂
开　　本	880mm×1 230mm　1/32
印　　张	8.125　插页 4
字　　数	224 千字
版　　次	2007 年 9 月第 1 版　2007 年 9 月第 1 次印刷
印　　数	1—4 000册
标准书号	ISBN 978-7-81090-942-6
定　　价	14.00 元